21世纪高职高专精品教材·会计系列

商品流通企业会计

（第二版）

主编　周涛

中国人民大学出版社
·北京·

修订说明

2007年，在我国财政部颁布了新的《企业会计准则》的背景下，从适应高职高专毕业生上岗就业角度出发，我们组织编写了本教材。编写过程中，我们充分注意到了商品流通企业尤其是零售商业企业在经营管理模式上的变化，注意到该行业企业业务内容的特殊性，充分考虑到高职高专学生的基础和特点，按照“贴近现实、操作性强”的原则，以商品流通企业业务活动类型为主线，构筑了本教材的基本框架：第一部分为商品流通企业会计总论，即第一章；第二部分为经营业务活动核算——存货商品的购、存、销业务核算，包括第二章、第三章、第四章；第三部分为投资业务核算，涉及第五章、第六章；第四部分为筹资业务核算，涉及第七章、第八章；第五部分为商品流通企业会计报表编制，即第九章；第六部分为连锁经营企业业务特点及基本业务核算，即第十章。

自本教材第一版出版以来，承蒙各有关院校的厚爱和中国人民大学出版社的大力支持，该教材多次重印，取得了较好的社会效益，也得到了使用者的好评。

高职高专教育应突出学生动手能力、实践能力和可持续发展能力的培养，所用教材的内容应与实际需求紧密衔接。四年间，会计准则的修订、会计制度和财务制度的改革，以及行业的发展，客观上要求我们对《商品流通企业会计》进行修订。本次修订，我们在原有的教材框架下，结合2010年财政部颁布的《企业会计准则解释》1—4号，对部分业务核算内容、过程进行了修改，主要涉及第五章、第六章、第七章；按照现行连锁经营商品流通企业的管理特点，对第十章内容进行了调整；对本教材在四年使用中所反馈的问题进行了修改。

本教材仍由周涛担任主编，提出修订思路、进行统稿，并修订了第一、二、三、八、九章，徐晓兰修订第五章、第六章，武瑞雪修订第七章，李坤明修订第四章，顾永明修订第十章。本书在修订过程中得到了王俊生教授和黄贤明老师的指导，在此表示衷心的感谢。

《商品流通企业会计》作为一本行业特色十分突出的会计专业教材，其内容会随着该行业的发展不断地进行修订。由于时间紧、任务重，加上编者水平所限，教材中的错误和缺点在所难免，希望读者不吝批评指正。

周 涛

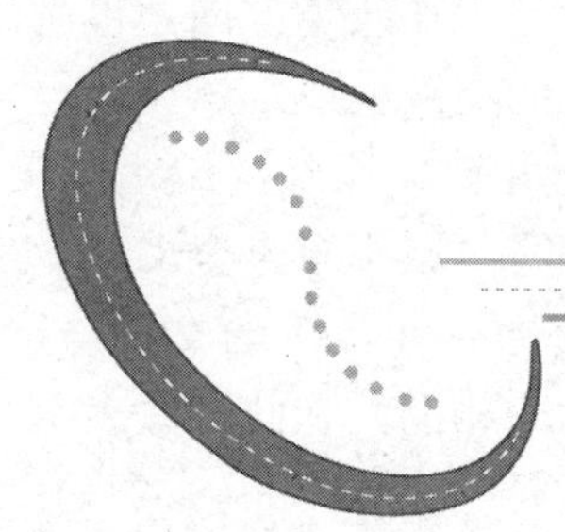

前言

高等职业教育是职业技术教育的高级阶段，也是高等教育的重要组成部分。它既具有高等教育的普遍特点，又符合职业技术教育的要求。根据目前教育部制定的《高职高专教育专业人才培养目标及规格》中提出的要求，高职教育应该把培养学生动手能力、实践能力和可持续发展能力放在突出地位，促进对学生技能的培养。这就要求从事高等职业教育的学院在课程设置和教材选用上符合上述培养目标。

为了满足高职教育培养人才的要求和适应我国经济发展对行业会计人才的需求，我们编写了这本《商品流通企业会计》。在这本行业会计教材的编写过程中，我们按照教育部高职高专规划教材的编写原则和高职教育教学特点，强调理论以够用为度，突出商品流通企业会计业务操作的特点。我们不仅阅读了与商品流通企业的财务与会计相关的制度、规范，而且还走访了多家不同经营规模和经营方式的商品流通企业，收集了大量实践操作的第一手资料，并在此基础上按照财政部2006年《企业会计准则》及操作指南的有关规定进行编写，力求做到充分反映该行业的新理念、新技术和新方法。

本教材在编写中尽力突出以下特点：

（1）在整体结构编排上突破原有财务会计教材按照会计要素介绍会计核算的编写模式，改为按照财务管理的资金循环过程编写。这种改动不仅能使学生掌握经营业务的核算操作，而且使其清楚地了解到商品流通企业业务的发生过程，能实现知识的完整性、连续性和系统性。

（2）内容集中，理论阐述简明，引入现行商品流通企业的业务操作方式、方法，利用企业实际发生的案例说明财务与会计知识，既增强教材的实践性，又便于学生在掌握财务与会计知识的同时了解商品流通企业的特点。

（3）不仅比较系统地介绍了商品流通企业的会计核算知识，而且有针对性地介绍了相关的财务管理知识，突出了会计的监督管理职能，便于培养高职学生的企业管理意识和能力。

(4) 完全按照财政部 2006 年《企业会计准则》及操作指南的有关规定进行编写，贯彻了当前财政部关于会计工作的规范和要求，符合目前我国会计工作改革方向，也满足了会计从业人员专业技术知识不断更新的需要，便于高职毕业生的上岗就业。

本书由周涛主编。其中，周涛编写了第一、二、三、八、九章，徐晓兰编写了第五、六章，武瑞雪编写了第七章，李坤明编写了第四章，顾永明编写了第十章。全书最后由周涛总纂定稿。本书在编写过程中得到了有关专家和许多商品流通企业员工的支持与帮助，特别是王俊生教授和北京王府井女子百货有限公司财务部的鼎力相助，在此一并表示衷心的感谢。

随着时代的发展和知识的更新，不断地充实教材内容和提高教材质量，是教材建设中的一项重要措施，我们愿为此奉献力量；但由于作者水平有限，不足之处在所难免，恳请读者批评指正。

周　涛

目　录

第一章 总论

【学习目标】

- 了解商品流通企业业务活动的主要特点
- 理解商品流通企业会计的特征及基本职能
- 掌握商品流通企业会计的具体核算对象及其相互联系
- 理解商品流通企业会计核算的基本前提
- 掌握商品流通企业会计核算的信息质量要求

第一节 商品流通企业会计概述

会计是随着人类社会生产和经营活动的不断发展而逐步形成和发展起来的。当社会频繁出现商品交换行为时，人们开始考虑相关活动中劳动耗费的高低、劳动成果的大小以及商品交换的收益多少等问题，会计便随之产生。人类社会早期的商品经济并不发达，会计主要运用于官厅。但随着商品货币经济的不断发展，尤其是商人的出现，进一步推动了会计的演进过程，会计的地位得以提高，会计的作用逐渐扩大，会计理论和方法体系不断完善。

纵观会计的发展史，可以看出商品流通企业业务的发展推动了整个会计领域的进步。

一、商品流通企业的含义

商品流通企业是指在整个社会经济活动中，从事商品流通活动（barter transactions)、独立核算的经济组织以及以从事商品流通活动为主营业务的其他企业，包括从事粮食、医药、外贸、图书发行、物资供销等业务的各种经济性质和组织形式的商业企业

(commercial enterprise)。

商品流通企业的存在为商品异地、成批大量交换提供了条件，使商品交换活动得到了更加广泛的开展。它是连接生产领域和消费领域的桥梁，起到了促进整个社会商品流通，提高社会资金流转速度的作用。在商品的交换过程中，商品流通企业提供了物资流通的渠道。一方面，商品流通企业通过与商品生产企业进行货币与商品实物的交换，在取得商品的所有权的同时也促成了商品生产企业的资金回笼，为商品生产企业扩大再生产提供了资金的保证；另一方面，商品流通企业通过与消费者之间进行的商品实物与货币的交换，既实现了本企业的资金周转和增值，又满足了人民群众日益增长的物质、文化生活需求和社会主义现代化建设的需要。

商品流通企业的经营管理活动主要具有以下几方面的特点：

第一，业务活动一般只涉及商品购进和销售，不存在生产环节。相对于商品生产企业而言，其业务内容较为简单。

第二，企业的资金运动过程主要表现为货币—商品—货币的转换。

第三，在全部资金占用形式中，商品存货的比重较大，商品存货的周转效率是影响企业资金运转的关键因素。

第四，为了有效地开展业务活动，企业必须保留大量的流动资金。满足营运资金的需求成为商品流通企业筹资的核心问题。

第五，往来结算业务频繁，涉及金额较大。

二、商品流通企业会计的含义

为了充分发挥商品流通企业的社会作用，更有效地组织商品物资的购进、运输、存储、销售等活动，提高业务活动效率，商品流通企业有必要设立会计机构，配备会计人员，开展会计工作。

商品流通企业会计是以货币为主要计量单位，利用专门的方法和程序对商品流通企业发生的经营管理活动进行完整、连续、系统的反映和监督，旨在为经济决策提供会计信息和提高商品流通企业的经济效益，是行业会计的重要组成部分。

虽然不同规模、类型的商品流通企业的业务活动内容基本相同，但由于具体的运营方式不同，企业间仍存在着一定的差异。商品流通企业按照其在社会再生产过程中作用的不同，可以分为批发企业和零售企业；按照商品流通企业机构组织方式不同，又可以分为单店经营企业和连锁经营企业；按照商品的销售组织方式不同，还可以分为自营商品流通企业和联营商品流通企业。不同的商品流通企业在开展会计工作时，应结合本企业的具体业务特点与经营管理需要来组织会计工作，突出各自会计核算的重点，充分发挥会计工作的职能和作用。

三、商品流通企业会计的特征

商品流通企业会计是企业会计的一个分支，是商品流通企业经营管理的重要组成部分。作为一种行业会计，商品流通企业会计是以商品交易业务活动中所产生的资产、负债、收入、费用等要素为核算对象，研究商品流通业务活动中资金运动及其增减变化和结果，从而为企业提供与商品交易业务活动有关的会计信息。它不但具有一般企业会计的特点，而且还具有下述突出的特征。

（一）商品购销业务是会计核算和监督的核心内容

无论商品流通企业的商品交易规模大小、经营商品种类多少、具体交易方式如何，商品购销活动始终是该类企业的基本业务内容。因此，商品流通企业会计是以商品购销业务活动所产生的资金增减变动及其结果作为会计核算和监督的核心内容。

（二）库存商品存在多种成本核算方法

商品流通企业的经营规模大小不同，经营品种存在差异，经营方式多种多样，这就对会计核算工作提出了不同的要求。为了真实核算企业商品购销业务，正确计算库存商品的成本变动情况，合理反映企业的当前经营成果，商品流通企业应当根据自身经营管理的特点和要求采用不同的成本核算方法。

库存商品的核算方法按提供的明细分类核算指标的不同，分为数量金额核算方法和金额核算方法。由于库存商品可以按进价记账，也可以按售价记账，所以库存商品的成本核算方法分为四种——数量进价金额核算法、数量售价金额核算法、进价金额核算法和售价金额核算法。

（三）期间费用的核算范围存在差异

商品流通企业期间费用的核算范围除了包括一般企业核算的管理费用、财务费用、销售费用等相关内容外，采购商品的进货费用（如购货过程中发生的运输费、装卸费等）也可以根据各单位核算的要求纳入期间费用。

（四）加强营运资金的管理是会计监督的工作重点

由于商品流通企业一般只发生商品购销环节业务而没有生产环节业务，所以商品存货的成本核算相对于产品制造企业要简单。对商品存货的购销速度、存储数量的控制，以及有效利用在购销活动中所形成的债权、债务的结算资金，从而提高本企业营运资金的使用效率，成为商品流通企业会计监督的工作重点。

四、商品流通企业会计职能

会计职能（accounting function）是指会计在经营管理中所具有的功能。商品流通企业会计具有核算和监督两项最基本的职能。

商品流通企业会计的核算职能是通过确认、计量、报告的核算过程，主要利用货币价值量完整、连续和系统地反映商品流通企业已经发生或完成的经济活动，也可根据需要利用非货币量度提供一些非财务信息。核算职能是会计的最基本职能。会计不仅要记录已发生的经济业务，还要预测企业的未来，为企业的发展提供一些具有前瞻性的会计信息，并将其作为对未来经济活动进行控制的依据，通过信息反馈，为会计控制职能的实现创造条件。

商品流通企业会计的监督职能是指会计具有按照一定的目的和要求，利用会计核算所提供的信息，对各单位的经济活动进行控制，使之达到预期目标的功能。会计监督主要是利用核算职能提供的各种财务信息所进行的货币监督，但也需要进行实物监督。会计监督是与会计核算各项经济活动同时进行的，包括事前、事中和事后监督。商品流通企业应当建立、健全本单位内部会计监督制度，对本单位的会计资料实施监督检查。

会计的核算职能和监督职能是不可分割的，二者的关系是辩证统一的。没有会计监督，会计核算就失去存在的意义；没有会计核算，会计监督就失去存在的基础。但从二者在会计职能中所占的地位又可看出，会计核算居于主导地位，而会计监督则寓于会计核算的过程之中。

会计的职能随着经济的发展和会计内容、作用的不断扩大而发展着。传统的会计工作主要是记账、算账、报账，但随着市场经济的发展和科技水平的提高，现代会计的职能也有了新的发展，会计应当具有预测经济前景、参与经济决策、编制业务活动计划、评价经营管理业绩等职能。

第二节　商品流通企业会计对象

一、会计对象的一般说明

会计对象（accounting event）是指会计所要核算和监督的内容。在社会主义市场经济条件下，会计的对象是社会再生产过程中主要以货币表现的经济活动，即企业和行政事业单位中的资金运动。

商品流通企业的再生产过程主要表现为价值的运动，即价值的实现和分配。企业管理者应广泛利用各种财务信息，对再生产过程中的经济活动进行管理。会计是主要利用货币计量，对再生产过程的经济活动进行核算和监督的一种管理工作，因此在再生产过程中发生的能够用货币表现的经济活动，就构成了会计的一般对象。

二、会计要素——会计对象在企业中的具体表现

会计对象在商品流通企业中可表现为企业再生产过程中能以货币表现的经济活动，也就是企业再生产过程中的资金运动。商品流通企业的资金运动按其运动的程序可分为资金投入、资金周转、资金退出三个基本环节。随着企业经营活动的不断进行，资金也在不断地进行循环和周转，由货币资金转化为固定资金、储备资金，再转化为商品资金，最后又转化为货币资金。会计要依次反映这一过程的资金运动。

商品流通企业的经营活动一般没有生产环节，不会创造出价值，但能使商品最终实现市场价值。为此，商品流通企业必须持有适量的库存商品和占用一定数量的设备，作为组织商品流通的物质条件，但企业首先应当取得购置库存商品和设备所需的资金。商品流通企业的所有者投入的资金和债权人借给企业的资金，就形成了企业资金的两个主要来源渠道。由投资者投入的资金在会计核算中称为所有者权益，由债权人提供的资金在会计核算中称为负债。

商品流通企业首先需要将大部分货币形态的资金转换成为库存商品、设备等物质形态，只保留部分货币形态的资金，从而做到资金的合理配置。从一定时点的静态来看，商品流通企业在资金占用方面应具有多样性：有货币性资金和非货币性资金，有流动资产和

固定资产，有包装物、使用工具、商品等具体形态。为了保证经营活动的顺畅运行，商品流通企业的资源构成比例应该适当。各种资金形态的并存性和继起性，是企业资金运动的一项重要规律。上述资金占用形态在会计核算中统称为资产。

商品流通企业组织商品流通，必定要耗费一定的人力、物力和财力，各种耗费通过货币计量主要表现为商品流通费用。通过商品的对外销售，资金又从物质形态转换为货币形态，并实现了商品的价值。销售商品取得的资金是企业运用资金取得的收益，称为收入；为取得收入而耗费的价值量，称为费用；收入与费用的差额是企业运用资金所取得的成果，称为利润。当企业在经营过程中收入大于费用时，就给企业注入了新的资金，从而形成了一种资金来源。由货币到商品，再由商品到货币的不断周转的资金运动便形成了资金的周转。

商品流通企业通过偿还各种债务、缴纳各项税金、向投资者分配利润等业务，使得部分资金退出了本企业的资金周转。

上述过程中，由于资金的取得、运用和退出等经济活动所引起的各项财产物资的增减变动情况、各项经营管理费用的支出，以及企业销售收入的取得和企业利润的实现、分配情况，就构成了商品流通企业会计核算和监督的具体对象，它们被称为会计要素（accounting elements）。我国《企业会计准则》中规定，企业会计对象可归纳为六个会计要素，即资产、负债、所有者权益、收入、费用和利润。

（一）资产

资产（assets）是指企业过去的交易或者事项形成的、由企业拥有或者控制的、预期会给企业带来经济利益的资源。

拥有或控制一定数量的资产，是商品流通企业进行生产经营活动的前提条件。资产应具有以下特征：

首先，资产是在过去的交易或者事项中形成的，可以是企业购入、自行加工生产、建造安装或由其他交易或者事项产生的。预期在未来发生的交易或者事项不形成资产。

其次，资产由企业拥有或者控制。拥有是指企业享有某项资源的所有权，控制则是指企业虽然不享有某项资源的所有权，但已掌握了某项资源的实际未来利益和风险。前者泛指归企业所有的各种财产（可能是有形的，也可能是无形的），后者主要包括企业以融资租赁方式租入的固定资产。

最后，资产预期会给企业带来经济利益，直接或者间接导致现金和现金等价物流入企业。这一点正是资产有用性的体现，是资产的重要特征。

符合资产定义的资源，在同时满足以下条件时，应确认为资产：

（1）与该资源有关的经济利益很可能流入企业。

（2）资产的成本或者价值能够可靠计量。该条件强调了会计核算职能中以货币为主要计量单位的特点。

商品流通企业的资产可以分为流动资产、非流动资产两大类。其中，流动资产是指可以在1年（含1年）或者超过1年的一个营业周期内变现或耗用的资产；其余部分均为非流动资产。

（二）负债

负债（liabilities）是指过去的交易或者事项形成的、预期会导致经济利益流出企业的现时义务。现时义务是指企业在现行条件下已承担的义务。未来发生的交易或者事项形成的义务，不属于现时义务，不应当确认为负债。

商品流通企业会计核算中，符合负债定义并同时满足以下条件时，应确认为负债：

(1) 与该义务有关的经济利益很可能流出企业。

(2) 未来流出的经济利益的金额能够可靠计量。

商品流通企业的负债按偿还期限的长短，可以分为流动负债和非流动负债。流动负债是指将在1年（含1年）或者超过1年的一个营业周期内偿还的债务，包括短期借款、应付票据、应付账款、预收账款、应付职工薪酬、应交税费、应付股利或利润、其他应付款、预提费用等。非流动负债是指偿还期限在1年或者超过1年的一个营业周期以上的债务，包括长期借款、应付债券、长期应付款等。

（三）所有者权益

所有者权益（proprietary equity）是指所有者在企业资产中享有的剩余权益，其金额为企业资产减去负债后的余额。所有者权益的确认、计量取决于资产和负债的确认、计量。

所有者权益的来源包括所有者投入的资本、直接计入所有者权益的利得和损失、留存收益等。其中，直接计入所有者权益的利得和损失，是指不应计入当期损益、会导致所有者权益发生增减变动的、与所有者投入资本或者向所有者分配利润无关的利得或者损失。主要包括可供出售金融资产的公允价值变动额、以公允价值计量的投资性房地产的公允价值变动额。

所有者权益主要表现为实收资本（或者股本）、资本公积、盈余公积和未分配利润四项内容。公司的所有者权益又称为股东权益。

在商品流通企业会计核算中，符合资产、负债及所有者权益定义和确认条件的项目，应当列入资产负债表。

（四）收入

收入（revenue）是指企业在日常活动中形成的、会导致所有者权益增加的、与所有者投入资本无关的经济利益的总流入。收入只有在经济利益很可能流入从而导致企业资产增加或者负债减少，且经济利益的流入额能够可靠计量时才能予以确认。

销售商品、提供劳务及让渡资产使用权等日常活动中所形成的经济利益总流入，可按企业经营业务范围分为主营业务收入和其他业务收入。从实际操作的角度来看，广义的收入还应该包括投资收益、公允价值变动收益和营业外收入。

（五）费用

费用（expenses）是指企业在日常活动中发生的、会导致所有者权益减少的、与向所有者分配利润无关的经济利益的总流出。费用只有在经济利益很可能流出从而导致企业资产减少或者负债增加，且经济利益的流出额能够可靠计量时才能予以确认。

商品流通企业在进行费用核算时，下列情况应作为费用处理：

(1) 企业为生产产品、提供劳务等发生的可归属于产品成本、劳务成本等的费用，应当在确认产品销售收入、劳务收入等时，将已销售产品、已提供劳务的成本等计入当期损益。

(2) 企业发生的支出不产生经济利益的，或者即使能够产生经济利益但不符合或者不再符合资产确认条件的，应当在发生时确认为费用，计入当期损益。

(3) 企业发生的交易或者事项导致其承担了一项负债而又不确认为一项资产的，应当在发生时确认为费用，计入当期损益。

与收入相对应的，费用包括主营业务成本、营业税金及附加、其他业务成本和期间费用（销售费用、管理费用和财务费用）。广义的费用，还应该包括投资损失、公允价值变动损失、营业外支出和所得税费用。

（六）利润

利润（profit）是指企业在一定会计期间的经营成果，包括各种收入扣除各种费用后的净额、直接计入当期利润的利得和损失等。

直接计入当期利润的利得和损失，是指应当计入当期损益、最终会导致所有者权益发生增减变动的、与所有者投入资本或者向所有者分配利润无关的利得或者损失。该利得和损失反映的是企业非日常活动业绩。

利润按其构成的不同层次，可分为营业利润、利润总额和净利润。利润金额的计量取决于收入和费用、直接计入当期利润的利得和损失金额的计量。

在商品流通企业会计核算中，符合收入、费用定义和确认条件的项目，应当列入利润表。期末时，本期净利润项目金额也应当列入资产负债表。

会计要素是会计一般对象在企业中的具体表现，是对商品流通企业会计对象的具体内容按照其经济特征所作的分类。其中，资产是资金的占用形态，负债和所有者权益是与资产相对应的来源渠道，它们是表示企业财务状况的会计要素；而收入、费用、利润则是资金运用的成果，是表示企业经营成果的会计要素。

三、会计等式——会计要素之间的数量关系

会计等式（accounting equation）是指运用数学方程的原理来描述会计要素之间相互关系的一种表达式。它是设置会计科目、复式记账和编制会计报表等会计核算方法建立的理论依据。

以上六项会计要素从资金的静态和动态两个方面反映了商品流通企业不同方面的经营管理业务活动。会计要素之间的数量关系可用静态会计等式和动态会计等式表示。

（一）静态会计等式

商品流通企业必须拥有一定数量的资金，作为从事商品交易活动的基础。这些资金分布在企业经营过程中的各个领域，表现为不同的占用（实物资产或非实物的无形资产）形态，即形成了资产。这些资金都是有一定的来源渠道的，有的来自债权人，有的取自投资者，前者称作债权人权益，简称负债，后者称为所有者权益，二者统称权益。资产和负债及所有者权益是资金的两个方面，因而客观上存在必然相等的关系，这种关系就叫做资金的平衡关系。即从数量上看，有一定数额的资产，必定有相等数额的负债和所有者权益；反之，有一定数额的负债和所有者权益，也必定有相等数额的资产，即资产与负债及所有者权益之间在数量上必然相等。这种平衡关系用公式表示称作会计平衡公式或会计恒等式。即：

资产＝权益

＝债权人权益＋所有者权益

＝负债＋所有者权益

这一平衡公式反映了在某一特定时点上商品流通企业的全部资产、负债及所有者权益之间的数量关系及其各要素的具体构成情况，体现了企业某一时点上的财务状况，也反映了企业资产的产权关系，所以它被称为静态会计等式，是编制资产负债表的基础。

（二）动态会计等式

商品流通企业运用债权人和投资者提供的资金，在开展商品购销业务活动中通过商品的销售过程，将实物形态的资金转换为货币资金，取得了收入；同时，企业为了取得收入必然要发生各种耗费，形成各项业务经营管理费用，因而收入和费用是相关的两个概念。

商品流通企业将一定期间内取得的收入与本期间发生的费用进行比较，即可计算出当期所实现的经营成果——利润。因此，收入、费用和利润这三个要素的关系可以用会计等式表示，即：

收入－费用＝利润

该公式反映了在某一段期间内商品流通企业的利润形成过程，从动态角度说明了企业资金的运用效果，所以被称为动态会计等式，是编制利润表的基础。

（三）经济业务的发生对会计等式的影响

商品流通企业在经营过程中，不断发生各种经济业务，例如购买商品、支付工资、销售产品、上缴税金，等等。这些业务在会计上称作会计事项，其发生会引起会计要素的数量变动。

我们通过商品流通企业经济业务的发生过程来观察会计等式各要素之间的数量关系的变化：

（1）企业在生产经营开始之际（或会计期初），既无收入，也无费用，资产总额与负债及所有者权益总额的关系可用会计等式表示如下：

资产＝负债＋所有者权益

（2）商品流通企业在生产经营活动过程中，一方面会取得收入，另一方面要发生各种费用，同时伴随着相关资产、负债及所有者权益项目数量的变化，取得的收入扣除发生的费用后形成利润。将上述变化用等式表示，则有下列扩展的会计等式：

资产＋费用＝负债＋所有者权益＋收入

或　　资产＝负债＋所有者权益＋利润

利润在本质上讲是所有者权益的增加，而亏损则是所有者权益的减少。按照收入、费用与利润之间的关系，收入的增加能够增加利润，可以视同所有者权益的增加；费用的增加会减少利润，可以视同所有者权益的减少。收入和费用这两个会计要素只是反映某一期间企业经济业务发生的过程，其最终结果应该表现为当期的利润。

（3）在会计期末，收入减费用计算出的利润按规定程序进行分配以后，其留归商品流通企业的部分（如盈余公积金和未分配利润）形成了所有者权益的增加；反之，若发生亏损，则导致所有者权益的减少。因此，经过变化后的会计等式仍会保持平衡，又恢复为期初的会计等式状态，即：

资产＝负债＋所有者权益

以上说明，任何经济业务的发生都不会破坏资产与负债及所有者权益的平衡关系。由于这一平衡原理揭示了企业会计要素之间的这种规律性联系，因而它是设置会计科目、复式记账和编制会计报表的理论依据。反过来讲，按照这一平衡原理建立的各种会计核算方法，可以清楚地反映资产与负债及所有者权益各个会计要素之间的规律性联系，可以为经济管理提供各种会计信息。

第三节　商品流通企业会计核算的前提和信息质量要求

一、会计核算的前提条件

会计核算的前提条件也称会计假设（accounting assumptions），或称会计假定，是进行会计核算的基本前提，也是建立会计原则、制定会计制度的基础。在我国《企业会计准则——基本准则》中，对会计核算提出了下述前提条件。

（一）会计主体

会计主体（accounting entity）是指会计所服务的特定单位。而会计主体前提是指会计所反映的是一个特定单位的经济活动。我国《企业会计准则》规定，企业应当对其本身发生的交易或者事项进行确认、计量和报告。

这一会计核算的前提条件明确了会计工作的空间范围。只有在会计主体确定之后，会计人员才能站在特定的主体立场上对该主体发生的经济活动进行核算。所以会计主体的概念就是要明确区分本核算主体的经济业务与其他会计主体以及投资者的经济业务。

（二）持续经营

持续经营（going concern）是指企业会计核算应以持续、正常的生产经营活动为前提，而不考虑企业是否将破产清算。我国《企业会计准则》规定，企业会计确认、计量和报告应当以持续经营为前提。

这一会计核算的前提条件明确了会计主体工作的时间范围。会计主体确定后，只有假定这个作为会计主体的单位是持续、正常经营的，会计原则、会计程序和会计方法才能保持一致性和稳定性，也只有这样才能保持会计信息在不同时期具有连贯性和可比性。

（三）会计分期

会计分期（periodic reporting）是指把会计主体持续不断的生产经营过程，划分为较短的等距会计期间，以便分期结算账目和编制财务会计报告。我国《企业会计准则》规定，会计期间分为年度和中期。中期是指短于一个完整的会计年度的报告期间，一般包括半年度、季度和月度。年度、半年度、季度和月度均按公历起讫日期确定。

这一会计核算的前提条件是对会计工作时间范围的具体划分，它统一了会计进行确认、计量和报告所涵盖信息的时间长短。只有正确地划分会计期间，才能适时、准确地提供有关核算主体的经营成果和财务状况的会计资料，才能进行不同单位会计信息的对比分析。

（四）货币计量

货币计量（monetary unit）是指对所有会计对象采用同一种货币作为统一尺度来进行计量，并把核算主体持续不断的经营活动和某一时点财务状况的数据转化为按统一货币单位反映的会计信息。我国《企业会计准则》规定，企业会计核算以人民币为记账本位币。有外币收支的企业，也可以选定某种外币作为记账本位币，但编制的会计报表应当折算为人民币反映。以货币作为统一计量单位，包含着币值稳定的假设，但实际上货币本身的价值是有可能变动的。按照国际会计惯例，当货币本身的价值波动不大，或前后波动能够被抵消时，会计核算可以不考虑这些波动因素，即仍认为币值是稳定的。但在发生恶性通货膨胀时，就需要采用特殊的会计方法和程序来处理有关的会计事项。

二、会计核算基础

我国《企业会计准则》规定，企业应当以权责发生制为基础进行会计确认、计量和报告。权责发生制（accrual basis）是指按照权利和责任是否发生来确认收入和费用的归属期。按照权责发生制要求，凡是当期实现的收入和已经发生或者应当负担的费用，不论款项是否收付，都应作为本期的收入和费用入账；凡不属于当期的收入和费用，即使款项已在当期收付，也不应作为当期的收入和费用处理。

由于企业是执行自收自支、自负盈亏、独立核算、依法纳税的市场经济主体，必须准确、完整地对某一会计期间内发生的经营成果进行核算，所以在对收入和费用进行核算时应当以其实际发生期作为入账期间，按照权责发生制要求进行会计确认、计量和报告。

与权责发生制相对应的另一种确认基础是收付实现制，它是以收到或支付现金作为确认收入和费用的依据，主要适用于行政事业单位。

将上述四项会计核算的前提条件和核算基础综合起来就是：进行会计工作首先要明确为之服务的特定单位，在持续经营条件下，采用货币为统一尺度，按照权责发生制的要求，运用会计方法确认、计量和反映该单位日常发生的经济业务，并按规定的会计期间正确、及时地编制会计报表。

三、会计核算的信息质量要求

商品流通企业在进行会计核算时，其所提供的会计信息按照我国《企业会计准则——基本准则》的规定应遵循下述质量要求。

（一）客观性

客观性要求企业应当以实际发生的交易或事项为依据进行会计确认、计量和报告，如实反映符合确认和计量要求的各项会计要素及其他相关信息，保证会计信息真实可靠、内容完整。这是对会计工作的最基本要求。

根据客观性要求，会计核算所提供的会计信息，必须建立在可查证的基础上，并且项目完整、手续完备。在会计实务中，根据会计人员的经验或对未来的预计予以计算的数据，可能会出现不同会计人员对同一经济业务处理出现不同的计量结果的现象。因此，会计人员应在统一标准的条件下将可能发生的误差降到最低程度，以保证会计核算提供的会计信息真实可靠。为达到这一要求，企业必须严格执行会计准则，加强会计核算的基础工作，提高会计人员的素质，建立健全内部控制制度和对会计核算资料的稽核制度。

（二）相关性

相关性要求企业提供的会计信息应当与财务会计报告使用者的经济决策需要相关，有助于财务会计报告使用者对企业过去、现在或者未来的情况作出评价或者预测。

会计工作的主要目的就是为决策者提供有用的信息。会计信息应当符合国家宏观经济管理的要求；满足有关各方，如财政税务部门、银行、投资者和联营单位等，了解企业财务状况和经营成果的需要；满足企业加强内部经营管理的需要。这就要求会计信息在收集、处理、传递的过程中，要考虑有关方面对会计信息的需要，以确保所提供的信息对报告使用者的经济决策有用。

（三）清晰性

清晰性要求企业提供的会计信息应当清晰明了，便于财务会计报告使用者理解和使用。

对于财务会计报告使用者而言，只有清晰明了的会计信息才是有用的。这就要求会计所提供的信息必须清晰、简明、易懂，用规范文字对会计信息加以表述，对于复杂的经济业务应该作出必要的解释和说明。

（四）可比性

可比性要求企业会计核算应当按照规定的会计处理方法和政策进行，以便财务会计报告使用者对企业所提供的会计信息进行比较分析。强调会计信息的可比性也是为了增强会计信息的有用性。

可比性要求具体包括两个方面：

(1) 不同企业发生的相同或者相似的交易或者事项，应当采用规定的会计政策，确保会计信息口径一致、相互可比。这就要求各个企业，特别是同一行业各个企业的会计信息应当建立在相同的核算标准之上，便于财务会计报告使用者在企业间进行横向对比分析，据此作出正确的决策。同时，也便于国家综合管理部门对各个企业提供的会计信息进行比较、分析和汇总，以利于国家的宏观调控。

(2) 同一企业不同时期发生的相同或者相似的交易或者事项，应当采用一致的会计政策，不得随意变更；确需变更的，应当在附注中说明。这一要求也是从财务会计报告使用者进行经济决策的角度出发的，只有企业的会计核算方法和政策前后各期保持一致，才便于财务会计报告使用者对前后各期的会计资料进行纵向比较。

（五）实质重于形式

实质重于形式要求企业应当按照交易或事项的经济实质进行会计确认、计量和报告，不应仅以交易或事项的法律形式为依据。

以融资租赁方式租入的固定资产为例，虽然从法律形式上看，承租企业并不拥有其所有权，但一方面由于租赁合同中规定的租赁期相当长，接近于资产的使用寿命；租赁期结束时承租企业有优先购买该资产的选择权；在租赁期内承租企业有权支配资产并从中受益。另一方面，从该固定资产的经济实质来看，企业能够控制其创造未来的经济利益，所以在会计核算上将以融资租赁方式租入的固定资产视为承租企业的资产。

（六）重要性

重要性要求企业提供的会计信息应当反映与企业财务状况、经营成果和现金流量等有关的所有重要交易或者事项。

会计所反映信息的重要程度是以是否影响财务会计报告使用者的经济决策为依据的。影响财务会计报告使用者据以作出合理判断和决策的就是重要的交易或者事项，必须按照规定的会计方法和程序进行处理，并在会计报表中予以充分准确的披露；对于不影响会计信息真实性和不至于改变财务会计报告使用者作出正确判断和决策的事项，则可适当简化处理。

（七）谨慎性

谨慎性要求企业对交易或者事项进行会计确认、计量和报告应当保持应有的谨慎，不应高估资产或者收益，低估负债或者费用。

由于在会计确认、计量和报告过程中部分交易或者事项的结果并不确定，如固定资产由于技术进步而提前报废等情况，为了避免可能发生的损失对企业正常经营造成影响，必须提前对不确定的交易或事项作出合理预计。因此，谨慎性要求通常表达为：充分预计损失而不提前预计收益。

谨慎性在会计上的体现是多方面的，如对应收账款计提坏账准备、存货在期末采用成本与可变现净值孰低法计价、固定资产采用加速折旧法，等等。

（八）及时性

及时性要求企业对于已经发生的交易或者事项，应当及时进行会计确认、计量和报告，不得提前或者延后。也就是说，会计事项的处理必须在经济业务发生时及时进行，讲求时效，以便会计信息的及时利用。

会计信息只有及时地呈报给财务会计报告使用者，才能成为其进行经济决策的依据。缺乏及时性的会计信息就丧失了使用价值，也致使会计工作丧失了存在的根本目的。

上述会计信息质量要求也是商品流通企业在进行会计核算时所应遵循的会计原则（accounting principles）。

本章小结

本章阐述了商品流通企业会计的基本理论，是本书以后各章的基础。本章介绍了商品流通企业经营管理活动的特点，并说明了商品流通企业会计的含义、特征、基本职能，重点阐述了商品流通企业会计对象的具体内容及其相互间的联系、会计核算的基本前提、会计信息的质量要求等。

关键术语

商品流通活动（barter transactions）　　商业企业（commercial enterprise）

会计职能（accounting function）　　会计对象（accounting event）

资产（assets）
所有者权益（proprietary equity）
费用（expenses）
会计等式（accounting equation）
会计主体（accounting entity）
会计分期（periodic reporting）
会计原则（accounting principles）
负债（liabilities）
收入（revenue）
利润（profit）
会计假设（accounting assumptions）
持续经营（going concern）
货币计量（monetary unit）

复习思考题

1. 商品流通企业经营管理活动的主要特点是什么？

2. 商品流通企业会计除具有一般企业会计的特征外，还有哪些突出特征？

3. 商品流通企业会计的基本职能是什么？

4. 商品流通企业会计对象具体包括哪些内容？其相互之间存在何种关系？

5. 商品流通企业会计工作应遵循哪些基本前提？

6. 在具体的会计确认、计量和报告中，商品流通企业会计工作应遵循哪些会计信息质量要求？

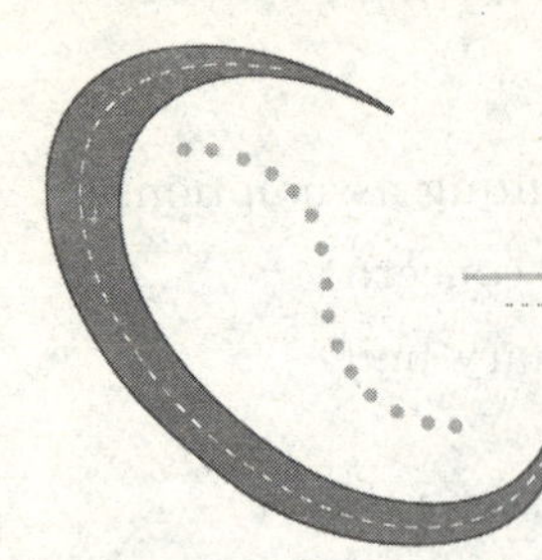

第二章 自营商品的业务核算

【学习目标】

- 了解商品流通业务活动的特征
- 理解四种自营商品核算方法的适用条件
- 掌握自营商品购进业务的核算
- 掌握自营商品购进业务中各种结算方式的核算
- 掌握自营商品在存储过程中发生的业务核算
- 理解自营商品销售收入的确认条件
- 掌握自营商品销售业务的核算
- 掌握自营商品销售业务中各种结算方式的核算

第一节　自营商品流通及自营商品核算方法

一、自营商品流通概述

(一) 商品流通的特征

商品流通是指将生产领域加工完成的产品，通过商品流通企业的购销活动转移到消费领域的过程。商品流通是社会再生产过程中的重要环节，是实现产品价值的主要过程。完成商品的流通有利于生产领域资金的回收，加快社会资金的周转，提高资金的投入产出率。它是商品流通企业的中心任务。

商品流通应同时具有以下两个基本特征：

(1) 商品流通必须以商品实物的转移为前提。

(2) 实物的转移必须通过货币收付来实现。商品流通是一种交易活动，如果没有货币的收付过程就不是交易活动，而是捐赠活动。

因此，没有实物的转移而只有货币收付，或没有货币收付而只有实物的转移，都不是商品流通。

（二）自营商品流通的含义

商品流通企业的商品流通按销售组织方式不同，可分为自营商品流通和联营商品流通。

自营商品流通是指商品由商品流通企业自行购进，并以其名义对外销售。它的主要特点是一定要由商品流通企业采取某种结算方式先将商品购入并存储，然后再出售（可以自己销售，也可以委托其他单位销售）。因此，在自营商品流通过程中，商品流通企业要先经历一个采购环节。本章重点介绍自营商品流通的管理和会计核算。

联营商品流通是指商品由商品流通企业与商品供应商合作，采取先销售后购货结算的一种商品销售组织方式。有关联营商品流通业务及其核算的具体内容详见本书第三章的介绍。

按照在社会再生产过程中作用的不同，商品流通企业可以分为商品批发（wholesale）企业和商品零售（retail）企业。因此，自营商品流通也通常有批发和零售两种形式。

商品的批发通常是由商业批发企业完成的，是成批量地进行商品购销的商品流通方式，其业务发生频率较低，但单笔交易的数量较大、涉及交易金额也较多。这种方式主要处于商品流通的起点或中间环节，是实现商品由生产领域向消费领域转移的主要渠道。

商品的零售通常是由商业零售企业完成的，一般是指商业零售企业从批发企业或生产企业购进商品，销售给居民个人或产品使用单位的过程。它是连接商品批发企业与消费者的桥梁，也是商品变成最终消费品的重要环节。

在现实社会中，批发和零售这两种商品流通方式并不是截然分开的。为了适应市场的竞争，商品流通企业的经营方式越来越灵活，往往采取的是批发、零售兼营的形式。

（三）交接货物的方式

商品流通企业在购入和销售自营商品过程中，采取的交接货物方式应根据商品本身的性质、市场环境或双方协议等条件来决定。一般来说，商品的主要交接方式有发货制、提货制和送货制三种。

1. 发货制

发货制是指销货方按照购销合同中规定的发货日期、商品种类、规格、数量等内容，将商品委托运输部门发运到购货方所在地的车站、码头或指定交货地点的一种商品交接方式。购货方应以运输部门的到货通知单为依据进行提货、验收。在这种方式下，由于购销双方并没有直接进行交货，所以很容易产生纠纷。

2. 提货制

提货制是指购货方依据付款凭证或销货方开具的提货单到销货方仓库或指定地点提取货物的一种商品交接方式。这种方式减少了销货方在销售领域的耗费和损失，而且在提货制下货款一般是在交货前先收付的，因此也降低了销货方的收账成本。

3. 送货制

送货制是指销货方按照双方的约定将商品送到购货方仓库或指定地点的一种商品交接方式。采取这种方式，商品运输途中所发生的一切费用和损失都由销货方自行承担。

二、自营商品的核算方法

不同的商品流通企业根据自身的经营特点和管理要求，选择不同的库存商品核算方法。自营商品的核算方法按照所提供的指标不同，分为数量金额核算法和金额核算法；按照所采用的计量依据不同，又分为进价金额核算法和售价金额核算法。因此，自营商品的核算具体包括下述四种方法。

（一）数量进价金额核算法（amount buying cost method）

采用数量进价金额核算法，库存商品总分类账户和明细分类账户按商品进价入账，同时在库存商品的明细分类账中按商品的编号、品名、规格等分户登记商品的收、付、存的数量，通过库存商品的明细账可以从数量和金额两个角度随时了解各种商品的增减变动以及期末结存情况。数量进价金额核算法一般适用于批发经营的商品流通企业。

（二）进价金额核算法（buying cost method）

进价金额核算法又称“进价记账、盘存计销”核算法。采用这种核算方法，库存商品总分类账户和明细分类账户都只需按商品进价登记金额，而不用反映实物数量；商品销售后，只记商品销售收入，不结转商品销售成本；期末时对库存商品进行全面盘点，倒挤出本期商品销售成本。这种方法适用于售价变化比较频繁、实物数量不易控制的鲜活商品的核算。

（三）售价金额核算法（selling price method）

售价金额核算法又称“售价记账、实物负责制”核算法。在这种核算方法下，商品流通企业首先要建立实物负责制，而库存商品总分类账户和明细分类账户都只需按商品售价进行金额核算。采用这种核算方法，商品流通企业应建立、健全商品的盘点制度，加强物价管理，防止因记录不全面而出现的错误和舞弊。这种方法适用于交易次数频繁，但每次交易数量较少且交易种类较多的商品零售企业。

（四）数量售价金额核算法（amount selling price method）

采用数量售价金额核算法，库存商品总分类账户和明细分类账户按商品售价入账，库存商品进价金额与售价金额之间的差额单独核算，同时还要求库存商品的明细分类账要登记商品的收、付、存的数量。在这种方法下，可以随时了解各种商品的库存情况，与上述方法不同之处只在于库存商品的计量依据是销售价格。采取该种核算方法能比较容易地掌握现存商品可实现的销售毛利，但在商品价格易于波动的情况下，会计核算工作量就会较大。因此，这种方法一般适用于小型批发企业和经营贵重物品的零售企业。

上述四种核算方法，第二种方法属于实地盘存制管理，其余三种属于商品存货的永续盘存制管理。

第二节　自营商品购进业务的核算

一、自营商品购进业务的内部管理控制

商品流通企业为了对购进的商品加强管理，正确组织商品购进业务的核算，必须建立

有效的内部业务管理控制制度（业务流程），并健全进货凭证。在商品购进业务发生过程中，每个业务环节都必须正确填制凭证，认真审核凭证，并且按照规定的传递程序将凭证送交有关部门或人员办理相关业务手续。

商品流通企业采用发货制或送货制的交货方式时，自营商品的购进业务流程主要包括下列环节：

（1）由负责商品销售的柜组（或部门）工作人员根据商品的缺货情况手工填制请购单，经柜组（或部门）主管人员复核后交给采购部门。

（2）采购部门收到请购单后，在核实了货物的规格、数量、厂商等信息的前提下，由负责该种商品采购的人员填制连续编号的订购单，订购单正联应送交供应商，副联则送至验收部门和编制请购单的部门。如果需要变更供应商，必须得到采购部门负责人确认后，重新签订购销合同。

（3）有效的订购单代表企业已授权验收部门接收供应商发运来的商品。验收部门首先应核对所收商品与订购单上的要求是否相符，如商品品名、数量、到货时间等，然后盘点商品并检查商品有无损坏。验收后，验收部门应填制一式多联、预先编号的验收单。商品流通企业可以设置专门的验收部门，也可以由负责商品销售的柜组（或部门）工作人员进行验收。

（4）如果商品需要入库存放，则需要由仓库保管人员填制入库单或在验收单的副联上签收。

（5）采购部门在商品验收入库结束后，将整理齐全的原始凭证（包括购货合同）传递给财务部门，经财务部门审核后办理结算业务并登记库存商品、应付账款等账簿。如果采取发货制的交货方式，则财务部门应在商品验收入库前、收到发运凭单（或购货发票）等凭证时登记相应账簿。

（6）由于多数商品流通企业是定期与供应商办理结算手续的，购货业务的结算过程总是相对滞后，这就要求购销双方以及本单位的采购部门与财务部门应定期进行对账。

在提货制交货方式下，供应商根据购货单位采购部门的订货单填写提货单，提货单交购货方采购人员审核无误后，先持提货单到财务部门办理结算并收取结算单据，后到供应商指定的仓库提取货物。在这种方式下，结算业务一般与采购业务同时完成，采购和验收业务也是同时完成的。

二、自营商品购进的确认和计量

（一）商品购进业务的特征

商品购进是指企业为了销售或加工后销售，通过货币等结算方式取得商品所有权的交易行为。商品购进必须同时具备以下两个条件：

（1）必须是以销售为目的而购进商品。

（2）必须通过货币等结算方式取得商品所有权。

（二）商品购进的入账时间

商品购进的入账时间应是取得商品所有权或支配权的时间。根据货款结算方式不同，商品购进的具体入账时间主要有以下几种情况：

（1）采用现金、支票、银行本票、银行汇票购进商品的，应以支付货款并取得销货单位发票或提货单时，作为商品购进的入账时间。

（2）采用商业汇票、委托收款或托收承付结算方式购进商品的，应以收到结算凭证并承付货款时，作为商品购进的入账时间。

（3）采用预付货款的方式购进商品的，应以实际收到商品时作为商品购进的入账时间。

（4）进口商品以支付货款的时间作为商品购进的入账时间。

一般情况下，将企业取得结算凭证视为取得商品所有权或支配权，所以取得结算凭证的时间就可以作为商品购进业务的入账时间。

商品的交接方式也会影响商品购进业务入账时间的确定。在提货制或送货制下，商品流通企业购进的货物往往是与结算凭证一并取得的，所以商品购进的入账时间一定是以收到货物并验收入库为标准确定的。但是，在发货制下有可能出现先取得结算凭证后收到购入商品的情况，这时应以收到结算凭证并承付货款作为商品购进的入账时间；如果商品先运达并已验收入库而结算凭证尚未收到，一般情况下可以暂不入账，等到实际收到结算凭证时再根据有关凭证登记入账。如果该现象出现在某一会计期间期末，则应按照合同或协议价暂估入账，下月初用红字冲回，以便在实际结算凭证收到后，按实际成本入账。

（三）商品购进的采购成本

商品的采购成本（purchase cost）是指购进商品的入账金额。企业应该按照实际取得商品时的成本进行初始计量，即商品的进价成本，包括购买价款、按规定应计入商品成本的税金、采购过程中发生的运输费、保险费、包装费、装卸费以及其他可归属于存货采购成本的相关进货费用。采购商品过程中发生的进货费用也可先进行归集，期末根据所购商品的存销情况进行分摊；对于金额较小的采购费用，可以在发生时直接计入当期损益。

三、自营商品购进的进价金额核算法

商品购进的进价金额核算法是指库存商品总分类账户和明细分类账户按商品进货成本入账的一种方法，又可以分为数量进价金额核算法和进价金额核算法两种。下面以批发企业为例，重点介绍数量进价金额核算法下商品购进业务的核算。

（一）科目设置

为了核算商品的购进、验收入库的业务，商品流通企业应设置下列会计科目。

1.“商品采购”科目

“商品采购”科目用于核算商品流通企业购入商品的采购成本，按照供应单位、商品品种等设置明细账。本科目的借方登记购入商品的实际采购成本，贷方登记验收入库的商品的实际采购成本，期末余额在借方，反映尚未运达或尚未入库商品的实际采购成本。

如果企业不需要计算商品的采购成本，也可以将该科目改为“在途物资”科目，用以核算在途或待点验的商品。

2.“库存商品”科目

“库存商品”科目用于核算商品流通企业库存各种准备出售商品的实际成本。这里的“库存各种准备出售商品”包括库存的外购商品、自制商品、存放在门市部准备出售的商品、发出的展览商品、委托其他单位代管的、寄存在外库的商品等。委托其他单位加工的商品、委（受）托代销商品以及出租商品等，不在本科目核算。本科目的借方登记验收入库商品的实际成本，贷方登记结转的已销商品进价成本以及加工拨出或盘亏等原因减少的商品实际成本，期末余额在借方，反映库存结余商品的实际成本。

本科目按照商品的种类编号、名称、规格和存放地点等设置明细账，同时进行数量和金额明细核算。另外，在商品品种较多时，可以先按照一定的标准将商品划分为若干类别，按商品类别设置库存商品类目账或二级账，并与库存商品明细账定期进行核对。

3. “应交税费——应交增值税（进项税额）”科目

大多数商品批发企业均为增值税一般纳税人，因此在购进业务核算过程中会涉及增值税进项税额的核算。“应交税费——应交增值税（进项税额）”科目用于核算商品流通企业购进商品时支付的待抵扣的增值税进项税额。因购货退回或折让而收回的增值税税额，应从发生当期进项税额中扣除。如是属于小规模纳税人的商品批发企业，则不必设置该科目，而将购进商品时支付的增值税进项税额记入“商品采购”科目。

在企业购进商品过程中，由于货款的结算方式多种多样，因此还应设置“银行存款”、“其他货币资金”、“应付票据”、“应付账款”等结算账户。

（二）数量进价金额核算法下商品购进业务的核算

由于支付方式、商品的运输速度以及结算凭证传递的环节不同，购入商品的入库时间与付款的时间可能一致，也可能不一致，在会计处理上也有所不同。

1. 货款已经支付或已开出、承兑结算票据，同时商品已验收入库

对于发票账单与购进商品同时到达的采购业务，商品流通企业在支付货款或开出、承兑商业汇票，并且办理了商品验收入库手续后，应根据取得的增值税专用发票等单据确认商品采购成本，借记“商品采购”科目，根据购进业务发生的允许抵扣的增值税税额，借记“应交税费——应交增值税（进项税额）”科目，按照实际支付的款项，贷记“银行存款”、“应付票据”等科目，同时将商品的采购成本结转记入“库存商品”科目；也可以不通过“商品采购”科目，直接将商品采购成本记入“库存商品”科目。

【例 2—1】 美联小商品批发公司（以下简称美联公司）为增值税一般纳税人，从某生产加工企业购进 500 套双人亚麻凉席，每套进价 300 元，应支付的增值税税额为 25 500 元，供货单位代垫运杂费 1 200 元，运费中准予扣除的进项税额为 63 元。所有商品均已验收入库，企业开出转账支票支付全部款项。美联公司根据有关凭证编制会计分录如下：

借：库存商品——双人亚麻凉席	151 137	
应交税费——应交增值税（进项税额）	25 563	
贷：银行存款		176 700

【例 2—2】 兰奇商品批发公司（以下简称兰奇公司）为增值税一般纳税人，持银行汇票购进了 5 000 箱家庭装修用的瓷砖，货款共计 700 000 元，应支付的增值税税额为 119 000 元。商品交接方式采用提货制，同时已向供货单位支付了装卸费、包装费共计 4 000元，商品已运回并验收入库。兰奇公司根据有关凭证编制会计分录如下：

借：库存商品——×瓷砖　　704 000

应交税费——应交增值税（进项税额）　　119 000

　　4 000

贷：银行存款（或其他货币资金——银行汇票）　　819 000

2. 货款已经支付或已开出、承兑结算票据，商品尚未到达或尚未验收入库

对于已经支付货款或已开出、承兑商业汇票，但商品尚未到达或尚未验收入库的采购业务，应根据发票账单等结算凭证，借记“商品采购”、“应交税费”科目，贷记“银行存款”、“应付票据”等科目；待商品到达、入库后，再根据入库单、验收单等原始凭证，借记“库存商品”科目，贷记“商品采购”科目。

【例 2—3】 兰奇公司从某化工厂购入玻璃胶一批，增值税专用发票上记载的货款为 80 000 元，增值税 13 600 元。此次结算采取验单付款的托收承付方式，供货单位已代垫运杂费 3 200 元，运费中准予扣除的进项税额为 140 元。兰奇公司在收到发票账单等结算凭证并核对无误后，开出转账支票支付全部款项，但商品尚未运达企业。兰奇公司根据有关凭证编制会计分录如下：

借：商品采购——玻璃胶　　83 060

应交税费——应交增值税（进项税额）　　13 740

贷：银行存款　　96 800

【例 2—4】 承例 2—3，兰奇公司购入的上述商品已收到并已验收入库时，应编制会计分录如下：

借：库存商品——玻璃胶　　83 060

贷：商品采购——玻璃胶　　83 060

3. 货款尚未支付，商品已经验收入库

在货款尚未支付，商品已经验收入库的情况下，如果发票账单已到，则应按发票账单所记载有关金额记账；如果发票账单直至月末仍未收到，从而无法确定购入商品实际采购成本，则月末必须先按照暂估价值记账，到下月初再用红字冲销，待收到发票账单后按照实际金额记账。

【例 2—5】 承例 2—2，如果兰奇公司采取先提货后付款的赊购方式购进了 5 000 箱家庭装修用的瓷砖，商品已运回并验收入库，则公司应根据有关凭证编制会计分录如下：

借：库存商品——×瓷砖　　704 000

应交税费——应交增值税（进项税额）　　119 000

贷：应付账款　　823 000

【例 2—6】 美联公司从某针织厂购进三件套床上用品 800 套。购货合同中约定，货物交接方式为发货制，购货方采用商业汇票结算方式支付全部款项。商品已验收入库，但发票账单直至月末公司尚未收到，无法确定商品的实际采购成本，暂估价值为 112 000 元。美联公司应编制会计分录如下：

借：库存商品——三件套床上用品　　112 000

贷：应付账款——×针织厂　　112 000

下月初用红字冲回：

借：库存商品——三件套床上用品　　112 000

　贷：应付账款——×针织厂　　112 000

【例2—7】 承例2—6，美联公司购进的上述商品于次月收到发票账单，实际货款为120 000元，增值税20 400元，对方代垫运杂费900元，运费中准予扣除的进项税额为28元，公司当即开出2个月的商业承兑汇票支付全部款项。公司根据有关凭证编制会计分录如下：

借：库存商品——三件套床上用品　　120 872

　应交税费——应交增值税（进项税额）　　20 428

　贷：应付票据——×针织厂　　141 300

4. 货款已预付，商品尚未验收入库

商品流通企业采用预付货款的方式采购商品，应在预付货款时，按照实际预付金额，借记“预付账款”科目，贷记“银行存款”科目；收到销货方交来的结算单、发运凭单或是收到商品并已验收入库后，根据发票账单等所列，借记“商品采购”、“库存商品”、“应交税费”科目，贷记“预付账款”科目。

【例2—8】 根据与浙东地毯厂的购销合同，美联公司为购进200块客厅方毯向其预付200 000元货款的60%，金额为120 000元，已通过汇兑方式汇出。美联公司根据有关凭证编制会计分录如下：

借：预付账款——浙东地毯厂　　120 000

　贷：银行存款　　120 000

【例2—9】 承例2—8，美联公司收到浙东地毯厂发运来的200块客厅方毯，已验收入库。有关发票账单记载，该批货物的货款为200 000元，增值税34 000元，对方代垫运杂费6 000元，运费中准予扣除的进项税额为280元，所欠款项公司已开出转账支票支付。美联公司应编制会计分录如下：

借：库存商品——客厅方毯　　205 720

　应交税费——应交增值税（进项税额）　　34 280

　贷：预付账款　　240 000

补付不足款项时，编制会计分录如下：

借：预付账款——浙东地毯厂　　120 000

　贷：银行存款　　120 000

如果预付金额较多，收到退回多付的款项时，借记“银行存款”科目，贷记“预付账款”科目。

另外，在商品购进业务中，企业如果购买的商品批量较大，往往会得到价格上的优惠，即享受商业折扣；同时，在赊购过程中也会因提早付款而可以减少实际付款额，即享受现金折扣的优惠。由于商业折扣是在购货付款前双方协商一致的，所以企业应当按照扣除折扣后的金额确认商品采购成本。但是，现金折扣在购货之初是无法确定其可实现金额的，一般应按未扣除现金折扣前的金额进行购货业务核算，待实际发生后，再将取得的现金折扣额列入“财务费用”科目。

【例 2—10】 美联公司于 2011 年 4 月 10 日购进商品一批，商品标价为40 000元，经双方协商后，对方同意提供 10%的商业折扣。购销双方签订的购货合同中规定，购货方如果能在 20 日内付款，可享受 2%的现金折扣（假定计算现金折扣时不考虑增值税）。4 月 11 日公司收到所购商品，经验收全部入库。美联公司根据相关结算单据编制会计分录如下：

借：库存商品——×商品　　36 000
　　应交税费——应交增值税（进项税额）　　6 120
　贷：应付账款——×企业　　42 120

如果公司于 2011 年 4 月 29 日付款，则编制会计分录如下：

借：应付账款——×企业　　42 120
　贷：银行存款（36 000－36 000×2%＋6 120）　　41 400
　　　财务费用——其他　　720

如果公司于 2011 年 5 月 2 日付款，则编制会计分录如下：

借：应付账款——×企业　　42 120
　贷：银行存款　　42 120

5. 特殊商品购进业务的核算

(1) 农产品收购的核算。农产品收购是指商品流通企业向农村里从事种植业、养殖业、林业、牧业、水产业生产的集体经济组织和个人收购各种植物、动物初级产品的行为。农产品品种繁多，包括粮、油、棉、糖、果、药材、禽等。

商品流通企业如果是增值税一般纳税人，在向农业生产者购买免税农产品或者向小规模纳税人购买农产品时，均按照买价的 13%的扣除率计算增值税进项税额，从当期销项税额中扣除。

农产品的收购方式按照款项的结算方式划分，主要有直接收购、预先订购两种。

直接收购是指商品流通企业专门设置收购网点，待农产品成熟或在产品进行初步加工后，直接向生产者收购的一种方式。在这种方式下，产品收购企业和产品生产者之间只是在收购过程中才发生资金往来。

预先订购是指收购企业通过预付定金的办法与农产品生产者签订预购合同，待农产品成熟或在产品进行初步加工后，生产者按规定交送产品，并按实际货款进行结算的一种方式。在这种方式下，商品流通企业的账务处理过程与预付账款采购方式下的核算是完全一致的。

【例 2—11】 黄海农产品批发公司（以下简称黄海公司）为增值税一般纳税人，直接向吉林某地区玉米种植户收购粮食作物，以现金支付产品收购价款86 000元。相关计算如下：

增值税进项税额＝86 000×13%＝11 180(元)

农产品的采购成本＝86 000－11 180＝74 820(元)

公司根据有关凭证编制会计分录如下：

借：商品采购——×农产品　　74 820
　　应交税费——应交增值税（进项税额）　　11 180

贷：库存现金　　86 000

农产品验收入库后，编制会计分录如下：

借：库存商品——×农产品　　74 820

贷：商品采购——×农产品　　74 820

(2) 进口商品采购业务的核算。商品流通企业从国外购进商品时，其商品采购成本包括进口商品的到岸价（CIF）、入关时缴纳的关税等进口环节税金（不含增值税），以及商品购进过程中，在国内发生的运杂费等相关进货费用。如果购货合同中规定以离岸价（FOB）结算，则应当按照商品的离岸价加上商品到达购货方目的港口前发生的运杂费、保险费等费用作为到岸价。商品购进过程中，在国内发生的运杂费、检验费等开支金额较小的可直接记入“销售费用”科目。

【例 2—12】 某食品进出口公司从西班牙进口一批橄榄油，相关发票账单中注明该商品的到岸价格为 225 000 元，缴纳进口关税 9 000 元、增值税 39 780 元，另支付国内检验费、装卸费等 5 400 元。企业已用银行存款支付全部款项，商品尚未运达。该公司根据有关凭证编制会计分录如下：

借：商品采购——橄榄油　　234 000

应交税费——应交增值税（进项税额）　　39 780

销售费用——采购费用　　5 400

贷：银行存款　　279 180

商品验收入库后，编制会计分录如下：

借：库存商品——橄榄油　　234 000

贷：商品采购——橄榄油　　234 000

商品流通企业在进口商品过程中取得的进口佣金应冲减进口商品的采购成本；不易区分应冲减的商品时，则直接记入“销售费用”科目的贷方。

6. 商品购进过程中其他业务的核算

商品流通企业在商品买入过程中除正常的购进业务外，有时还会发生一些其他相关业务，如拒付货款和拒收商品，进货退、补价，退货或购进商品发生溢余、短缺或毁损等业务。下面分别介绍这些业务的账务处理。

(1) 拒付货款和拒收商品的核算。采用委托收款结算方式或异地托收承付结算方式购进商品时，由于商品的品种、规格、质量等方面不符合购货合同的规定，或托收金额计算错误等其他原因，购货方可以拒付货款和拒收商品。

商品流通企业拒付货款可以分为部分拒付货款和全部拒付货款两种情况。企业拒付货款时，应在规定的承付期限内填制“拒付理由书”送交本单位的开户银行。

如果是部分拒付货款，商品流通企业对于拒付部分不做账务处理，但对未拒付部分必须按照规定支付货款并按正常的商品购进业务进行核算。

如果是全部拒付货款，一般情况下也应该是拒收全部商品，所以如果没有收到商品则不做账务处理；但如果是在收到商品而未办理结算时出现全部拒付货款的情况，企业应先对拒收商品代为妥善保管，仓库应填制“代管商品物资收货单”单独保管，财务部门应在“代管商品物资”备查账簿中作登记。该备查账簿可按代管商品物资的单位和品名分户登记，可以同时登记数量和金额，也可以只登记数量。

如果是在已全部支付完货款后，经商品验收发现问题从而导致的拒收商品，对拒收的商品也应妥善保管，并及时与供货单位联系。财务部门应先冲减已入账的商品采购成本和该批商品的增值税进项税额，即贷记“商品采购”和“应交税费”科目，同时将已支付的款项作为应收账款处理，即借记“应收账款”科目。另外，还应在“代管商品物资”备查簿中作备查登记。

【例 2—13】 兰奇公司从闽成陶瓷厂购入 600 套卫生间洁具，已通过银行支付了全部商品价款，包括商品的进价 300 000 元，增值税进项税额 51 000 元，供货方代垫的运费 3 000元以及装卸费等其他费用 1 210 元，其中运费中准予扣除的增值税进项税额为 210 元。商品运达，验收入库时发现该批商品质量与合同约定不符，商品全部被拒收。

由于付款时已经进行了购进业务的账务处理，所以此时企业应编制的会计分录为：

借：应收账款——闽成陶瓷厂　　355 210
　贷：商品采购——卫生间洁具　　304 000
　　　应交税费——应交增值税（进项税额）　　51 210

同时，应在“代管商品物资”备查簿的借方登记该批商品的数量和金额。

经与供货单位协商，供货单位同意将商品退回并退还所收款项。此时，兰奇公司应根据银行的收款通知单等原始凭证编制会计分录如下：

借：银行存款　　355 210
　贷：应收账款——闽成陶瓷厂　　355 210

商品流通企业退还商品后，应在“代管商品物资”备查簿的贷方冲销所登记的该批商品的记录。

在发生购货单位拒付货款或拒收商品时，供货单位有时也会采取提供购货折让的方式来促成交易的实现。此时，如果购货方接纳了购货折让，则应按实际的成交金额重新进行购进商品业务的核算。

【例 2—14】 承例 2—13，兰奇公司与陶瓷厂协商后，接受了销货方提出的针对商品价款提供 15%的购货折让的建议。全部商品重新验收入库。兰奇公司应根据对方提供的红字增值税专用发票等凭证编制会计分录如下：

借：库存商品——卫生间洁具　　259 000
　　应交税费——应交增值税（进项税额）　　43 560
　贷：应收账款——闽成陶瓷厂　　302 560

收到销货方退回的购货折让金额时，借记“银行存款”科目，贷记“应收账款”科目。

（2）进货退、补价的核算。商品流通企业在所购商品验收入库后，发现由于供货方价格计算错误等原因，可能发生退价或补价业务。发生退、补价业务时，应由供货单位填制专用发票及“销货更正单”。

由于供货单位原结算价格高于实际价格而应退还一部分货款给购货单位的现象，称为退价；相反，则称为补价。购货单位收到退、补价的凭证后，据以填制收货单，退价填红字收货单，补价填蓝字收货单，财务部门据此办理进货退、补价结算手续。

【**例 2—15**】 承例 2—13，如果兰奇公司购入的 600 套卫生间洁具质量符合要求，并已验收入库，购进业务均已入账。随后，公司收到供货单位的“销货更正单”等单据说明该批商品实际价格为 310 000 元，增值税为 52 700 元。公司以银行存款补付了货款，则应编制会计分录如下：

借：库存商品——卫生间洁具　　10 000
　　应交税费——应交增值税（进项税额）　　1 700
　贷：银行存款　　11 700

如果购进商品已售出，并已结转销售成本，则应调整“主营业务成本”科目的金额。

如果购进商品出现了退价业务，则应编写与本例相反的会计分录。

（3）退货的核算。商品流通企业在所购商品验收入库一段时间以后，才发现商品存在问题，经与供货单位协商，可能会发生退货业务。

由于商品已经验收入库，则无论款项是否已经支付，购货单位均已进行了相关账务处理。此时发生退货业务，购货单位必须取得当地主管税务机关开具的进货退出证明单送交供货方，作为供货方开具红字增值税专用发票的合法依据。供货方在收到证明单后根据退回货物的数量、价款开具红字增值税专用发票，其存根联、记账联作为供货方扣减当期销项税额和入账的凭证，发票联、税款抵扣联作为购货方冲减进项税额和进行账务处理的依据。

【**例 2—16**】 承例 2—13，假定兰奇公司购入的 600 套卫生间洁具在验收入库并已进行账务处理后，才发现存在质量问题。经过与闽成陶瓷厂联系，对方答应全额办理退货手续，款项尚未收到。公司应根据收到的红字增值税专用发票编制会计分录如下：

借：应收账款——闽成陶瓷厂　　355 210
　贷：商品采购——卫生间洁具　　304 000
　　　应交税费——应交增值税（进项税额）　　51 210

同时：

借：商品采购——卫生间洁具　　304 000
　贷：库存商品——卫生间洁具　　304 000

兰奇公司也可以将上述两笔会计分录合并编制。

（4）购进商品发生溢余、短缺或毁损的核算。企业购进商品时应执行严格的验收制度，如果查验数量时发现商品的实际数量大于企业在购货合同中约定的数量即为溢余；反之，则为短缺。此外，商品可能会出现数量虽未短缺，但商品在运送过程中已发生了毁损的现象。此时，企业不但要填写“收货单”，还要填制“商品溢余（短缺）报告单”来反映该种现象并通知有关部门查明原因、进行处理。

购进商品发生溢余时，在未查明原因前，应先将溢余商品的金额记入“待处理财产损溢”科目的贷方，然后查找原因并分情况进行处理。如果溢余的商品价值属于自然升溢，则应结转记入“管理费用”科目的贷方。如果属于供货单位多发出的商品，若购货单位同意购进则在收到对方单位补来的发票后按照正常购进商品的业务进行核算；若购货单位不同意购进则应冲销“库存商品”科目，并将该商品记入“代管商品物资”备查簿的借方。

【**例 2—17**】 承例 2—13，如果兰奇公司购入的 600 套卫生间洁具在验收入库时，除多出 10 套洁具外不存在其他问题，供货单位开来的发票中注明每套洁具价格为 500 元，增值税税率为 17%。如果不考虑有关的进货费用，财务部门在收到入库单、商品溢余报告单等凭证后，编制会计分录如下：

借：库存商品——卫生间洁具　　305 000

　贷：商品采购——卫生间洁具　　300 000

　　　待处理财产损溢——待处理流动资产损溢　　5 000

经查，上述溢余商品为闽成陶瓷厂（供货方）多发出的商品，兰奇公司同意购进。收到供货方补来的增值税专用发票，列明商品价款 5 000 元，增值税进项税额 850 元，款项已通过银行支付。兰奇公司根据有关凭证编制会计分录如下：

借：商品采购——卫生间洁具　　5 000

　　应交税费——应交增值税（进项税额）　　850

　贷：银行存款　　5 850

同时：

借：待处理财产损溢——待处理流动资产损溢　　5 000

　贷：商品采购——卫生间洁具　　5 000

当购进商品发生短缺或毁损时，在未查明原因前也应先记入“待处理财产损溢”科目。查明原因后，分情况进行处理。如果属于自然损耗，则应记入“管理费用”科目的借方；属于责任人或责任单位造成的，则应记入“其他应收款”科目的借方；属于自然灾害或意外事故等非正常原因造成的短缺或毁损，则应将扣除保险公司、责任部门的赔偿以及可回收的商品残余价值后的金额记入“营业外支出”科目的借方；如果短缺的商品是由于供货单位少发商品造成的，则应将短缺的商品按进价记入“应收账款”科目或“应付账款”科目的借方（冲减未支付的购货价款）。

【例 2—18】 承例 2—13，如果兰奇公司购入的 600 套卫生间洁具在验收入库时，发现短缺了 10 套，原因待查。供货单位开来的发票中注明每套洁具价格为 500 元，增值税税率为 17%。假设不考虑相关的进货费用，财务部门在收到入库单、商品短缺报告单等凭证后编制会计分录如下：

借：库存商品——卫生间洁具　　295 000

　　待处理财产损溢——待处理流动资产损溢　　5 000

　贷：商品采购——卫生间洁具　　300 000

经查，上述短缺商品属于运输途中合理自然损耗的价值为 500 元，其余部分均属于非正常损失的价值，保险公司已同意赔偿其中的 3 000 元损失。由于非正常损失购进的货物进项税额不能抵扣，兰奇公司应根据相关凭证编制会计分录如下：

借：管理费用——商品盘亏损失　　500

　　其他应收款——保险公司　　3 000

　　营业外支出——非常损失　　2 265

　贷：待处理财产损溢——待处理流动资产损溢　　5 000

　　　应交税费——应交增值税（进项税额转出）[(5 000−500)×17%]　　765

需指出的是，对于购进商品发生的溢余、短缺或毁损在通过“待处理财产损溢——待处理流动资产损溢”科目核算时，其所反映的财产损溢应在期末结账前处理完毕，处理后该科目应无余额。

（三）进价金额核算法下商品购进业务的核算

进价金额核算法是对库存商品的总分类核算和明细分类核算均按进价金额记账而不反映实物数量的一种方法，又称“进价记账、盘存计销”。这种方法适用于经营鲜活商品的零售企业或柜组。由于这类企业或柜组所经营的鲜活商品具有品种多、损耗大、质量变化快、调价次数频繁、实物数量不易控制的特点，所以不便于进行数量核算或采用售价金额核算。因此，从鲜活商品的经营特点出发，对鲜活商品流通的核算一般采用进价金额核算法。

采用进价金额核算法进行商品购进业务核算时，核算过程与数量进价金额核算法基本相同，都需要对每一次商品购进业务进行逐笔核算并登记入账，只不过不需要记录购进商品数量而已。这里就不再举例进行说明了。

四、自营商品购进的售价金额核算法

商品购进业务的售价金额核算法是指库存商品总分类账户和明细分类账户按商品售价入账的一种方法，又可以分为数量售价金额核算法和售价金额核算法两种。

商品流通的另一种方式是零售，商品零售是商品流通的最终环节。采取该种方式经营的商品流通企业具有以下特点：

（1）同时经营多种商品，但各种商品库存数量不多。

（2）购销业务频率高，但涉及金额不大。

（3）销售对象是产品的最终消费者，需要随时根据消费市场状况调整商品的售价。

所以，这类企业如果按照数量进价金额核算法进行商品流通业务核算，势必核算成本较高，不利于操作。下面以商品零售企业为例重点介绍售价金额核算法下商品购进业务的核算。

（一）科目设置

采用售价金额核算法对商品购进业务进行核算时，除了应设置在数量进价金额核算法下所使用的会计科目外，还应重点强调“库存商品”科目的使用。该科目应该按照购进商品的未来售价金额记账，以此反映库存商品的增减变动及其结存情况。“库存商品”科目按照实物负责人分设明细账，一般只计金额，不计实物数量。

此外，还应增设“商品进销差价”科目。它是对“库存商品”科目起调整作用的科目，用来核算商品售价与进货成本之间的差额。该科目的贷方反映购进的商品实际售价大于进货成本的差额；借方反映期末结转的已销商品进销差价或冲减商品的进销差价，期末余额一般在贷方，反映期末尚未售出的商品的进销差价。该科目按照实物负责人或商品类别设置明细账。

需说明的是，由于商品零售企业在向消费者出售商品时收取的是含有增值税的金额，所以上述科目的入账金额应该是含有增值税销项税额（一般纳税人）的售价金额。属于小规模纳税人的商品零售企业其售价中也含有增值税，只不过征收税率不同而已，这部分内容将在本章第四节中作详细介绍。

（二）售价金额核算法下商品购进业务的核算

1. 货款已经支付或已开出、承兑结算票据，同时商品已验收入库

对于发票账单与购进商品同时到达的采购业务，商品流通企业首先应该根据取得的增值税专用发票和其他结算账单确定购进商品的采购成本、费用和税金，登记在“商品采购”、“应交税费”等科目的借方；然后，购进商品按照售价金额借记“库存商品”科目，同时将商品售价与进价之间的差额记入“商品进销差价”科目的贷方。

【例 2—19】 品源商贸公司（以下简称品源公司）是一家商品零售企业，从某批发企业购入了 100 个旅行包，单位进价 300 元，增值税 5 100 元，所有款项已用银行本票支付。另以现金支付运杂费 800 元，其中运费中准予扣除的进项税额为 21 元。商品均已验收入库，该批商品的零售单价为 585 元。品源公司根据有关凭证编制会计分录如下：

借：商品采购——旅行包	30 779	
应交税费——应交增值税（进项税额）	5 121	
贷：其他货币资金——银行本票		35 100
库存现金		800

同时：

借：库存商品——旅行包	58 500	
贷：商品采购——旅行包		30 779
商品进销差价——旅行包		27 721

2. 货款已经支付或已开出、承兑结算票据，商品尚未到达或尚未验收入库

在货款已经支付或已开出、承兑结算票据，商品尚未到达或尚未验收入库的情况下，商品购进业务的核算过程与上述第一种商品购进情况的账务处理基本相同。但是，由于商品尚未到达或尚未验收入库，商品采购业务与验收入库业务应该在不同时间分别入账核算。

3. 货款尚未支付，商品已经验收入库

如果购货方已收到发票账单，即使货款尚未支付，也应按照发票账单所记载的有关金额核算商品采购业务，并按规定的售价登记库存商品账簿；如果未收到发票账单而无法确定实际采购成本，月末可以按照暂估进价对商品采购业务进行核算，并按含税售价登记库存商品账簿，下月初用红字冲回，待收到发票账单后再按照正常商品购进业务进行核算。

【例 2—20】 品源公司于 2011 年 6 月 29 日赊购了 150 双专用登山鞋。6 月 30 日该公司收到所购商品，经验收全部入库，但相关结算账单尚未收到。该批商品的零售单价为 468 元（含增值税销项税额），该种商品的以往进货单价为 150 元。品源公司根据有关凭证编制会计分录如下：

借：库存商品——专用登山鞋	70 200	
贷：应付账款——×企业		22 500
商品进销差价——专用登山鞋		47 700

下月初用红字冲回时，编制会计分录如下：

借：库存商品——专用登山鞋 70 200

贷：应付账款——×企业 22 500

商品进销差价——专用登山鞋 47 700

【例 2—21】 承例 2—20，2011 年 7 月 2 日，品源公司收到上述商品的销货发票，注明商品单位进价 160 元，增值税 4 080 元。品源公司根据有关凭证编制会计分录如下：

借：商品采购——专用登山鞋 24 000

应交税费——应交增值税（进项税额） 4 080

贷：应付账款——×企业 28 080

同时：

借：库存商品——专用登山鞋 70 200

贷：商品采购——专用登山鞋 24 000

商品进销差价——专用登山鞋 46 200

4. 采取预付款方式购进商品以及农产品和进口商品购进业务的核算

采用预付款方式购进商品以及农产品和进口商品购进业务的核算与前述数量进价金额核算法下的账务处理基本相同，只是在商品入库时要按照售价进行计量，并同时结转商品的进销差价。

5. 商品购进过程中其他业务的核算

(1) 拒付货款和拒收商品的核算。拒付货款和拒收商品一般是指在商品验收入库过程中发生的，由于商品的品种、规格、质量等方面不符合购货合同的规定，或者是托收金额计算错误等其他原因造成的购货方无法完成商品购进业务的现象。由于所购进的商品尚未入库，所以在售价金额核算法下，该类业务的核算应该与数量进价金额核算法下的业务核算相同。

需强调的是，如果经过协商购销双方采取销售折扣或折让的方式促成了交易的完成，则购货方应按折扣或折让后的实际结算金额分别借记“商品采购”、“应交税费”、“销售费用”科目，贷记“银行存款”、“应收账款”等科目；同时在商品验收入库后，按照售价借记“库存商品”科目，同时将商品进价与售价的差额记入“商品进销差价”科目的贷方。

(2) 进货退、补价的核算。进货退、补价的核算主要是针对商品在验收入库后发现供货方价格计算错误等现象而进行的会计核算。在售价金额核算法下，由于库存商品的入账金额均为售价，因此对于进货退、补价的核算主要是调整入库商品对应的进销差价金额。如果需要退、补价的商品已对外出售，在尚未结转已销商品进销差价时，进货的退、补价也是调整该商品的进销差价；在已销商品进销差价已经结转的情况下，进货的退、补价应直接调整“主营业务成本”科目。

【例 2—22】 承例 2—21，如果品源公司在购入的 150 双专用登山鞋已登记入账但尚未出售时，收到供货单位的“销货更正单”等单据说明该批商品实际价格为 22 500 元，增值税为 3 825 元。公司收到对方退还的货款存入银行，则应编写会计分录如下：

借：银行存款 1 755

贷：应交税费——应交增值税（进项税额） 255

商品采购——专用登山鞋　　1 500

借：商品采购——专用登山鞋　　1 500

贷：商品进销差价——专用登山鞋　　1 500

如果购进商品出现了补价业务，则应编写相反会计分录。

（3）退货的核算。如果是在购进商品验收入库以后，才发现商品存在问题，则经过与供货单位协商，可能会发生退货业务。

发生退货时，商品流通企业在取得供货方开具的红字增值税专用发票后，应将已入账的商品购进和验收入库业务的会计分录从相反方向进行冲销。即按照实际购进商品的结算金额，借记“应收账款”（“应付账款”等）科目，按照购进商品的进价、允许抵扣的增值税税额以及相关采购费用金额，分别贷记“商品采购”、“应交税费”等科目；同时，按照入库商品的进货成本，借记“商品采购”科目，按照商品进货成本与售价的差额，借记“商品进销差价”科目，按照商品的售价，贷记“库存商品”科目。另外，商品流通企业需要将暂时由本企业代为保管的已退商品物资在“代管商品物资”备查簿中作登记。

（4）购进商品发生溢余、短缺或毁损的核算。商品流通企业在对所购商品进行验收时，如果发现商品的实际数量与购货合同中约定的数量不符，出现了溢余、短缺或毁损的现象时，企业应该按照实际入库商品的售价金额，借记“库存商品”科目，按照合同中约定的商品进货成本，贷记“商品采购”科目，按照“商品溢余（短缺）报告单”中反映的溢余、短缺或毁损商品的进价金额，借或贷记“待处理财产损溢”科目，并将入库商品的进货成本与售价差额记入“商品进销差价”科目的贷方。查明原因后的核算与数量进价金额核算法下的核算相同。

【例 2—23】 2011 年 6 月 9 日，品源公司开出了一张期限为 2 个月的不带息商业汇票，购进了 120 套滑雪服。供货单位开具的增值税专用发票中注明 120 套滑雪服进价 48 000元，增值税 8 160 元。品源公司根据有关凭证编制会计分录如下：

借：商品采购——×企业——滑雪服　　48 000

应交税费——应交增值税（进项税额）　　8 160

贷：应付票据——×企业　　56 160

2011 年 6 月 11 日公司收到上述商品，在验收时发现溢余商品 10 套，原因待查。该商品的含税售价为每套 936 元，商品全部入库时，编制会计分录如下：

借：库存商品——滑雪服　　121 680

贷：商品采购——×企业——滑雪服　　48 000

待处理财产损溢——待处理流动资产损溢　　4 000

商品进销差价——滑雪服　　69 680

经查，上述溢余商品为供货方多发出的商品，品源公司同意购进。收到供货方补来的增值税专用发票，列明商品价款为 4 000 元，增值税进项税额 680 元，款项已通过银行支付。品源公司应编制会计分录如下：

借：商品采购——×企业——滑雪服　　4 000

应交税费——应交增值税（进项税额）　　680

贷：银行存款　　4 680

同时：

借：待处理财产损溢——待处理流动资产损溢　　4 000

贷：商品采购——×企业——滑雪服　　4 000

【例 2—24】 2011 年 3 月 9 日，磐青食品商场从冠城副食品批发公司购进 100 千克绵白糖，增值税专用发票中注明商品进价为 1 200 元，增值税 204 元，货款尚未支付。该商品在验收时发现短缺 4 千克，原因待查。该批商品的零售价为每千克 30 元。馨青食品商场根据有关凭证编制会计分录如下：

借：商品采购——冠城副食品公司——绵白糖　　1 200

应交税费——应交增值税（进项税额）　　204

贷：应付账款——冠城副食品公司　　1 404

同时：

借：库存商品——绵白糖　　2 880

待处理财产损溢——待处理流动资产损溢　　48

贷：商品采购 ——冠城副食品公司——绵白糖　　1 200

商品进销差价——绵白糖　　1 728

经查，短缺的 4 千克商品属于自然损耗，应记入“管理费用”科目，编制会计分录如下：

借：管理费用——商品盘亏损失　　48

贷：待处理财产损溢——待处理流动资产损溢　　48

如果购进商品的短缺、毁损属于非正常损失，则在进行账务处理时应将短缺、毁损商品对应的增值税进项税额转出，扣除残值、赔偿以后的金额记入“营业外支出”科目的借方。

商品零售企业购进了带包装的、以重量计量的商品，在验收时应按照扣除包装物标准重量或估计重量后的净重来判断购进商品的溢余或短缺。

（三）数量售价金额核算法下商品购进业务的核算

采用数量售价金额核算法，库存商品总分类账和明细分类账登记的金额与售价金额核算法基本相同，与其不同之处在于这种方法要求对于每一笔商品购进业务都必须按照数量、单价、金额登记库存商品明细账，同时结转商品的进销差价。库存商品的明细分类账不仅要核算商品金额，而且要反映出商品的收、付、存的数量，这样可以随时了解各种商品的库存情况。由于采用数量售价金额核算法在商品价格波动较频繁的情况下核算工作量较大，因此该种方法一般适用于小型批发企业和经营贵重物品的零售企业。这里就不再就该种核算方法详细举例说明了。

五、自营商品购进业务结算方式的核算

商品流通企业在商品购进过程中涉及多种款项结算方式，每种结算方式都具有不同的操作要求、操作过程和会计核算特点。

（一）货币资金

用货币资金支付货款是商品流通企业在商品购进过程中最常用的结算方式。货币资金

是指企业生产经营过程中处于货币形态的资产，具体包括库存现金、银行存款、银行本票、银行汇票、信用证等。货币资金是支付能力最强的资产，同时也是收益性最差的经济资源。

1. 库存现金的核算

库存现金（cash on hand）是指存放在企业财务部门、由出纳人员经管的货币，是企业必须持有的一项资产，其运用的范围较广，是最常用的一种支付手段，也最容易产生错误与舞弊。因此，商品流通企业应当严格遵守国家有关现金的管理制度，正确进行现金收支的核算，监督现金使用的合法性与合理性。

为了反映和监督库存现金的收入、支出和结存情况，企业需设置“库存现金”科目。该科目的借方登记现金收入数，贷方登记现金支出数，期末借方余额表示企业结存现金实有数。企业内部周转使用的备用金，可以单独设置“其他应收款——备用金”科目核算，而不在“库存现金”科目中核算。

商品流通企业应设置现金日记账对库存现金进行序时、明细分类核算。若有外币现金收支业务，也需要按不同货币种类分设现金日记账，进行明细分类核算。为了总括地反映和监督企业现金的收支和结余情况，商品流通企业还应设置现金总分类账。

【例 2—25】 某商品零售企业（小规模纳税人）在购进商品过程中，用现金 300 元支付该批物资的运输费。该企业根据有关凭证编制会计分录如下：

借：商品采购　　300

　贷：库存现金　　300

【例 2—26】 某商品批发企业用现金支付职工万某因公出差预借的差旅费1 000元，应编制会计分录如下：

借：其他应收款——万某　　1 000

　贷：库存现金　　1 000

【例 2—27】 承例 2—26，职工万某出差归来报销差旅费 950 元，余款以现金退回。该企业根据有关凭证编制会计分录如下：

借：库存现金　　50

　　管理费用——差旅费　　950

　贷：其他应收款——万某　　1 000

库存现金的清查盘点，是指对库存现金进行实地盘点，并以实存数和现金日记账余额进行核对，从而检查现金是否有短缺或溢余以及企业遵守货币资金管理制度的情况，发现问题应及时进行处理。企业应要求出纳人员每日对库存现金进行清查盘点。

商品流通企业对库存现金的余额管理原则是“长款上交、短款补齐”。因此，如果发现现金溢余时，首先应核对本日现金收、付业务，属于多收或少付其他单位或个人的，应借记“库存现金”科目，贷记“其他应付款——应付现金溢余（××单位或个人）”科目；属于无法查明原因的，则应记入“营业外收入——现金溢余”科目的贷方。

如果发现现金短缺，首先应贷记“库存现金”科目。经核对，属于应由责任人赔偿的部分，应记入“其他应收款——应收现金短缺款（××单位或个人）”科目的借方；属于企业允许缺失的金额，则记入“管理费用——现金短缺”科目的借方。

2. 银行存款的核算

银行存款（bank deposit）是指商品流通企业存放于银行或其他金融机构的货币资金。商品流通企业应当根据业务需要，按照规定在其所在地银行开设账户，运用所开设的账户进行存款、取款以及各种收支转账业务的结算。

根据中国人民银行颁发的《支付结算办法》的规定，商品流通企业购进商品时办理结算业务的银行结算方式主要有：支票、汇兑、银行汇票、银行本票、信用卡、信用证、委托收款、托收承付、商业汇票等。其中，支票、汇兑、托收承付的银行结算方式在进行账务处理时，应直接通过“银行存款”科目核算，银行汇票、银行本票、信用卡、信用证的银行结算方式在进行账务处理时，应通过“其他货币资金”科目核算，委托收款、商业汇票则应通过“应付账款”、“应付票据”等往来结算科目核算。

为了加强对银行存款的管理，商品流通企业应配备专职财会人员办理银行结算业务，防止存款被贪污、挪用或非法占用，保证企业经营活动的正常进行。

为了反映和监督银行存款的收入、支出和结存情况，商品流通企业应设置“银行存款”科目。该科目的借方登记银行存款增加数，贷方登记银行存款减少数，期末余额在借方，反映企业期末银行存款的余额。同时，还应设置银行存款日记账进行序时、明细分类核算。银行存款日记账可以按照企业存款情况分账号设置，也可以按照不同货币种类进行明细分类核算。

为了总括地反映和监督企业银行存款的收支和结余情况，企业还应设置银行存款总分类账。

（1）支票。支票是指出票人签发的，委托办理支票存款业务的银行在见票时无条件支付确定的金额给收款人或者持票人的票据。支票上印有“现金”字样的为现金支票，现金支票只能用于支取现金。支票上印有“转账”字样的为转账支票，转账支票只能用于转账。支票上未印有“现金”或“转账”字样的为普通支票，普通支票可以用于支取现金，也可以用于转账。在普通支票左上角划两条平行线的为划线支票，划线支票只能用于转账。

支票只能用于单位或个人在同一票据交换区域的各种款项结算。支票的提示付款期限是自出票日起10日内，但中国人民银行另有规定的除外。超过提示付款期限提示付款的，持票人开户银行不予受理，付款人不予付款。商品流通企业在使用支票时必须遵守我国《票据法》和《支付结算办法》等相关规定。

商品流通企业开出支票时，根据支票存根等原始凭证，借记有关科目，贷记“银行存款”科目；收到支票并填制进账单送交银行办理收款手续后，借记“银行存款”科目，贷记有关科目。

（2）汇兑。汇兑是指汇款人委托银行将其款项支付给收款人的结算方式。单位或个人各种款项的结算，均可使用汇兑结算方式。汇兑分为信汇、电汇两种。信汇是指汇款人委托银行通过邮寄方式将款项划给收款人；电汇是指汇款人委托银行通过电报方式将款项划给收款人。这两种汇兑方式由汇款人根据需要选择使用。一般情况下，汇入银行对开立存款账户的收款人，应将汇给收款人的款项直接转入收款人账户，并向其发出收账通知。汇款人对汇出银行尚未汇出的款项可以申请撤销；对汇出银行已经汇出的款项可以申请退汇。汇入银行对于收款人拒绝接受的汇款，应立即办理退汇。汇入银行对于向收款人发出取款通知，经过两个月无法交付的汇款，应主动办理退汇。

商品流通企业在购进商品过程中，根据银行签发的汇款回单，借记有关科目，贷记“银行存款”科目；在销售商品业务中采用汇兑结算方式，收到银行转来的收款通知时，借记“银行存款”科目，贷记有关科目。

为了保证银行存款核算的真实、准确，保证银行存款的安全，商品流通企业必须定期将银行存款日记账的记录与银行对账单进行核对，每月至少核对一次。由于企业与银行之间的账项往来频繁，转账结算方式多种多样，再加上货币是由银行负责保管，双方都容易出现差错，这就常常导致企业银行存款日记账余额与银行对账单余额不一致，使企业无法准确掌握银行存款的实际余额。所以，企业必须定期对银行存款实行清查。

在日常银行收付结算业务中，企业与银行取得有关凭证的时间常常不同，对于发生的一方已经取得凭证登记入账，而另一方由于未取得凭证尚未入账的款项称为未达账项。具体有以下四种情况：

第一，企业已收款记账，银行尚未收款记账。如企业已将销售产品收到的支票送交银行，对账前银行尚未入账。

第二，企业已付款记账，银行尚未付款记账。如企业签发支票，根据支票存根已登记银行存款减少，而银行尚未接到支票，未登记银行存款减少。

第三，银行已收款记账，企业尚未收款记账。如银行已收到托收承付的款项，企业尚未收到银行的收款通知而未入账。

第四，银行已付款记账，企业尚未付款记账。如银行代付款项，已登记入账，企业尚未收到银行的付款通知而未入账。

对于未达账项，企业应通过编制“银行存款余额调节表”进行检查核对。如果双方不存在记账错误，调节后的双方余额应该相等。大多数企业采用补记式余额调节法编制“银行存款余额调节表”，其调节公式为：

$$\begin{matrix}\text{银行存款}\\\text{日记账余额}\end{matrix}+\begin{matrix}\text{银行已收}\\\text{企业未收款项}\end{matrix}-\begin{matrix}\text{银行已付}\\\text{企业未付款项}\end{matrix}=\begin{matrix}\text{银行对账单}\\\text{余额}\end{matrix}+\begin{matrix}\text{企业已收}\\\text{银行未收款项}\end{matrix}-\begin{matrix}\text{企业已付}\\\text{银行未付款项}\end{matrix}$$

在编制“银行存款余额调节表”时，应先找出企业与银行之间的未达账项，然后再根据上述公式进行调节。

【例 2—28】 某商品流通企业 2011 年 6 月 30 日银行存款日记账的余额为 107 900 元，银行转来的对账单余额为 179 540 元。经逐笔核对，发现以下未达账项：

(1) 企业委托银行代收销货款 38 090 元，银行已收妥并登记入账，但企业尚未收到银行的收款通知而未登记入账。

(2) 银行代企业支付水电费 26 000 元，银行已登记入账，但企业尚未收到银行的付款通知而未登记入账。

(3) 企业送存银行转账支票 17 550 元，并已登记入账，但银行尚未收款记账。

(4) 企业开出转账支票 77 100 元偿还所欠购货款，但持票单位尚未到银行办理转账，银行尚未记账。

根据上述资料编制“银行存款余额调节表”（见表 2—1）。

表 2—1　　　　　　　　　　　　**银行存款余额调节表**

2011 年 6 月 30 日　　　　　　　　　　　　单位：元

项目	金额	项目	金额
企业银行存款日记账余额	107 900	银行对账单余额	179 540
加：银行已收、企业未收	38 090	加：企业已收、银行未收	17 550
减：银行已付、企业未付	26 000	减：企业已付、银行未付	77 100
调节后的存款余额	119 990	调节后的存款余额	119 990

需指出的是，“银行存款余额调节表”只起对账的作用，调节后的余额表示企业实际可以动用的款项，对于银行已经记账而企业尚未记账的未达账项，企业应在收到有关结算凭证后再进行账务处理。此外，在银行存款清查过程中，要特别注意长期存在的未达账项，应对其进行分析，查明原因，防止出现错账。

3. 其他货币资金的核算

其他货币资金是指企业除现金、银行存款以外的各种货币资金，主要包括外埠存款、银行汇票存款、银行本票存款、信用证保证金存款、信用卡存款和存出投资款等。该部分货币资金除了用于商品购进、销售业务的结算外，还能用于其他经营活动的资金结算。

（1）其他货币资金的核算科目。其他货币资金就其所处的资金形态来看，仍属于存款，只不过不能像“银行存款”科目中核算的存款那样被任意使用。因此，该部分特殊的货币资金应通过“其他货币资金”科目进行专门核算。该科目按其他货币资金的种类设置明细科目，分别是“外埠存款”、“银行汇票”、“银行本票”、“信用证保证金”、“信用卡”和“存出投资款”等明细科目。其他货币资金的具体用途如下：

1）外埠存款是指商品流通企业为了到外地进行临时或零星采购，而汇往采购地银行开立采购专户的款项。该账户的存款不计利息、只付不收、付完清户，除了采购人员可从中提取少量现金外，一律采用转账结算。

2）银行汇票和银行本票都是银行结算支付方式中用以办理款项结算的票据，都是由银行签发的、承诺银行在见票时按照实际结算金额无条件支付确定的金额给收款人或持票人的票据。二者的区别主要在于，银行本票只适用于单位或个人在同一票据交换区域内需要支付的各种款项，而银行汇票不受该条件限制。这两种结算方式都需要由购货方向其开户银行（出票银行）填写“票据申请书”，由出票银行签发票据交给申请人在规定期限内办理结算业务。

3）信用证保证金存款是指采用信用证结算方式的企业为开具信用证而存入银行的保证金专户的款项。企业向银行申请开立信用证，应按规定向银行提交开证申请、信用证申请人承诺书和购销合同。企业在提交“信用证申请书”后，开设该存款账户。

4）信用卡存款是指企业为取得信用卡而存入银行信用卡专户的款项。信用卡是银行卡的一种。持卡人可持信用卡在特定单位购物、消费，但单位信用卡不得用于 10 万元以上的商品交易、劳务供应款项的结算，不得支取现金。

上述几种结算方式均可用于商品流通企业办理商品购进业务的款项结算。其账务处理过程相同：当企业向银行交存结算款项时，应按实际存入银行的款项金额，借记“其他货币资金”科目，贷记“银行存款”科目；使用该资金办理货款结算时，应按实际结算金额，借记“商品采购”、“应交税费”等科目，贷记“其他货币资金”科目；期末退回余额时，应借记“银行存款”科目，贷记“其他货币资金”科目。

5）存出投资款是指企业已存入证券公司但尚未进行证券投资的款项。企业向证券公司划出资金时，应按实际划拨的金额，借记“其他货币资金——存出投资款”科目，贷记“银行存款”科目；购买股票、债券等时，按实际发生的金额，借记“交易性金融资产”等科目，贷记“其他货币资金——存出投资款”科目。

(2) 其他货币资金的管理原则。为了保证其他货币资金的安全、完整，企业管理其他货币资金时，应遵循下列原则：

1）根据业务需要合理选择结算工具。

2）及时办理结算，对逾期尚未办理结算的银行汇票、银行本票等，应按规定及时转回。

3）严格按会计制度的规定核算其他货币资金的各项收支业务。

（二）应付票据

应付票据（notes payable）是指商品流通企业采用商业汇票支付方式购买商品、材料和接受劳务供应等而开出、承兑的票据。商业汇票在尚未到期前构成了企业的一项流动负债。

商业汇票是一种由出票人签发的，委托付款人在指定日期无条件支付确定金额给收款人或者持票人的票据。它与前述的银行本票、银行汇票一样，也是一种票据结算方式。按照银行《支付结算办法》的规定，只有在银行开立存款账户的法人和其他组织，在具有真实的交易关系或债权债务关系时，才可使用商业汇票；商业汇票的最长付款期限不得超过六个月。

根据承兑人不同，商业汇票分为商业承兑汇票和银行承兑汇票。其中，商业承兑汇票是由付款人签发并承兑，或由收款人签发交由付款人承兑的汇票；到期时如付款人存款账户不足支付，银行不予付款并办理退票手续。银行承兑汇票是由在承兑银行开立存款账户的存款人签发的，由承兑银行承兑的票据；在票据到期前，出票人应先向其承兑银行足额交存票款，并应向承兑银行按票面金额的万分之五缴纳手续费；若出票人未能在汇票到期前足额交存票款，承兑银行凭票向持票人无条件付款后，对出票人尚未支付的汇票金额按照每天万分之五计收利息。

根据票据是否带息，商业汇票分为带息商业汇票和不带息商业汇票。带息商业汇票的到期值等于票据面值与票据利息之和；不带息商业汇票到期值即为票据面值。

为了反映和监督应付票据的形成及其支付结算的情况，商品流通企业应设置“应付票据”科目，该科目贷方登记开出、承兑汇票的面值，借方登记支付票据的面值，期末贷方余额，表示尚未到期的商业汇票的票面金额。该科目应按照供货单位设置明细科目进行明细核算。

1. 不带息应付票据

商品流通企业开出、承兑商业汇票购买物资或以承兑商业汇票抵付应付账款时，应借记“商品采购”、“库存商品”、“应付账款”、“应交税费——应交增值税（进项税额）”等科目，贷记“应付票据”科目。支付银行承兑汇票的手续费时，按实际支付的手续费金额，借记“财务费用”科目，贷记“银行存款”科目；收到银行支付到期票据的付款通知时，按商业汇票的票面价值，借记“应付票据”科目，贷记“银行存款”科目。

【例2—29】 兰奇公司于2011年1月3日开出一张面值为351 000元、期限为3个月的不带息银行承兑汇票向城名化工厂购买膨胀胶一批。增值税专用发票上注明的商品进价为300 000元，增值税为51 000元，商品尚未运达。银行付款通知书中表明已收取手续费175.5元。出票时兰奇公司应编制会计分录如下：

借：商品采购——膨胀胶　　300 000
　　应交税费——应交增值税（进项税额）　　51 000
　贷：应付票据——城名化工厂　　351 000

支付手续费的会计分录为：

借：财务费用——手续费　　175.5
　贷：银行存款　　175.5

【例2—30】 承例2—29，2011年4月3日，兰奇公司于1月3日开出的商业汇票到期。公司接到其开户银行转来的付款通知单，银行按票据到期值已全额支付了款项。兰奇公司应编制会计分录如下：

借：应付票据——城名化工厂　　351 000
　贷：银行存款　　351 000

对于票据到期时，商品流通企业无力支付的应付商业承兑汇票，应将应付票据的账面金额转入“应付账款”科目。对于到期时商品流通企业仍未交足票据款项的银行承兑汇票，由银行先行支付票据到期值扣除企业已交存金额后，不足金额记入“短期借款”科目。

2. 带息应付票据

商品流通企业开出的商业汇票如果是带息票据，应于期末按照票据上标明的利息率计算利息，同时借记“财务费用”科目，贷记“应付利息”科目；票据到期时，按票据面值，借记“应付票据”科目，按已计提的利息，借记“应付利息”科目，按未计提的利息，借记“财务费用”科目，按实际支付的金额，贷记“银行存款”科目。到期不能支付的带息应付票据，按应付票据的到期值转入“应付账款”科目核算后，期末不再计提利息。

【例2—31】 如果例2—29中，兰奇公司于2011年1月3日签发的商业汇票为带息票据，票面利息率为6%。则该公司于每月月末预提应付票据利息的会计分录为：

每月月末预提应付票据利息＝351 000×6%÷12＝1 755(元)

借：财务费用——利息费用　　1 755
　贷：应付利息——城名化工厂　　1 755

【例2—32】 承例2—31，2011年4月3日商业汇票到期时，兰奇公司用银行存款支付票据到期值，应编制会计分录如下：

票据到期值＝351 000＋351 000×6%÷12×3＝356 265(元)

借：应付票据——城名化工厂　　351 000
　　应付利息——城名化工厂　　5 265
　贷：银行存款　　356 265

商品流通企业应当设置“应付票据备查簿”，详细登记每一张应付票据的种类、编号、签发日期、到期日、票面金额、票面利率、合同交易号、收款人姓名或单位名称，以及付款日期和金额等资料，定期与债权人进行核对。应付票据到期结清时，应当在备查账簿内逐笔注销。

（三）应付账款

应付账款（accounts payable）是指商品流通企业因购买商品、材料和接受劳务供应等应支付给货物提供者或劳务提供者的款项。一般在较短的时间内支付结算，属于流动负债。

应付账款的确认一般应在与所购买商品、物资所有权相关的主要风险和报酬已经转移，或者所购买的劳务已经接受时进行。在实际工作中，为了使所购入商品物资的品种、质量、金额等与合同规定条款相符，避免因验收时发现所购商品物资存在问题而对已入账的内容进行改动，往往在商品物资和发票账单同时到达的情况下，在所购商品物资验收入库后，再根据发票账单登记入账，确认应付账款。但在所购商品物资已经验收入库，而发票账单未能同时到达的情况下，企业应付供应单位款项的负债已经成立。因此，在会计期末为了如实反映企业的负债情况，需要先按照暂估价值入账，下月初再用红字予以冲回，待收到发票账单后再按照实际金额记账。

为了反映和监督应付账款的形成、支付结算及期末结余的情况，商品流通企业应设置“应付账款”科目，该科目贷方登记商品流通企业因购买商品、材料和接受劳务供应等发生的应付账款，借方登记偿还的应付账款金额，或开出商业汇票抵付应付账款的款项，或已冲销的无法支付的应付账款。该科目期末余额一般在贷方，表示尚未偿还的应付账款。“应付账款”科目一般应该按照债权人设置明细账户。

应付账款属于商品流通企业的短期债务，按到期应付金额入账。在购买商品物资或劳务时，应付账款附带有现金折扣的，则按照我国现行会计制度以发票上记载的折扣前的应付总额入账。因在折扣期内付款而获得的现金折扣，冲减财务费用。

在个别情况下，企业如要将应付账款划转出去或者有确实无法支付的应付账款，应按其账面余额，借记“应付账款”科目，贷记“营业外收入——其他”科目。

【例 2—33】 2011 年 5 月 2 日，美联公司采取赊购方式从绿茵针织厂购入一批大浴巾，商品进价为 78 000 元，增值税进项税额为 13 260 元。绿茵针织厂已将该批商品送至美联公司指定仓库，并办妥交接手续。双方在购销合同中规定，信用期限为 30 天，但美联公司如在 15 天内付清货款，将获得 1%的现金折扣（假定计算现金折扣时考虑增值税）。

5 月 2 日，商品验收入库时，美联公司应编制会计分录如下：

借：商品采购——大浴巾　　78 000
　　应交税费——应交增值税（进项税额）　　13 260
　　贷：应付账款——绿茵针织厂　　91 260

同时：

借：库存商品——大浴巾　　78 000
　　贷：商品采购——大浴巾　　78 000

【例 2—34】 承例 2—33，美联公司于 2011 年 5 月 16 日按照现金折扣后的金额，用银行存款付清了所欠绿茵针织厂的货款。公司根据有关凭证编制会计分录如下：

借：应付账款——绿茵针织厂　　91 260

　贷：银行存款（91 260－91 260×1%）　　90 347.4

　　财务费用——其他　　912.6

【例 2—35】 接供电部门通知，兰奇公司本月应支付电费 5 200 元。其中企业行政管理部门电费 800 元，非独立核算门市部电费 4 400 元，款项尚未支付。公司应编制会计分录如下：

借：管理费用——电费　　800

　销售费用——电费　　4 400

　贷：应付账款——×供电部门　　5 200

【例 2—36】 2010 年 12 月 31 日，兰奇公司确定一笔应付账款 7 800 元为无法支付的款项，应予转销。公司应编制会计分录如下：

借：应付账款　　7 800

　贷：营业外收入——其他　　7 800

需注意的是，应付账款只核算因购买商品、材料和接受劳务供应等应支付给货物提供者或劳务提供者的款项，而企业发生的应付、暂收其他单位或个人的非购销款项，如应付经营租入固定资产租金、存入保证金等内容应通过“其他应付款”科目核算。

（四）预付账款

预付账款（advance payment）是指商品流通企业按照购货合同规定预付给供货单位的款项，是企业的短期债权，属于一项流动资产。它反映的是企业暂时被供货单位占用的资金。在现实的商品流通领域内，由于商品的极大丰富，多数商品的购进业务是不会采取预付账款结算方式的，但对于紧俏商品或是生产成本较高、单位价值较大的商品，供货单位（生产企业）则会提出预付定金的要求。所以，预付账款结算方式的出现必须以购销双方签订的购货合同为前提，并按照规定的程序和方法进行核算。

为了反映和监督企业预付款项的支付和结算情况，商品流通企业应设置“预付账款”科目，该科目的借方登记向供货单位预付的货款和补付的款项，贷方登记收到所购物资时按照结算账单冲销的预付款项和因预付货款多余而退回的款项，期末余额一般在借方，反映已经预付但尚未结算的款项。该科目应按供货单位或提供劳务单位的名称进行明细核算。

【例 2—37】 2010 年 11 月 19 日，兰奇公司按照客户的需求向新疆澄明壁毯厂订购指定编制图案的壁毯一批。按照双方签订的购销合同规定，兰奇公司已通过银行预付货款 100 000 元，其余款项在商品验收合格后补付。

（1）预付货款时，兰奇公司应编制会计分录如下：

借：预付账款——新疆澄明壁毯厂　　100 000

　贷：银行存款　　100 000

（2）收到商品经验收无误，有关发票等结算账单中记载的商品进价为250 000元，增值税 42 500 元，运杂费共计 15 000 元（其中运费中准予扣除的进项税额为 350 元）。兰奇公司应编制会计分录如下：

借：商品采购——新疆澄明壁毯厂——壁毯　250 000

　　应交税费——应交增值税（进项税额）　42 850

　　销售费用——采购费用　14 650

　贷：预付账款——新疆澄明壁毯厂　307 500

同时：

借：库存商品——壁毯　250 000

　贷：商品采购——新疆澄明壁毯厂——壁毯　250 000

（3）以银行存款补付不足款项时，应编制会计分录如下：

借：预付账款——新疆澄明壁毯厂　207 500

　贷：银行存款　207 500

期末，商品流通企业的预付账款如有确凿证据表明其不符合预付账款性质，或者因供货单位破产、撤销等原因在收到所购商品物资的可能性极小时，应对其计提坏账准备，借记“资产减值损失”科目，贷记“坏账准备”科目；实际发生坏账损失时，冲销该部分预付账款，借记“坏账准备”科目，贷记“预付账款”科目。

【例 2—38】 兰奇公司 2010 年向新疆澄明壁毯厂预付的定金 100 000 元，于 2011 年年初在获知壁毯厂发生火灾后计提了坏账准备。现兰奇公司接到法院通知，新疆澄明壁毯厂进入破产程序，兰奇公司预付的货款已无法收回。兰奇公司根据有关凭证编制会计分录如下：

借：坏账准备——新疆澄明壁毯厂　100 000

　贷：预付账款——新疆澄明壁毯厂　100 000

预付账款不多的商品流通企业，也可以将预付的款项直接记入“应付账款”科目进行核算，相关的业务核算顺序和方法不变。此时，“应付账款”科目是一个双重性质的科目，既核算应付账款债务的内容，又核算预付账款债权的变动情况。

第三节　自营商品存储的核算

一、自营商品存储的管理

商品流通企业购进的自营商品一般品种多、数量大，不可能一次性全部售出，容易形成库存商品（goods on hand）。这就需要对商品进行存储管理和核算。又由于库存商品占用的资金较多，因此加强库存商品的管理和核算，对于合理组织商品流通、降低存储消耗、保证资金周转顺畅有着重要意义。

商品流通企业在对自营商品进行存储管理时应该做到下述几点。

（一）合理确定库存商品的数量

在满足企业正常的商品流通的基础上，尽可能地降低商品的存储数量。这是因为商品的存储数量大必然会加大商品流通企业的存储成本。商品的存储成本是指在储存过程中发生的仓储费用、保险费、商品的毁损变质损失以及占用的资金的机会成本等。

（二）控制库存商品的存储期

商品一旦入库，就应该尽早地将其销售出去。否则，库存商品的存储成本就会不断增加，势必加大商品的流通成本。所以，商品流通企业应该利用保本期、保利期来控制库存商品的存储期。

（三）建立库存商品的分层管理制度

一般而言，商品流通企业所经营的商品种类较多，不同商品的存储成本也各不相同，企业在库存商品管理中应该分清主次、抓住重点，从而合理有效地控制库存商品的资金占用。

（四）加强对库存商品的定期清查工作

商品流通企业应该建立库存商品的定期清查制度，通过对库存商品进行的定期清查可以及时发现商品的毁损变质情况并进行处理，从而降低由此带来的损失。另外，定期的清查工作还有助于企业判断库存商品的销售前景，促进库存商品结构的调整，从而有利于提高企业的经营效益。

（五）完善库存商品的核算工作

商品流通企业应该对库存商品进行明细核算，在数量金额核算法下，库存商品明细账中不仅核算商品的金额，还应提供商品的数量；在金额核算法下，虽然库存商品明细账中只提供商品的金额，但是在经营各类商品的柜组中应该有商品数量的详细资料。另外，商品流通企业还应该定期对库存商品的账簿记录进行核对，做到账账核对、账实核对、账证核对，从而保证库存商品的安全、完整，确保所提供会计信息的真实、准确。

二、库存商品的明细核算

商品流通企业在设置库存商品账户时，除了应设置用来反映各种库存商品成本的总分类账外，还应该结合企业的经营特点和管理需要，有层次地设置库存商品明细分类账。

（一）商品流通企业可以设置库存商品类目账

类目账是按照商品的大类设置的库存商品明细账，是根据进销凭证按商品的类别分户记载商品的收入、发出、结存的情况。当商品流通企业的库存商品种类繁杂，但又可以按照一定的标准归类时，企业可以在库存商品总账下设置库存商品类目账，进行归类管理和核算，并定期与库存商品总账、明细账进行核对。库存商品类目账一般采用三栏式账页，一般只记金额，不记数量，但如果该大类商品所属各种商品的实物计量单位相同，也可以同时核算数量和金额。当然，库存商品品种并不多的企业也可以不设置库存商品类目账。

（二）商品流通企业必须设置库存商品明细账

在实际工作中，库存商品明细账的设置标准一般有以下几种：

(1) 按照商品的品名、编号、规格、等级分户设置。在这种标准下，只要是同一品名、编号、规格、等级的商品，不论其进价、批次是否相同，都登记在同一明细账中。

(2) 按照商品的品名、编号、规格、等级以及进价分户设置。在这种标准下，由于明细账中登记的商品进价相同，有利于简化商品发出成本的核算。

(3) 按照商品的品名、编号、规格、等级，结合进货批次分户设置。当商品流通企业的库存商品是整批购进时，采用该种标准设账有利于企业集中掌握库存商品的销售情况，也便于计算销售商品的成本。

(4) 按照实物负责人（柜组）分户设置。该标准一般适用于采用金额核算法的商品流通企业。在这种情况下，明细账往往只登记金额，不登记库存商品增减变动的数量。而且，在进价金额核算法下，明细账平时只登记增加额，在月末盘点后才能倒挤出本期减少额。采用该种标准设账不利于企业随时掌握库存商品的实有情况。

库存商品明细账的账页格式应该与商品流通企业所采用的业务核算方法相一致。在数量金额核算法下，库存商品明细账应该采用数量金额式账页；在金额核算法下，库存商品明细账一般采用三栏式，只登记金额。

库存商品在未出售之前，可能存在如入库的挑选整理、调价等方面的业务，下面就相关业务的核算进行介绍。

三、库存商品调价的核算

商品流通企业在持有库存商品的过程中，应该根据商品的存储状况、市场销售状况以及企业的经营策略等因素对现有商品的销售价格进行调整。商品的调价包括调高或调低商品的售价两种情况。

在商品流通企业采用进价金额核算法时，由于“库存商品”科目所记载的商品成本只是进货成本，销售价格的变动并不会影响该科目的核算，所以当企业对商品进行调价时并不需要进行库存商品入账成本的调整，只是在确认商品销售收入时按照现行销售价格计量即可。

如果商品流通企业采用售价金额核算法，则“库存商品”科目是按照商品的售价进行计量的，其明细账可以按实物负责人分户，也可以按品名、编号、规格、等级等设置。当企业对库存商品售价进行调整时，必须按新售价及时调整库存商品账簿的金额，才能保证实物负责人经管商品的售价金额的真实性。商品流通企业调整商品售价时，必须严格执行商品变价手续，对调价商品应该先进行实地盘点，查明调价商品的实存数量，根据新、旧售价的差额计算商品调价金额，并填制“变价商品差价调整单”，一联由实物负责人留存，一联送交财务部门据此调整“库存商品”科目和“商品进销差价”科目。同时，实物负责人应及时对调价商品更换售价标签，以便按新价格销售商品。

【例 2—39】 品福商贸有限公司运动服装组经营的某品牌男款运动 T 恤调价，每件原价 234 元，新售价 164 元；经盘点，现有库存商品 80 件。根据运动服装组交来的“变价商品差价调整单”编制会计分录如下：

借：商品进销差价——运动服装组——×品牌　　5 600

　　贷：库存商品——运动服装组——×品牌　　5 600

调高商品售价时，则按商品新售价与原售价的差额，借记“库存商品”科目，贷记“商品进销差价”科目。

四、库存商品内部调拨的核算

在同一会计核算主体的内部将各柜组之间的商品进行转移称为商品的内部调拨。由于商品的调拨往往发生在同一会计主体的企业内部，所以只涉及库存商品明细账的金额结转。如果商品流通企业采取的是售价金额核算法，则应将调拨商品的进销差价同时结转。

【例 2—40】 品福商贸有限公司男士套装组将 50 套西服调给特价组，商品销售单价 585 元，进货单价 300 元，双方已办理了交接手续。公司根据有关凭证编制会计分录如下：

借：库存商品——特价组——男款套装　　29 250

　贷：库存商品——男士套装组　　29 250

借：商品进销差价——男士套装组　　14 250

　贷：商品进销差价——特价组——男款套装　　14 250

五、库存农副产品挑选整理的核算

农副产品挑选整理是指对收购进来的某些农副产品进行清除杂质、分类、分等、包装、整理等工作。对农副产品进行挑选整理是农副产品存储和销售环节中必不可少的工作。由于大多数农副产品都有易变质、不易储藏的特点，通过挑选整理可以提高农副产品的存储质量，便于分时间段存储，也有利于按质论价，提高商品的市场售价。

农副产品挑选整理并不改变商品原有的形态和质地，不会改变商品的总采购成本，也不同于商品加工，挑选整理过程中发生的费用不应作为加工成本计入农副产品成本，而是作为企业销售费用列支。

经过挑选整理后，农副产品的等级、规格和数量可能都会发生变化，将会出现下列几种情况：

第一种情况，农副产品的挑选整理工作是以清除杂质为主，商品的等级不变，但数量减少。这种情况不仅不改变农副产品的采购总成本，而且也不需要分等级设置明细账核算，只需要按挑选整理后的实际数量和原采购总成本调整进货单价。在售价金额核算法下，由于商品售价未发生变化，所以不用进行账务处理。

第二种情况，农副产品经过挑选整理后，提高了商品的等级，同时商品的数量减少了。虽然农副产品的采购总成本没有发生变化，但商品数量的减少自然会导致商品单位进价发生变化。同时，由于商品的等级发生了变化，就需要对挑选整理后的商品按照新的等级重新进行核算。尤其是在售价金额核算法下，商品等级的变化一定会引起商品售价的变动，势必要对“库存商品”明细账科目和“商品进销差价”科目的入账金额进行调整。

第三种情况，经过挑选整理后，农副产品由原先的同一等级商品变成了几个等级，数量比挑选整理前减少。在这种情况下，就需要按照一定的标准在新等级商品之间分摊原商品采购总成本，并计算新等级商品的进货单价。在售价金额核算法下，也需要计算新等级商品的进货单价，并且对“库存商品”明细账科目和“商品进销差价”科目的入账金额进行修订。

【例 2—41】 某水果收购站收购蟠桃 4 000 千克，每千克收购价 1.5 元，共计 6 000 元。拨付专人负责挑选整理，在挑选整理过程中发生了应支付挑选整理人员工资 800 元。经过挑选整理后，选出一级商品 1 500 千克，二级商品 2 000 千克，三级商品 400 千克，清除霉烂商品 100 千克。商品挑选整理后填制“农副产品挑选整理报告单”，经验收后重新填制入库单。该收购站按照新等级商品的售价比例分摊原采购总成本，并计算新等级商品的进货单价，假定一级商品每千克售价 6.5 元，二级商品每千克售价 4 元，三级商品每千克售价 2.5 元。

1. 采用进价金额核算法

(1) 收购入库的商品进入挑选整理程序时，财务部门根据内部调拨单编制会计分录如下：

借：库存商品——挑选整理　　6 000

　贷：库存商品——蟠桃　　6 000

(2) 计算应付挑选整理人员工资时，编制会计分录如下：

借：销售费用——商品挑选整理费　　800

　贷：应付职工薪酬　　800

(3) 计算挑选整理后各等级商品的进价：

一级商品售价＝1 500×6.5 ＝9 750(元)

二级商品售价＝2 000× 4 ＝8 000(元)

三级商品售价＝400×2.5 ＝1 000(元)

售价合计＝9 750＋8 000＋1 000＝18 750(元)

原采购总成本的分配率＝6 000÷18 750＝0.32(元/千克)

一级商品分摊的采购成本＝ 0.32×9 750＝3 120(元)

二级商品分摊的采购成本＝0.32×8 000＝2 560(元)

三级商品分摊的采购成本＝0.32×1 000＝320(元)

所以有：

一级商品的进货单价＝3 120÷1 500＝2.08(元/千克)

二级商品的进货单价＝2 560÷2 000＝1.28(元/千克)

三级商品的进货单价＝320÷ 400＝0.8(元/千克)

(4) 财务部门根据“农副产品挑选整理报告单”、“入库单”编写会计分录如下：

借：库存商品——蟠桃——一级品　　3 120

　　　　　——蟠桃——二级品　　2 560

　　　　　——蟠桃——三级品　　320

　贷：库存商品——挑选整理　　6 000

2. 采用售价金额核算法

假定该水果收购站采用售价金额核算法，该批混等蟠桃每千克售价为 3 元，则账务处理如下：

(1) 收购的商品进入挑选整理程序时，财务部门根据内部调拨单编制会计分录如下：

借：库存商品——挑选整理　　12 000

　贷：库存商品——蟠桃　　12 000

借：商品进销差价——蟠桃　　6 000

　贷：商品进销差价——挑选整理　　6 000

(2) 计算应付挑选整理人员工资时，编制会计分录同前。

（3）计算各等级商品分摊采购成本过程同前，但不需要计算各等级商品的进货单价，而应计算各等级商品的进销差价：

一级商品的进销差价＝(1 500×6.5)－3 120＝6 630(元)

二级商品的进销差价＝(2 000×4)－2 560＝5 440(元)

三级商品的进销差价＝(400×2.5)－320＝680(元)

（4）财务部门根据“农副产品挑选整理报告单”、“入库单”编写会计分录如下：

借：库存商品——蟠桃——一级品	9 750	
——蟠桃——二级品	8 000	
——蟠桃——三级品	1 000	
商品进销差价——挑选整理	6 000	
贷：库存商品——挑选整理		12 000
商品进销差价——蟠桃——一级品		6 630
——蟠桃——二级品		5 440
——蟠桃——三级品		680

六、库存商品的清查核算

（一）库存商品的清查盘点

库存商品的清查盘点就是对实际结存商品从数量和质量上进行检查的过程。多数商品流通企业库存商品涉及金额较大、数量较多，认真做好库存商品的清查盘点工作，对于保证核算资料的真实、保护商品的安全、加强库存管理都有十分重要的意义。通过对库存商品进行盘点，可以查明账实是否相符，如有差异，应按照实际结存数额调整账面记录，并及时查明原因进行处理；还可以检查商品的存储和保管情况，判断是否存在毁损、变质或呆滞的商品，便于及时解决。

对库存商品的清查盘点可以定期进行，如月末、季末、年末进行的清查盘点；也可以不定期进行，如商品调价时的盘点、实物负责人交接盘点等。从清查盘点的范围来看，可以对所有的库存商品进行全面清查盘点，也可以只针对部分商品进行局部清查盘点。

为了确保库存商品清查盘点工作的顺利开展，应该按照下列顺序进行：

首先，要做好组织工作，确定清查盘点的范围、参加盘点人员及分工。

其次，要做好盘点前的准备工作，如核对账目、整理商品、校准度量器具以及准备商品盘点表等。

再次，要根据商品的特点及保管情况确定盘点方法，并在盘点时按规定的方法操作，防止重盘、漏盘和错盘现象的出现。

最后，为了记录盘点的情况和结果，盘点人员必须在盘点时填制盘点表。通过对库存商品清查盘点，如果发现商品有溢余、短缺或毁损的现象，应填制“商品溢余（短缺）报告单”，然后查明原因进行处理。

（二）进价金额核算法下库存商品溢缺或毁损的核算

库存商品发生溢余、短缺或毁损在未查明原因前，应先将溢缺或毁损商品的进价成本转入“待处理财产损溢”科目。发生库存商品溢余时，借记“库存商品”科目，贷记“待处理财产损溢”科目；发生短缺或毁损时，作相反会计分录。然后，查找原因并分情况进行处理。

库存商品的溢余经批准处理后，结转记入“管理费用”科目的贷方。

库存商品的短缺或毁损属于自然损耗，应记入“管理费用”科目的借方；属于责任人造成的，应记入“其他应收款”科目的借方；属于自然灾害或意外事故等非常原因造成的短缺或毁损，应将扣除保险公司、责任部门的赔偿以及可回收的商品残余价值后的金额记入“营业外支出”科目的借方。

商品流通企业清查的各种库存商品的损溢，应于期末结账前处理完毕。如果期末结账前尚未经批准处理的，在对外提供财务会计报表时先按上述规定处理，并在会计报表附注中说明；批准处理的金额与已处理的金额不一致的，调整会计报表相关项目的年初数。

需指出的是，按照我国《增值税暂行条例》的规定，非正常损失的购进货物发生的增值税进项税额不得从销项税额中抵扣。

进价金额核算法下库存商品溢缺或毁损的账务处理与本章第二节中数量进价金额核算法下购进商品发生溢余、短缺或毁损的核算基本一致（参见例2—17、例2—18）。

（三）售价金额核算法下库存商品溢缺或毁损的核算

主要适用于商品零售企业的售价金额核算法，在进行商品盘点时，只能检查实物负责人经管的结余商品的售价总金额与库存商品明细账的余额是否相符，而不能具体地按照商品的品种、规格、等级进行检查。而采用数量售价金额核算法则可以通过期末对库存进行盘点，检查商品是否存在溢缺现象。

如果发生溢余，在未查明原因前，应按溢余商品零售价借记“库存商品”科目，按该种商品的进价贷记“待处理财产损溢”科目，按售价与进价的差额贷记“商品进销差价”科目；发生短缺或毁损，在未查明原因前，作相反会计处理。短缺或毁损商品的进价和进销差价，可以按照上月商品进销差价率或本季度实际进销差价率进行计算。

在售价金额核算法下，对于溢缺商品在查明原因并经批准后的账务处理与前述进价金额核算法下的基本相同，此处不再重复。

【例2—42】 某水果零售商月末盘点时，发现香蕉柜组账面余额为26 400元，实际盘点库存金额共计26 200元。按照上月该柜组综合商品进销差价率20%计算短缺商品的进价和商品进销差价。

在未查明原因前，财务部门根据清查结果编制会计分录如下：

借：待处理财产损溢——待处理流动资产损溢　160
　　商品进销差价——香蕉柜组（200×20%）　40
　贷：库存商品——香蕉柜组　200

经查明原因，其中有90元属于自然损耗；其余部分属于责任人的过失造成，责成其按商品进价赔偿。财务部门编制会计分录如下：

借：其他应收款——×职工　70
　　管理费用——商品盘亏损失　90
　贷：待处理财产损溢——待处理流动资产损溢　160

（四）库存商品串号的调整核算

库存商品串号是指由于收发差错造成的在同一类商品中，商品的品名、规格、等级之间发生此增彼减，而且溢余商品的数量与短缺商品的数量相等的现象。从溢缺商品的入账金额角度而言，可能有以下三种情况：

（1）溢余商品的金额与短缺商品的金额相等。在这种情况下，企业只需要调整库存商品明细账的记录，按照溢缺商品的进价金额，借记“库存商品（溢余商品）”科目，贷记“库存商品（短缺商品）”科目。在售价金额核算法下，如果商品进销差价也进行明细核算，则还应同时调整“商品进销差价”科目的记录。

（2）溢余商品的金额大于短缺商品的金额。在未查清原因或未经批准前，应先将差额记入“待处理财产损溢”科目。经审查后，如果是由于进货时供货单位错发商品造成，则应将两种商品之间的进价差额和相应的增值税进项税额补付给供货单位；如果是由于本企业销货时错记了发出商品的数量，则应将多收的销货款和相应的增值税销项税额退还给购货方。如果溢缺商品不能查明原因或者涉及金额不大，经批准可直接记入“管理费用”科目的贷方。

（3）溢余商品的金额小于短缺商品的金额。同样，在未查清原因或未经批准前，应先将差额记入“待处理财产损溢”科目。经查，如果是由于进货时供货单位错发商品造成，则应向供货单位索回多支付的货款及增值税税额；如果是由于本企业销货时错记了发出商品的种类，则应向购货方补要销货款及增值税税额。对于不能查明原因或溢缺商品金额不大的情况，经批准也可直接记入“管理费用”科目的借方。

【例 2—43】 某水果收购站月末对挑选整理后的成箱水果进行清查盘点。根据“商品溢余（短缺）报告单”的记载，一级国光苹果账存数量 150 箱，实存数量 160 箱，该商品单位进价 120 元；而一级红富士苹果账存数量 200 箱，实存数量 190 箱，单位商品进价 80 元。经查，发现其中有 9 箱苹果是供货单位错发商品造成，用银行存款补付了货款及增值税税额；另有 1 箱商品未查明原因，经批准计入管理费用。

在未查明原因前，财务部门根据清查结果编制会计分录如下：

借：库存商品——一级国光苹果	1 200	
贷：库存商品——一级红富士苹果		800
待处理财产损溢——待处理流动资产损溢		400

查明原因后，经批准进行处理，编制会计分录如下：

借：待处理财产损溢——待处理流动资产损溢	400	
应交税费——应交增值税（进项税额）（40×9×17%）	61.2	
贷：银行存款		421.2
管理费用——商品盘盈		40

七、库存商品的期末计价

（一）存货的计量

《企业会计准则第 1 号——存货》中规定：资产负债表日，存货应当按照成本与可变现净值孰低法计量。所谓“成本与可变现净值孰低法”，是指对资产负债表日存货按照成本与可变现净值（realizable net value）两者之中较低者进行计价的方法，即当成本低于可变现净值时，存货按成本计价；当可变现净值低于成本时，存货按可变现净值计价。

对于商品流通企业而言，库存商品的成本是指取得商品时所发生的实际成本，包括采购成本和加工成本；而库存商品的可变现净值主要是以该商品的市场售价扣除销售所必需的估计税费后的金额计算的。但是，对于为执行销售合同而持有的库存商品，其可变现净值应当以合同价格为基础计算，超出销售合同需要的商品存货的可变现净值应当以一般销售价格为基础计算。

（二）存货跌价准备计提的条件

为了保证会计资料具有真实性、可比性的质量要求，商品流通企业应当定期或者至少于每年年度终了时对库存商品进行全面清查，根据库存商品的性质、质量特征以及未来市场销售状况等因素，在库存商品成本高于其可变现净值时计提存货跌价准备，并将该金额计入当期损益。企业确定商品存货的可变现净值，应当以取得的确凿证据为基础，并且考虑持有存货的目的、资产负债表日后事项的影响等因素。

具体而言，当商品流通企业存在下列情况之一时，应当计提存货跌价准备：

(1) 市价持续下跌，并且在可预见的未来无回升可能。

(2) 因企业所提供的商品过时或者消费者偏好改变而使市场的需求发生变化，导致市场价格逐渐下跌。

(3) 为执行销售合同而持有的库存商品，其入账成本已经高于以合同价格为基础确定的可变现净值。

(4) 其他足以证明该项库存商品实质上已经发生减值的情况。

存货存在下列情形之一的，通常表明存货的可变现净值为零：

(1) 已霉烂变质的存货。

(2) 已过期且无转让价值的存货。

(3) 生产中已不再需要，并且已无使用价值和转让价值的存货。

(4) 其他足以证明已无使用价值和转让价值的存货。

企业通常应当按照单个商品存货项目计提存货跌价准备。对于种类繁多、单价较低的商品存货，也可以按照其类别计提存货跌价准备。另外，如果某种库存商品与在同一地区生产和销售的产品系列相关、具有相同或类似最终用途或目的，且难以与其他项目分开计量的，应该合并计提存货跌价准备。

（三）存货跌价准备的核算

商品流通企业应通过“存货跌价准备”科目核算存货跌价准备金额。该科目借方登记冲减、转销的存货跌价准备的数额，贷方登记计提的存货跌价准备数额，期末余额在贷方，反映企业已提取的存货跌价准备。

企业应当于资产负债表日比较成本与可变现净值，计算出应提的存货跌价准备金额，然后与“存货跌价准备”科目现有的余额进行比较，若应提数大于已提数，则补提；反之，应冲销部分已提数。提取和补提存货跌价准备时，借记“资产减值损失——计提存货跌价损失”科目，贷记“存货跌价准备”科目；冲回或转销存货跌价损失，作相反会计分录。但是，当已计提跌价准备的商品存货价值以后又得以恢复时，其冲减的跌价准备金额应以“存货跌价准备”科目的余额冲减至零为限。需说明的是，减记的转回要以“以前减记存货价值的影响因素已经消失”为前提，否则不得转回。

企业结转存货销售成本时，对于已计提存货跌价准备的，借记“存货跌价准备”科目，贷记“主营业务成本”等科目。

需注意的是，期末对存货进行计量时，如果持有的存货数量多于为执行销售合同而需要的订购数量，则应分别确定其期末可变现净值，并与其相对应的成本进行比较，从而分别确定是否需要计提存货跌价准备，由此计提的存货跌价准备不得相互抵消。

一般情况下，绝大多数商品零售企业很少对库存商品计提存货跌价准备，而是在商品市场售价出现变化时直接对商品进行调价处理。

第四节　自营商品销售业务的核算

一、自营商品销售业务的内部管理控制

商品的销售过程是完成商品流通循环、实现商品价值的重要环节。无论是商品批发企业还是零售企业，都是通过商品的销售过程促成企业资金的回收、利润的形成，从而实现商品在流通领域的增值。因此，商品流通企业所购入、存储的商品能否顺利出售，销售款项能否及时收回，销售成本的核算是否恰当，都将影响到企业经营成果的实现以及其正常的生存和发展。

对于自营商品的销售业务，不同商品流通企业应该设置符合本单位经营特点和商品性质的内部管理控制制度，以保证销售业务活动的正常开展。在商品批发企业，自营商品的销售按照交接货物方式不同，可分为发货制、提货制和送货制三种销售方式，其主要区别体现在销售款项结算的时间选择上，但就商品销售业务本身而言应该是一致的。商品批发企业自营商品销售业务的基本内部管理控制环节如下：

（1）自营商品销售业务的起点应该是顾客提出订货要求，即客户的订单。商品流通企业的销售部门（或经营部门）在接到客户订单后，根据自身商品的性质和市场状况决定是否将商品按照顾客提出的要求进行出售。如果属于常规销售业务，则直接由销售人员根据交货方式填制一式多联的销售单；如果此次销售业务的条件比较特殊，则需要由销售部门的领导审核批准后才能填制销售单。本业务环节所形成的原始凭证（如销售合同、销售单等）将对整个销售业务活动产生影响，应当严格管理控制。

（2）对于赊销业务，在销售部门批准之后，再由企业信用管理部门（或财务部门）根据本单位的赊销政策和对客户已形成的信用额度进行审批。这主要是为了避免销售人员为扩大销售而使企业承受不适当的信用风险。无论批准赊销与否，都要求被授权的信用管理部门人员在销售单上签署意见，然后再将已签署意见的销售单送回销售部门。

（3）已批准的销售单的其中一联应送至仓库，作为仓库按销售单供货和发货给装运部门的授权依据。仓库管理人员在收到经过批准的销售单时才能供货并填制商品出库单，以防止仓库在未经授权的情况下擅自发货。

（4）商品交接如果是采取送货制或发货制，则装运部门应在装运前对货物进行独立检

验，以确定从仓库提取的商品都附有经批准的销售单，并且所提取的商品与销售单一致。商品装运后，装运部门应该编制一式多联的装运凭证作为商品确实已装运的证据。企业应定期检查核对，以确定在编制的每张装运凭证后均已附有相应的销售单。

（5）在商品销售业务结束后，应由财务部门根据销售发票（销售单）、银行进账单等原始凭证编制记账凭证并登记相应账簿。如果发生销货退回、销货折扣与折让，则必须经授权批准方可办理，而且应分别进行实物流转和会计处理。财务部门也应定期将销售业务的账簿记录与企业销售部门进行核对。

（6）商品流通企业采用赊销方式时，在销售业务结束后还应重点注意货款的收回，防止出现货币资金失窃的现象。为此，财务部门应定期与购货方就应收账款、预收账款的账面余额进行核对，保证全部货币资金如数、及时地入账。

如果商品流通企业采用提货制交货方式，则货款的结算一般应发生在提货之前。也就是说，此时仓库应该根据已付过款的销售单发货。因此，在该种方式下，商品销售业务还应重点控制已收取货款的结算单据、销售单据的传递程序。

商品零售企业的商品销售对象主要是广大消费者，货款也主要采用现金结算，只有集体消费者偶尔使用支票结算方式，商品销售业务发生频繁而且数额零星，尤其对于小型零售企业而言商品销售业务流程更不明显，往往在商品销售时不填制销货凭证，在交付商品的同时收取货款。所以，商品零售企业在进行自营商品销售业务的内部管理时，应特别关注实物负责人对商品增、减和结存的管理以及对销货款的核对工作。

另外，我国许多商品流通企业也开展了出口商品销售业务，直接将产品销售给国外的商品流通企业。在这一过程中，供销双方需要先就商品的交易价格、交货方式等问题进行协商，通过签订购销合同的方式确定购销关系，然后办理发货及销售货款的结算（信用证结算）。出口销售业务的整个销售过程与国内销售业务的相差不大，对开展出口销售业务的商品流通企业来说，应特别注意对销售业务流程和各业务环节时间的控制。

二、自营商品销售业务核算的科目设置

为了核算自营商品的销售业务，商品流通企业主要设置下列科目：

（1）“主营业务收入”科目。该科目属于损益类科目，用于核算商品流通企业因销售商品而取得的收入，可以按照主营业务的种类、销售方式设置明细分类科目。该科目借方登记发生销货退回、销售折让业务时冲减的商品销售收入金额以及期末结转到“本年利润”科目的金额，贷方登记本期间销售商品实现的收入金额，期末结转后该科目应无余额。在实际工作中，多数商品流通企业使用“商品销售收入”科目。

（2）“主营业务成本”科目。该科目属于损益类科目，用于核算商品流通企业已销售商品的成本，其明细分类科目设置一般与“主营业务收入”的明细科目一致。该科目借方登记结转本期商品销售成本的金额，贷方登记发生销货退回、销售折让业务时冲减的商品销售成本金额以及期末结转到“本年利润”科目的金额，期末结转后该科目应无余额。在实际工作中，多数商品流通企业使用“商品销售成本”科目。

（3）“应交税费——应交增值税（销项税额）”科目。该科目用于核算商品流通企业销售商品时已收取的或应收取的增值税金额。因销货退回或折让而退还的增值税税额，应从

发生当期销项税额中扣除。

(4) 在企业销售自营商品过程中，货款的结算方式多种多样，应当设置“银行存款”、“应收票据”、“应收账款”等资金结算账户。

(5)“营业税金及附加”科目。该科目属于损益类科目，用于核算商品流通企业经营活动过程中发生的营业税、消费税、城市维护建设税、资源税和教育费附加等相关税费。该科目借方登记企业按规定计算确定的与经营活动相关的税费，贷方登记收到的返还的消费税、营业税等原记入该科目的各种税金以及期末结转到“本年利润”科目的金额，期末结转后该科目应无余额。

商品流通企业在对自营商品销售业务进行核算时，一般应在确认商品销售收入的同时结转已销商品成本。但是，基于在不同商品销售方式下商品销售收入的确认、核算要求不同，而且不同的核算方法也会引起已销商品成本计算的不一致，因此本书将分别介绍商品销售收入和商品销售成本的核算。

三、自营商品销售收入的确认和计量

(一) 商品销售收入的确认

商品流通企业的商品销售收入（income of goods sold）应同时满足下列条件，才能予以确认。

1. 企业已将商品所有权上的主要风险和报酬转移给购货方

商品所有权上的风险，主要是指商品所有者承担该商品价值发生损失的可能性，如商品因贬值、毁损而发生减值的可能性。商品所有权上的报酬，主要是指商品所有者预期可获得的商品中包含的未来经济利益，如商品的使用所形成的经济利益。当一项商品发生的任何损失或产生的任何经济利益均不归属某企业时，则意味着该商品的所有权上的风险和报酬已转移出该企业。

在大多数情况下，商品流通企业在售出商品时将商品交付给购货方，同时收到购货方支付的货款或购货方确认支付货款的凭证时，商品所有权上的风险和报酬就已经转移给购货方了。

2. 企业既没有保留通常与所有权相联系的继续管理权，也没有对已售出的商品实施有效控制

企业将商品所有权上的主要风险和报酬转移给购货方后，如仍然保留通常与所有权相联系的继续管理权，或仍然对售出的商品实施有效控制，则说明此项销售商品交易没有完成，销售不能成立，不能确认相应的销售收入。例如，购销双方对已售出商品约定的试用期尚未结束。

3. 收入的金额能够可靠地计量

收入能够可靠地计量是确认收入的基本前提。企业在销售商品时，售价通常已经确定，但销售过程中由于某些不确定因素也可能出现售价变动的情况，在新的售价未确定前也不应确认销售收入。

4. 相关的经济利益很可能流入企业

在销售商品的交易中，与交易相关的经济利益主要表现为销售商品的价款。销售商品

的价款有把握收回，是确认商品销售收入的一项重要条件。企业在销售商品时，如果估计价款收回的可能性不大，即使收入确认的其他条件均已满足，也不应确认为收入。

一般情况下，企业售出的商品符合合同或协议规定的要求，已将发票账单交付购货方而且购货方承诺付款，即表明销售商品的价款能够收回。如果企业判断价款不能收回，应提供可靠的判断依据。

5. 相关的已发生或将发生的成本能够可靠计量

与商品销售收入相对应的销售成本应在同一会计期间内予以确认，即企业应在确认收入的同时或在同一会计期间结转相关的商品销售成本。因此，如果相关商品销售成本不能可靠计量，则商品销售收入就不能确认。

上述任何一个条件没有满足，即使商品流通企业已经收到了货款，也不能确认为商品销售收入。

对于商品需要安装和检验的销售，商品流通企业在购买方接受交货以及安装和检验完毕前一般不应确认商品销售收入的实现，但如果安装程序比较简单或者检验只是为了最终确定合同价格，则可以在商品发出或装运时确认商品销售收入。

商品流通企业的商品销售如果是附有销售退回条件的，则企业可以按照以往的经验对退货的可能性做出合理估计。在发出商品时，将估计不会发生退货的部分确认为销售收入，而估计可能发生退货的部分则先不确认为销售收入。如果企业不能合理地确定退货的可能性，则应在售出商品的退货期满时再确认商品销售收入。

为了单独反映已经发出但尚未确认销售收入的商品成本，商品流通企业应设置“发出商品”、“委托代销商品”等科目进行核算。“发出商品”科目核算一般销售方式下，已经发出但尚未确认销售收入的商品成本；“委托代销商品”科目核算企业在委托其他单位代销商品的情况下，已经发出但尚未确认销售收入的商品成本。

（二）商品销售收入的计量

商品销售收入的入账金额应当按照商品流通企业从购货方已收或应收的合同或协议价款确定，但已收或应收的合同或协议价款不公允的除外。在商品销售过程中，代第三者或客户收取的一些款项，应作为暂收款记入相关的负债类科目，不作为商品销售收入处理。

合同或协议价款的收取采用递延方式，实质上具有融资性质的，应当按照应收的合同或协议价款的公允价值确定销售商品收入金额。应收的合同或协议价款与其公允价值之间的差额，应当在合同或协议期间内采用实际利率法进行摊销，计入当期损益。

商品流通企业在确定商品销售收入的金额时，不应考虑预计可能发生的现金折扣、销售折让。现金折扣（cash discount）是指债权人为鼓励债务人在规定的期限内付款而向债务人提供的债务扣除。由于现金折扣是在销售商品之后发生，企业在确认商品销售收入时不能确定相关现金折扣的发生情况，因此商品销售收入应当按照未扣除可能发生的现金折扣前的金额确认。销售折让（allowance）是指企业因售出商品的质量不合格或其他原因而在售价上给予的减让。销售折让是在企业已经将商品销售出去并确认了商品销售收入实现之后，购货方发现商品存在质量等方面问题提出的价款减让要求，应在实际发生时冲减当期销售收入。

除了现金折扣和销售折让外，商品流通企业还可能向购货方提供商业折扣（trade

discount），即商品流通企业为促进商品销售而在商品标价基础上给予的价格扣除。另外，企业也会针对一些残次、陈旧的商品提供商业折扣，进行降价销售。由于商业折扣是在销售商品时发生的，并不构成最终成交价格的一部分，所以商品销售收入的金额应是扣除商业折扣后的净额。

需说明的是，当商品流通企业采用售价金额核算法时，商品销售收入先按照购销合同中规定的含税售价确认入账，但基于增值税税额是企业代国家收取的，应该将所收取的增值税销项税额从商品销售收入中调整出来单独核算。对于属于增值税小规模纳税人的商品流通企业，其商品销售收入的核算与上述售价金额核算法下的账务处理基本相同，只不过增值税税率不同。

四、自营商品销售收入的核算

无论商品流通企业是从事批发经营还是零售经营，商品销售收入的核算方法应该基本一致。在进行销售商品的会计处理时，应该按照收入的确认条件进行商品销售收入的核算。

（一）一般商品销售的业务核算

商品销售如果采用提货制和送货制，商品价款常常在购销过程中同时收取。此时，商品流通企业应该以商品交付并收取价款为标准来确认商品销售收入。在确认商品销售业务完成时，应当按照实现的商品售价和按规定收取的增值税税额，借记“银行存款”科目，按照已确认的商品销售收入金额，贷记“主营业务收入”科目，按照增值税税额，贷记“应交税费——应交增值税（销项税额）”科目。

【例 2—44】 兰奇公司将本月新购入的 2 000 箱家庭装修用瓷砖以每箱 180 元的价格出售给了某工程公司，应收取增值税销项税额 61 200 元。该批商品采取提货制的商品交接方式，款项已全部收到送存银行。公司根据有关凭证编制会计分录如下：

借：银行存款	421 200	
贷：主营业务收入——瓷砖		360 000
应交税费——应交增值税（销项税额）		61 200

如果采用发货制交接商品，商品流通企业通常会采用委托收款或托收承付方式办理货款结算。企业按照合同或协议约定向运输部门办妥装运手续后，就可以向银行办理委托收款或托收承付手续，委托银行代为收取销货价款、增值税及代垫费用。

【例 2—45】 美联公司将购进的 150 块客厅方毯销售给华美装饰公司，商品销售单价 1 500 元，应收增值税税额 38 250 元。美联公司按照双方合同约定将商品全部装运并发往指定地点，同时已向银行办理了托收承付手续。公司根据有关凭证编制会计分录如下：

借：应收账款——华美装饰公司	263 250	
贷：主营业务收入——方毯		225 000
应交税费——应交增值税（销项税额）		38 250

当然，商品流通企业对于一些紧俏商品的销售，可采用预收货款销售方式。此时，商品销售业务的款项结算核算应通过“预收账款”科目，具体方法详见本节“六、商品销售业务中结算方式的核算”部分的内容。

(二) 销售折扣、折让的核算

1. 销售折扣的核算

销售折扣按照其产生的原因不同，可以分为商业折扣和现金折扣两种。商品流通企业通常以打折的方式提供商业折扣，其目的主要是促进商品的销售，它表现为销货方根据商品的质量、销售季节以及市场供求关系等因素直接降低商品的出售价格。此时，企业的商品销售收入应当按照实际成交价格入账。目前，许多商品零售企业常常采用“返利”的形式进行商品促销，但由于该种现象并非是对商品价格进行直接调整，所以不能按照商业折扣的要求进行账务处理。企业通常将返利售出的商品计入销售费用进行核算。

现金折扣的出现主要是因为商品流通企业采取赊销方式进行商品销售，为了鼓励购货方在规定的期限内尽早支付货款而给予的优惠。现金折扣一般用符号“折扣比率/付款期限”表示。例如，购货方在10天内付款可按售价给予2%的折扣，用符号“2/10”表示；在10天以后、25天以内付款提供1%的折扣，用符号“1/25”表示；在25天以后、40天以内付款则不提供折扣，用符号“n/40”表示。

在存在现金折扣的情况下，应收账款的计量有两种处理方法：一种是总价法，另一种是净价法。总价法是将未减去现金折扣的金额作为实际售价，记作应收账款的入账价值；现金折扣只有客户在折扣期内支付货款时，才予以确认。在这种方法下，商品销售方把给予客户的现金折扣视为融资的理财费用，在实际发生时作为当期财务费用进行处理。净价法是将扣减现金折扣后的金额作为应收账款的入账价值。这种方法是把客户取得现金折扣视为正常现象，认为客户一般都会提前付款；而将由于客户超过折扣期限而多收入的金额作为提供信贷获得的收入，在实际发生时冲减当期财务费用。

在我国，目前会计实务操作中一般采用总价法核算。

【例2—46】 兰奇公司将库存的一批大理石地砖赊销给了某装饰工程公司，按价目表标明的价格计算金额为500 000元，由于是成批销售，兰奇公司给购货方10%的商业折扣。此外，购销合同中规定的现金折扣条件为“2/10，n/30”，计算现金折扣时不考虑增值税。兰奇公司已将该批商品装运发货，并向银行办理了委托收款手续，企业适用的增值税税率为17%。

根据有关凭证编制会计分录如下：

借：应收账款——某装饰工程公司　　526 500

　贷：主营业务收入——大理石地砖［500 000×（1－10%）］　　450 000

　　　应交税费——应交增值税（销项税额）　　76 500

收到货款时，根据购货企业实际享有现金折扣的情况入账。如果上述货款在10天内收到，编制会计分录如下：

借：银行存款　　517 500

　　财务费用——销货现金折扣（450 000×2%）　　9 000

　贷：应收账款——某装饰工程公司　　526 500

如果上述货款在10天后收到，则编制会计分录如下：

借：银行存款　　526 500

　贷：应收账款——某装饰工程公司　　526 500

2. 销售折让的核算

销售折让是指商品流通企业因售出商品的质量不合格等原因而在售价上给予的减让。企业将商品销售出去之后，如果购货方发现商品在质量、规格等方面不符合要求，可能要求销货方在价格上给予一定减让。销售折让可能发生在企业确认收入之前，也可能发生在企业确认收入之后。发生在确认收入之前的销售折让，属于在销售商品时直接给予客户价格上的减让，企业按照扣除销售折让后的实际销售价格确认商品销售收入的入账金额。发生在确认收入之后的销售折让，则一般应在实际发生时冲减当期商品销售收入。

【例2—47】 兰奇公司将600套卫生间洁具对外销售，商品售价300 000元，增值税销项税额51 210元，代垫运费4 000元。商品验收入库时，购货方发现该批商品质量与合同约定不符，全部拒收商品。经过双方协商，兰奇公司同意提供10%的销售折让。假定已获得税务部门开具的索取折让证明单，并开具了红字增值税专用发票。

（1）销售实现时，编制会计分录如下：

	借方	贷方
借：应收账款——××公司	355 210	
贷：主营业务收入——卫生间洁具		300 000
应交税费——应交增值税（销项税额）		51 210
银行存款		4 000

（2）发生销售折让时，编制会计分录如下：

	借方	贷方
借：主营业务收入——卫生间洁具	30 000	
应交税费——应交增值税（销项税额）	5 121	
贷：应收账款——××公司		35 121

（3）收到销售商品价款时，编制会计分录如下：

	借方	贷方
借：银行存款	320 089	
贷：应收账款——××公司		320 089

如果所发生的销售折让属于资产负债表日后调整事项的，应当调整资产负债日财务报表中的商品销售收入项目金额。

（三）销售退回的核算

销售退回是指企业售出的商品由于质量、品种不符合要求等原因而发生的退货。销售退回的核算应区分具体情况进行处理：

（1）销售退回可能发生在企业确认收入之前。此时处理比较简单，只需要收回原已开出的增值税专用发票，注明“作废”字样，并将已发出商品重新入库即可。

（2）如果是企业已经确认商品销售收入的售出商品发生销售退回，应取得购货方提供的有效证明，据此开出红字增值税专用发票。不论是当年销售的，还是以前年度销售的，发生销售退回时一般应冲减退回当月的商品销售收入，同时冲减退回当月的销售成本。如该项销售已经发生现金折扣，应在退回当月一并调整。

（3）报告年度或以前年度销售的商品在年度财务报告批准前退回，其业务操作过程与第（2）种情况相同，但是应当冲减报告年度的商品销售收入，并调整相关成本、税金。如该项销售已经发生现金折扣，也应调整报告年度的折扣金额。

【例2—48】 2010年12月，品源公司销售滑雪服100套，单位售价2 000元，单位销售成本 1 600 元。该批商品因质量问题于 2011 年 5 月退回 10 套。该公司 2011 年 5 月销售滑雪服 30 套，单位销售成本 1 200 元。该产品的增值税税率为 17%，企业已开出红字增值税专用发票并退还了货款及税款。公司根据有关凭证编制会计分录如下：

借：主营业务收入——滑雪服　　20 000

应交税费——应交增值税（销项税额）　　3 400

贷：银行存款　　23 400

对于退回商品的成本有两种计算方法：一种是按照退回月份同类或同种商品的实际成本计算，另一种是按照销售月份的产品实际成本计算。退回的商品重新入库时，应借记“库存商品”科目，贷记“主营业务成本”科目，如果企业采用售价金额核算法还应贷记“商品进销差价”科目。

销售退回过程中，商品流通企业支付的退回商品运费应列入“销售费用”科目核算。

（四）购货方拒付货款和拒收商品的核算

本章第二节“自营商品购进业务的核算”中涉及了购进的商品由于品种、规格、质量等方面存在问题而出现的拒付货款和拒收商品的核算。作为商品销售方也可能面临购货方提出的拒付货款和拒收商品的情况。

如果购货方拒付货款，商品流通企业应先取得购货单位填制的“拒付理由书”，经业务部门核对、查明原因并研究解决。在未解决前，销货方不对商品销售收入作账面调整。查明原因后，应按不同解决办法进行处理。如果经过双方确认，销售方以提供销售折让方式解决问题，则按照销售折让的业务进行账务处理；如果双方无法协商一致，则应按照销售退回进行处理；如果双方协议调换货物而不改变价款，则在数量金额核算法下，销货方应先办理原商品的销售退回再进行新商品的销售核算，而在金额核算法下，销货方可以不进行账务处理。

如果购货方拒付货款的理由是计价错误，则需要办理退价或补价的手续。发生退、补价业务时，应由销货企业销售部门、财务部门填制红或蓝字增值税专用发票及“销货更正单”。由于退价和补价的过程不涉及销售商品数量的变化，因此只需要调整销售收入及增值税销项税额即可。也就是说，办理退价时，按照商品的退还价款，借记“主营业务收入”科目，按退还价款对应的增值税税额，借记“应交税费——应交增值税（销项税额）”科目，按所退金额，贷记“应收账款”等科目；办理补价时，则作相反账务处理。

（五）分期收款销售的核算

分期收款销售（deferred payment sale）是指商品已经交付，货款分期收回的一种销售方式。分期收款销售的特点是：销售商品的价值较大，如房产、汽车、重型设备等；收款期限较长；收取货款的风险较大。

商品流通企业采用递延方式分期收款销售商品，实质上具有放贷性质。由于收款期限相对较长，则应该在满足销售收入确认条件的情况下，按照购销合同或协议价款的公允价值一次性确定销售收入。在企业商品销售时，按应收合同或协议价款，借记“长期应收款”科目，按购销合同或协议价款的公允价值，贷记“主营业务收入”科目，按专用发票上注明的增值税税额，贷记“应交税费——应交增值税（销项税额）”科目，按其差额，贷记“未实现融资收益”科目。应收的合同或协议价款与其公允价值之间的差额，应当在合同或协议期间内采用实际利率法进行摊销，借记“未实现融资收益”科目，贷记“财务费用”科目。

【例 2—49】 兰奇公司于 2008 年 1 月 3 日采用分期收款的方式销售一批整体浴房。销售合同中约定：该批商品的售价为 3 465 100 元，分 4 年于每年年末收取 100 万元，共计 400 万元。假设不考虑增值税销项税额及相关手续费，兰奇公司应编制会计分录如下：

(1) 2008 年 1 月 3 日销售商品时：

借：长期应收款　　4 000 000

　贷：主营业务收入　　3 465 100

　　　未实现融资收益　　534 900

(2) 假设销售合同的实际利率为 i，则根据销售合同的公允价值与各期应收款的关系可以列出下列计算公式：

$$1\ 000\ 000\times PVIFA_{i,4}=3\ 465\ 100$$

所以，销售合同的实际利率近似值为 6%。

兰奇公司各期未实现融资收益的摊销计算如表 2—2 所示（计算结果保留两位小数）。

表 2—2　　**兰奇公司各期未实现融资收益的摊销计算**　　单位：元

收款日期	收款额	未实现融资收益的摊销额	销售合同公允价值回收额	销售合同公允价值账面余额
	(1)	(2) ＝ (4) ×6%	(3) ＝ (1) － (2)	(4) ＝期初价值－ (3)
2008-01-03				3 465 100
2008-12-31	1 000 000	207 906	792 094	2 673 006
2009-12-31	1 000 000	160 380.36	839 619.64	1 833 386.36
2010-12-31	1 000 000	110 003.18	889 996.82	943 389.54
2011-12-31	1 000 000	56 610.46*	943 389.54	0
合　计	4 000 000	534 900	3 465 100	—

* 含尾差调整。

兰奇公司应分别于合同约定日期编制下列会计分录：

1) 2008 年 12 月 31 日，收取款项时：

借：银行存款　　1 000 000

　贷：长期应收款　　1 000 000

借：未实现融资收益　　207 906

　贷：财务费用　　207 906

2) 2009 年 12 月 31 日，收取款项时：

借：银行存款　　1 000 000

　贷：长期应收款　　1 000 000

借：未实现融资收益　　160 380.36

　贷：财务费用　　160 380.36

3) 2010 年 12 月 31 日，收取款项时：

借：银行存款　　1 000 000

　贷：长期应收款　　1 000 000

借：未实现融资收益　　110 003.18

　贷：财务费用　　110 003.18

4）2011 年 12 月 31 日，收取款项时：

借：银行存款　　1 000 000

　贷：长期应收款　　1 000 000

借：未实现融资收益　　56 610.46

　贷：财务费用　　56 610.46

（六）委托代销业务的核算

委托代销业务是指商品流通企业将自营的部分商品通过签订代销协议方式委托其他单位代为出售的一种方式。委托方将商品交付给受托方时，商品所有权上的风险和报酬并未转移给受托方，此时委托方并不能确认收入，而应将商品记入“委托代销商品”科目的借方。只有委托方在收到受托方开具的代销清单时，才能确认商品销售收入。

这种商品销售方式，在我国商品零售企业中比较常用。具体举例详见第四章第二节“代销商品业务核算”的内容。

（七）出口商品销售的核算

企业出口商品销售业务分为自营出口、代理出口、易货贸易出口等，本书仅介绍自营出口商品销售的核算。

在自营出口商品销售的核算过程中，其确认商品销售收入的基本账务处理与国内商品销售的处理相同。但是，出口商品的销售收入一律是以离岸价为入账基础的，如果是以到岸价成交的，则应先按照购销合同中规定的价款确认商品销售收入，而对于应由销售方支付的国外运费、保险费，在实际发生时冲减商品销售收入。

在出口商品销售中，销售方如果需要支付的佣金是明佣，应按扣除佣金后的销货净额确认商品销售收入；如果是暗佣，则说明企业需要在收取销售货款总额后单独支付佣金，应在实际支付佣金时冲减商品销售收入。

需注意的是，商品流通企业在出口商品销售过程中发生的国内运输费、装卸费、港务费等，均应计入企业当期的销售费用。

（八）小规模纳税人商品销售的核算

作为缴纳增值税的小规模纳税人，商业企业销售货物或提供应税劳务，实行简易办法计算应纳税额，按不含税销售额的一定征收率计算应纳税额，不得抵扣进项税额。也就是说，在商品采购环节中是不单独核算增值税的，如果购入商品时缴纳了增值税，则应将该金额计入商品的采购成本；在商品销售时，小规模纳税人企业计算应纳增值税税额，应先将收取的含税价款按照一定的征收率进行价税分离，然后按照征收率计算增值税税额。自 1998 年 7 月 1 日起，商业企业小规模纳税人的增值税征收率由 6%调减为 4%。

【例 2—50】 某从事商品零售经营的小规模纳税人企业，某日各柜组销售情况为：箱包组 6 968 元，服装组 8 840 元，百货组 6 032 元。收银员已将销货款送至财务部门审核，企业已将全部款项送存银行。财务部门根据销售日报表、现金送款单等原始凭证编制会计分录如下：

借：银行存款　　21 840

　贷：主营业务收入——箱包组　　6 968

　　　　　　　　——服装组　　8 840

　　　　　　　　——百货组　　6 032

计算不含税的销售额和应纳增值税税额：

不含税的销售额＝21 840÷(1＋4%)＝21 000(元)

应纳税额＝21 000×4%＝840(元)

借：主营业务收入——箱包组　　268

　　　　　　　　——服装组　　340

　　　　　　　　——百货组　　232

　贷：应交税费——应交增值税　　840

对于应纳增值税税额的计算，企业可以于每日结束时进行，也可以在月末集中操作。

五、自营商品销售成本的核算

商品流通企业对库存商品核算方法的不同造成了商品销售成本（cost of goods sold）的核算也存在差异。在进价金额核算法下，库存商品按照实际采购成本入账，自然已销商品的成本也应按照实际采购成本进行核算；而在售价金额核算法下，库存商品按照含税的出售金额入账，则已销商品的成本就需要先按照含税售价入账，然后再按照一定方法对商品销售成本进行调整。商品销售成本的高低将直接影响到商品流通企业利润的计算。本部分重点介绍在不同的库存商品核算方法下商品销售成本的核算。

（一）进价金额核算法下商品销售成本的核算

在进价金额核算法下，商品的销售成本是已销商品的实际采购成本，对于商品流通企业而言，一般指的就是商品的进货成本。结转商品销售成本时，借记“主营业务成本”科目，贷记“库存商品”科目。期末，企业只需要将本期商品销售收入净额与商品销售成本相比较即可求得销售毛利。

从商品销售成本的计算顺序来看，有顺算成本和倒算成本两种具体方法。

顺算成本是指先计算商品的销售成本，然后再确定期末结存商品的金额。其计算公式为：

$$\text{期初库存商品的实际成本}+\text{本期购进商品的实际成本}-\text{本期售出商品的实际成本}=\text{期末结存商品的实际成本}$$

倒算成本的成本计算顺序与顺算成本计算顺序相反，其计算公式为：

$$\text{期初库存商品的实际成本}+\text{本期购进商品的实际成本}-\text{期末结存商品的实际成本}=\text{本期售出商品的实际成本}$$

1. 数量进价金额核算法下商品销售成本的核算

商品批发企业购进商品时，每次进货的品种、规格、数量、单价都不相同，在数量进价金额核算法下库存商品明细账应采用数量金额式的账页，各种商品的入库和发出都需要既登记金额又登记数量，会计核算的工作量相对比较大。企业应根据经营商品的性质以及管理要求，选用适当的商品销售成本计算方法。

为了计算销售商品的单位进价成本，在数量进价金额核算法下，企业可以采用先进先出法、加权平均法、个别计价法、毛利率法。下面分别介绍各种方法下的商品销售成本计算。

(1) 先进先出法。先进先出法（first in first out method）是以先购进的商品被先售出这种商品实物流转顺序为假设前提，对已售出的商品进行计价的一种方法。采用这种方法，先购进的商品成本在后购进商品成本之前转出，据此确定售出商品和期末结存商品的成本。在先进先出法下，商品销售成本的计算一般采用顺算成本的方法，具体操作是：购进商品时，逐笔登记购入商品的数量、单价和金额；销售商品时，按照先进先出的原则逐笔登记商品的销售成本，并按照本期库存商品的增减变动情况计算期末结存商品金额。

采用先进先出法计算商品销售成本可以随时掌握库存商品的结存情况，计算过程比较符合易于变质、有一定保质期商品的实物流转，计算的期末库存商品价值较接近实际商品进货成本。但是，在物价波动的情况下，该种方法计算出的商品销售成本与实际不符。另外，当商品种类较多，购进业务频繁且物价不稳定时，采用这种方法的工作量较大。所以，这种方法适用于种类较少、具有较强时效性而且管理上要求随时掌握结存情况的商品的成本计算。

【例 2—51】 某商品流通企业库存 M 商品明细账部分资料如表 2—3 所示。

表 2—3 **库存商品明细账**

编号：101085　　品名：M 商品　　规格：200g　　等级：一级　　计量单位：袋

×年		凭证编号（略）	摘要	收入			发出			结存		
月	日			数量	单价	金额	数 量	单价	金额	数量	单价	金额
4	1		期初结存							110	40	4 400
	6		购进	150	45	6 750				110 150	40 45	4 400 6 750
	10		发出				110 60	40 45	4 400 2 700	90	45	4 050
	21		购进	140	47	6 580				90 140	45 47	4 050 6 580
	27		发出				90 40	45 47	4 050 1 880	100	47	4 700
	30		本月发生额及余额	290		13 330	300		13 030	100	47	4 700

编制结转商品销售成本的会计分录如下：

借：主营业务成本　　13 030

　贷：库存商品——M 商品　　13 030

(2) 加权平均法。加权平均法（weighted average method）又称全月一次加权平均法，是指以本期全部购进商品数量加上期初库存商品数量作为权数，按照本期全部购进商品采购成本加上期初库存商品实际成本，计算出库存商品的加权平均单位成本，以此为基础计算本期发出商品的成本和期末结存商品成本的一种方法。计算公式如下：

$$\text{库存商品加权平均单位成本}=\frac{\text{期初库存商品的实际成本}+\text{本期购进商品的采购成本}}{\text{期初库存商品结存数量}+\text{本期购进商品的数量}}$$

商品销售成本＝本期销售商品的数量×库存商品加权平均单位成本

期末结存商品成本＝期末结存商品数量×库存商品加权平均单位成本

【例2—52】 承例2—51，采用加权平均法计算商品销售成本：

$$\text{加权平均单位成本}=\frac{4\ 400+6\ 750+6\ 580}{110+150+140}=44.325(\text{元})$$

商品销售成本＝300×44.325＝13 297.5(元)

月末结存商品成本＝100×44.325＝4 432.5(元)

编制结转商品销售成本的会计分录如下：

借：主营业务成本　　13 297.5

　贷：库存商品——M商品　　13 297.5

如果加权平均单位成本的计算结果是四舍五入的近似值，企业可以先用该单位成本计算期末结存商品金额，然后倒挤出商品的销售成本。

采用加权平均法只在月末计算库存商品的加权平均单价，计算过程比较简单，有利于简化成本计算工作，但由于平时无法从账上提供已售商品的单位成本及总额，因此不利于库存商品成本的日常管理和控制。这种方法适用于品种较多、购进业务频繁、前后进价变动较大，而且管理上不要求随时掌握结存情况的商品成本计算。

（3）个别计价法。个别计价法又称个别认定法、具体辨认法、分批实际进价法。采用这一方法是假设具体商品的实物流转与成本流转相一致，按照各种商品逐一辨认各发出商品和期末结存商品所属的购进批别，分别按其购进时所确定的单位成本计算各批发出商品和期末结存商品的成本。

采用这种方法，要求对不同批次购进的商品分别保管；商品出售时，发出凭证要注明销售商品的原进货批次、保管单位和货位编号，以保证已销商品的成本能按照其实际进货单价计算。

个别计价法的成本计算准确，符合实际情况，有利于加强企业对商品的库存管理。但在库存商品种类较多且收发频繁的情况下，其发出商品成本分辨的工作量较大。因此，这种方法适用于整批购进、方便分别保管且易于分清进货批次的商品，或是不能替代的、单位价值较高的商品的成本计算。

（4）毛利率法。在数量进价金额核算法下进行商品销售成本的核算，除可以采用上述方法外，还可以采用毛利率法。毛利率法（gross profit ratio method）是指根据本期销售净额乘以上期实际（或本期计划）毛利率匡算本期销售毛利，并据以计算销售商品和期末结存商品成本的一种方法。其计算公式为：

$$\text{毛利率}=\frac{\text{销售毛利}}{\text{销售净额}}\times 100\%$$

本期商品销售净额＝本期商品销售收入－销售退回与折让

本期商品销售毛利＝本期商品销售净额×毛利率

$$\text{本期商品销售成本}=\text{本期商品销售净额}-\text{本期商品销售毛利}$$
$$=\text{本期商品销售净额}\times(1-\text{毛利率})$$

$$\text{期末结存商品成本}=\text{期初库存商品实际成本}+\text{本期购进商品成本}-\text{本期销售商品成本}$$

当企业经营的商品种类较多时，分品种计算商品销售成本工作量将大大增加。基于商品流通企业同类商品的毛利率大致相同，而毛利率法一般是按照商品大类或全部商品计算商品销售成本的，所以采用这种方法既能减少工作量，也能满足对存货管理的需要。

但是，计算过程中所使用的毛利率是上期数据或本期计划数，使得由此产生的计算结果并不十分准确。为了保证全季度商品销售成本计算比较准确，商品流通企业在运用毛利率法时应分两个阶段进行：

第一阶段，在某个季度的前两个月，均按照该商品类别上季度实际毛利率或本季度计划毛利率匡算本期商品销售成本和期末结存商品成本。

第二阶段，在该季度最后月份，企业需要先选择其他方法（如先进先出法等）计算出全季度的商品销售成本，再用全季度的商品销售成本扣除前两个月已结转的商品销售成本，倒挤出第三个月应结转的商品销售成本，并计算该商品类别本季度实际毛利率。

【例 2—53】 某批发企业 H 类商品上一年度第四季度实际毛利率为 10%，本年第一季度各月份商品销售收入净额分别为 96 000 元、73 000 元和 64 000 元。3 月末按加权平均法计算的全季度该商品销售成本为 202 710 元。有关计算如下：

1 月份商品销售成本＝96 000×(1－10%)＝86 400(元)

2 月份商品销售成本＝73 000×(1－10%)＝65 700(元)

3 月份商品销售成本＝202 710－(86 400＋65 700)＝50 610(元)

第一季度商品销售收入净额＝96 000＋73 000＋64 000＝233 000(元)

第一季度商品销售毛利＝233 000－202 710＝30 290(元)

第一季度实际毛利率＝30 290÷233 000×100%＝13%

需注意的是，当某季度实际毛利率与上期实际毛利率相差较大时，应及时调整计算商品销售成本所依据的毛利率，从而保证计算结果的真实性。

商品流通企业经营的商品品种较多，管理上要求按商品品种、规格等设置明细账进行明细核算。按一定方法计算已销商品成本后，需要将已销商品成本从库存商品明细账转入“主营业务成本”账户，其结转方式有两种——分散结转和集中结转。

分散结转（dispersed carry forward）是按每一商品明细账分别计算出商品销售成本和期末结存商品成本后，在每一账户付出金额栏内逐一结转商品销售成本，并将结存金额记入结存栏内；然后再将每种商品的销售成本加总求出各类及全部商品的销售成本，编制结转主营业务成本的会计分录，并据此登记库存商品总账及二级账。

集中结转（concentrated carry forward）是指平日在库存商品明细账上只登记销售商品的数量，期末根据结存商品的数量及单价计算出每一商品的期末结存金额；然后将每种商品的期末结存金额加总，求得各类及全部商品的期末结存金额并记入库存商品总账及二级账，利用倒算成本法求得各类及全部商品销售成本，编制结转主营业务成本的会计分录，并据此登记库存商品总账及二级账。

无论商品流通企业采用哪一种销售成本结转方式，结转商品销售成本的会计分录是相同的，即：

借：主营业务成本——×商品　　×××

　贷：库存商品——×商品　　×××

从分期间计算企业经营成果角度来看，商品销售成本的结转与相应的商品销售收入的确认应该在同一会计期间，但并不一定在同一时点。因此，商品销售成本的结转时间，有逐日结转和定期结转之分。逐日结转是指每日实现商品销售收入时，就按照一定方法计算并结转本日已销商品成本。定期结转是指在一定期间结束时（一般在月末）按照本期间已销商品成本总和结转商品销售成本。

商品流通企业在经营商品品种简单，能够按商品购进批次分批提供信息并且需要分批考核商品销售成本的情况下，可以采用先进先出法和个别计价法逐日办理商品销售成本的结转。除此之外，一般企业会采用加权平均法或毛利率法按月定期办理销售成本的结转。

2. 进价金额核算法下商品销售成本的核算

进价金额核算法主要适用于经营损耗大、质量变化快、需要随时调价的鲜活商品的零售企业或柜组。采用进价金额核算法时，库存商品明细账一般会按照柜组、实物负责人设置，而且在商品购进时只按进价登记入账，造成了商品在销售时无法按照库存商品账面资料计算和结转商品的销售成本。因此，每日商品销售后只能登记“主营业务收入”账户，并不能立即结转销售成本；期末，通过对剩余商品的数量进行实地盘点，按照最后的商品进价确定结存商品成本，采取倒算成本法求得本期间已销商品成本。所以，进价金额核算法又称“进价记账、盘存计销”的方法。

【例 2—54】 某商场花卉鲜花柜组常年销售室内装饰鲜花，月初库存商品余额为 1 900元，本月购入鲜花进价 5 000 元。月末实地盘点该种商品，按照购进单价计算结存金额为 3 200 元，则：

本月商品销售成本＝1 900＋5 000－3 200＝3 700(元)

根据计算结果编制会计分录如下：

借：主营业务成本——花卉鲜花组　　3 700

　贷：库存商品——花卉鲜花组　　3 700

采用进价金额核算法，由于商品销售成本的结转并不能随着商品的销售同步进行，自然就造成了在未办理商品销售成本结转前的库存商品明细账并不能反映出商品的真正结存的情况，不利于对实物负责人的管理进行考核。此外，采用这种方法计算商品销售成本是以全部库存商品进价成本扣除期末盘点的结存商品金额计算的，造成部分商品损失成本也纳入了商品销售成本进行核算，从而难以分辨商品销售成本的真实数据，不利于商品实物的管理和控制。所以，在实务操作中，有些商品零售企业用“商品进销存日报表”代替库存商品明细账，每日结束时由商品实物负责人编制“商品进销存日报表”，上报财务部门一份，自留一份。财务部门将日报表按照一定的标准装订成册即可替代库存商品明细账；实物负责人将自留的日报表按日装订成册作为库存商品实物管理的依据。

（二）售价金额核算法下商品销售成本的核算

无论是售价金额核算法还是数量售价金额核算法，库存商品均是按照含增值税的售价登记入账的，此时含税售价与进货成本的差额就形成了入库商品的进销差价。当商品销售后，可以先按照含税售价金额结转商品销售成本，然后采用一定的方法调整商品销售成本中所含有的商品进销差价，从而求得已销商品的实际成本。因此，在售价金额核算法下进行商品销售成本的核算，实际上是对已销商品进销差价的核算。

1. 售价金额核算法下商品销售成本的核算

商品零售企业实行的售价金额核算法是会计核算和商品实物管理融为一体的核算管理制度。采用这种方法核算商品销售业务时，企业可以在确认商品销售收入的同时按照商品的含税售价金额结转商品销售成本，可以随时掌握库存商品的实物管理情况。但是，此时结转的商品销售成本一般与确认的商品销售收入金额相等，无法核算销售毛利。所以，企业需要根据经营管理的实际情况和核算的具体要求，选择适当的方法将全部库存商品的商品进销差价在已销商品成本和期末结存商品成本之间进行分摊，以便正确核算企业销售成果。

计算已销商品应分摊的进销差价的方法有差价率法和实际差价法两种。

(1) 差价率法。差价率法是按照商品的存销比例分摊进销差价的方法，是根据本期间库存商品的进销差价总额与本期间可供销售的库存商品的售价总额的比率，计算分配已销商品应分摊的进销差价。其计算公式如下：

$$差价率=\frac{期初结存商品进销差价+本期间购入商品进销差价}{期初结存商品的售价+本期间购入商品的售价}\times 100\%$$

$$\begin{matrix}已销商品\\进销差价\end{matrix}=\begin{matrix}本期间已结转\\的商品销售成本\end{matrix}\times 差价率$$

$$\begin{matrix}期末结存商品\\进销差价\end{matrix}=\begin{matrix}本期间全部库存\\商品的进销差价\end{matrix}-\begin{matrix}已销商品\\进销差价\end{matrix}$$

需说明的是，差价率计算公式中的分母部分也可以用“期末结存商品售价+本期间主营业务成本借方发生额”代替。

按照计算比率所涉及的商品范围，差价率可以分为综合差价率和分类（分柜组）差价率。综合差价率是按照商品流通企业全部商品总额计算差价率，并于期末时按照同一差价率对全部已销商品成本进行调整的方法；分类（分柜组）差价率则是按照商品大类或柜组分别计算差价率，据以计算各类别或柜组商品销售成本应分摊的进销差价的方法。

【例 2—55】 某商品零售企业为增值税小规模纳税人，2011 年 9 月有关账户的资料如表 2—4 所示。根据资料分别采用综合差价率和分类（分柜组）差价率计算当月已销商品应分摊的进销差价（差价率保留两位小数）。

表 2—4　　某商品零售企业有关账户的资料

2011 年 9 月　　单位：元

经营柜组	月初“商品进销差价”账户余额	本月购进商品进销差价金额	月末“库存商品”账户余额	本月结转的商品销售成本
小家电组	2 650	10 590	31 800	74 100
文具组	1 080	2 540	8 700	16 410
针织组	2 670	6 200	15 500	43 490
合计	6 400	19 330	56 000	134 000

方法一：综合差价率法。

差价率＝(6 400＋19 330)÷(56 000＋134 000)×100％＝13.54％

本月已销商品应分摊的进销差价＝134 000×13.54％＝18 143.6(元)

根据上述计算结果编制会计分录如下：

借：商品进销差价　　18 143.6

　贷：主营业务成本　　18 143.6

方法二：分类（分柜组）差价率法。

小家电组差价率＝(2 650＋10 590)÷(31 800＋74 100)×100％
＝12.50％

文具组差价率＝(1 080＋2 540)÷(8 700＋16 410)×100％＝14.42％

针织组差价率＝(2 670＋6 200)÷(15 500＋43 490)×100％＝15.04％

已销小家电应分摊的进销差价＝74 100×12.50％＝9 262.5(元)

已销文具应分摊的进销差价＝16 410×14.42％＝2 366.322(元)

已销针织品应分摊的进销差价＝43 490×15.04％＝6 540.896(元)

应分摊的进销差价合计＝9 262.5＋2 366.322＋6 540.896＝18 169.718(元)

根据上述计算结果编制会计分录如下：

借：商品进销差价——小家电组　　9 262.5

——文具组　　2 366.322

——针织组　　6 540.896

　贷：主营业务成本——小家电组　　9 262.5

——文具组　　2 366.322

——针织组　　6 540.896

从例 2—55 可以看出，两种方法计算的结果存在差异，分类（分柜组）差价率法是分别计算每类（每柜组）商品销售成本应分摊的进销差价额，计算过程比较详细，比综合差价率法的计算结果准确。因此，在企业经营商品种类不多的情况下，应尽可能采用分类（分柜组）差价率法进行计算。

值得注意的是，采用分类（分柜组）差价率法计算商品销售成本应分摊的进销差价额时，即使是同类（柜组）内不同商品的进销差价率也不尽相同，所以分类（分柜组）差价率法计算的结果与实际结果之间仍然存在一定差距。为了真实反映库存商品和已销商品的成本，正确分摊商品进销差价，年终应采用实际差价法对商品的进销差价进行核实调整。

(2) 实际差价法。实际差价法是根据期末盘点的结存商品应负担的进销差价，倒求已销商品进销差价的方法。其具体做法为：

首先，期末，企业编制“库存商品盘点表”，先对库存未出售的每种商品实有数量进行逐一盘点，并乘以该种商品的实际进货单价（或最后一次进货单价）和含税销售单价，求出每种库存商品的进价总额和售价总额。

其次，经过加总后，将期末全部库存商品的进价总金额与其含税售价总金额比较，即可求得期末全部库存商品应负担的进销差价。

最后，用本期间库存全部商品（包括期初库存商品和本期购进商品）的进销差价扣除期末全部库存商品应负担的进销差价，求得该期间已销商品应分摊的进销差价额。

【例 2—56】 承例 2—55，该企业在 9 月末对结存的小家电进行了实地盘点，并按照每种商品的进货单价和销售单价计算期末结存商品的进销差价，盘点结果及计算结果如表 2—5 所示。

表 2—5 **库存商品盘点表**

类别：小家电 2011 年 9 月 30 日 单位：元

商品名称	单位	盘存数量	含税售价		进价		商品进销差价	
			单价	金额	单价	金额	单价	金额
甲	台	24	374.4	8 985.6	330	7 920	44.4	1 065.6
乙	件	60	175.5	10 530	150	9 000	25.5	1 530
丙	只	50	178.296	8 914.8	145	7 250	33.296	1 664.8
丁	套	16	210.6	3 369.6	180	2 880	30.6	489.6
合计	—	—	—	31 800	—	27 050	—	4 750

根据表 2—5 的计算得知，期末结存的小家电应负担的商品进销差价为 4 750 元。

所以，本月售出小家电商品销售成本应分摊的商品进销差价为 8 490 [(2 650＋10 590) —4 750] 元。

根据上述计算结果编制会计分录如下：

借：商品进销差价——小家电组 8 490

贷：主营业务成本——小家电组 8 490

从以上计算过程可以看出，采用实际差价法计算分配商品进销差价，其结果较差价率法准确。但是，由于大多数商品零售企业所经营的商品种类较多，采用实际差价法计算已销商品的进销差价，工作量较大。所以，实际差价法一般只限于年终决算时采用。

另外，在售价金额核算法下，企业年终采用实际差价法对商品的进销差价进行核实调整时，由于已销商品进销差价是倒挤出来的，势必会使得那些非销售而减少的商品的进销差价也纳入了已销商品成本核算范畴，导致调整后的本期间商品销售成本偏低。

2. 数量售价金额核算法下商品销售成本的核算

采用数量售价金额核算法核算商品销售成本与采用售价金额核算法的方法和过程相同，即月末可以采用差价率法计算已销商品进销差价，从而求得商品销售实际成本；年终决算前也可以采用实际差价法核实调整本期间结转的已销商品进销差价数额，并将以售价记录的商品销售成本调整为进价成本，编制会计分录如下：

借：商品进销差价 ×××

贷：主营业务成本 ×××

但是，数量售价金额核算法下所使用期末库存商品数量的来源与售价金额核算法不同。在数量售价金额核算法下，商品流通企业需要设置数量金额式的库存商品明细账，要求按照库存商品的数量和金额增减变动、业务顺序逐笔登记入账，并随时结出余额。所以，在数量售价金额核算法下，企业可以直接根据库存商品明细账的期末结存数量，而不是期末盘点库存商品的数量进行计算，更便于采用实际差价法计算分摊商品进销差价。

需强调的是，在数量售价金额核算法下，虽然企业不需要按照期末盘点的数量来计算分配商品进销差价，但期末对库存商品进行实物盘点仍是必要的。因为企业可以通过将实物盘点数量与库存商品明细账余额进行核对，来判断是否存在商品盘盈、盘亏现象，从而检验账簿记录是否正确。

相比较而言，采用数量售价金额核算法计算商品销售成本要比采用售价金额核算法的操作复杂。因此，商品流通企业一般只针对经营贵重商品的柜组，为了加强商品实物管理、保证商品安全，才会单独设置数量售价金额式库存商品明细账，以便随时掌握贵重商品的收、付、存情况。

六、商品销售业务中结算方式的核算

商品流通企业在开展商品销售过程中，需要根据本企业的经营方式、市场的供求状况以及购货方的信用程度等因素决定销售款项的结算方式。不同的货款结算方式不仅会影响到企业商品的销售水平，而且会改变企业的资金流动的状况，甚至关系到企业经营决策方案的实施。

商品零售企业大多选择现金结算方式，这是因为其商品购货方主要是零散的消费者，当然也会存在少量的集中购货或单位采购，此时往往会使用支票结算方式。而对于商品批发企业而言，其结算方式的选择就会多一些，如采取银行本票等其他结算方式。

应该说，商品流通企业销货过程中的结算方式应该与其在购货环节中所使用的结算方式种类是相同的，包括现金、支票、商业汇票、银行本票、银行汇票、汇兑、委托收款、托收承付等，此外，涉及出口业务还可以使用信用证结算方式。其中，现金、支票、汇兑、银行本票、银行汇票、信用证结算方式在会计核算中都属于“货币资金”项目范畴。

商品流通企业销售产品的方式可以分为现销、赊销和预售定金销售三种。现销就是“一手交钱、一手交货”，该种销售行为直接导致货币资金的增加。现销方式下涉及的“货币资金”项目的管理、核算请参考本章第二节相关内容，这里重点介绍其余两种方式下结算方式的管理与核算。

（一）应收票据

应收票据（notes receivable）是指企业因销售商品、产品、提供劳务等而收到的商业汇票，包括商业承兑汇票和银行承兑汇票。商业汇票按照是否带息，分为带息票据和不带息票据。关于商业汇票的具体内容已在本章第二节中作了介绍，这里不再重复说明。

商品流通企业为了反映和监督商业汇票的取得、票款的收回等经济业务应设置“应收票据”科目，该科目借方登记因销售商品、产品、提供劳务等而收到的承兑商业汇票的票面金额，贷方登记到期收回票款或到期前背书、贴现的应收票据的票面金额，期末余额在借方，反映尚未收回且未背书、贴现的应收票据面值。该科目应按照开出、承兑商业汇票的单位设置明细科目。

由于商业汇票的有效期不超过六个月，因此在会计上应作为流动资产管理和核算。应收票据实际上是将本单位营运资金在不超过六个月的时间内提供给购货方使用，也可能时间还要更长。另外，如果企业收到的是不带息票据，就相当于提供了一笔短期无息贷款。这不仅意味着销货方丧失了该笔资金可能带来的收益，而且还有可能为此举借短期债务以满足资金周转的需要。

因此，商品流通企业应当严格约束应收票据的使用，并加强应收票据的收款工作，确保资金及时收回。为此，商品流通企业应设置“应收票据备查簿”，逐笔登记每一商业汇票的种类、号数、出票日、票面金额、交易合同号和付款人、承兑人、背书人的姓名或单位名称，以及到期日、背书转让日、贴现日、贴现率、贴现净额、收款日和收回金额、退票情况等资料。商业汇票到期结清票款或退票后，应当在备查簿内逐笔注销。

1. 取得应收票据

应收票据取得的原因不同，其会计处理也存在区别。因债务人抵偿前欠货款而取得的应收票据，借记“应收票据”科目，贷记“应收账款”科目；因销售商品、提供劳务等而收到的商业汇票，借记“应收票据”科目，贷记“主营业务收入”、“其他业务收入”、“应交税费——应交增值税（销项税额）”等科目。

2. 持有应收票据

如果商品流通企业取得的是不带息票据，在票据持有期内不需要进行账务处理；如果是带息票据，企业需要按月计算利息收入，按照本期应收利息金额，借记“应收利息”科目，贷记“财务费用”科目。

3. 应收票据到期

不带息票据到期收回票款时，按照票据面值收取票款，借记“银行存款”科目，贷记“应收票据”科目；带息票据到期收回票款时，应该按照票据面值与持有期间应收利息之和，借记“银行存款”科目，按照票据面值，贷记“应收票据”科目，按照持有期间应收利息金额，贷记“应收利息”科目。如果应收票据到期无法收回票款，则应按照票据到期值，借记“应收账款”科目。

4. 转让应收票据

企业可以将自己持有的商业汇票背书转让。背书是指在票据背面或者粘单上记载有关事项并签章的票据行为。背书行为应该发生在票据到期之前。票据被拒绝承兑、拒绝付款或者超过付款提示期限的，不得背书转让。背书转让后，背书转让人应当承担票据责任。

企业将持有的商业汇票背书转让以取得所需商品、物资时，应按取得商品、物资成本的金额，借记“商品采购”、“包装物及低值易耗品”等科目，按可抵扣的增值税税额，借记“应交税费——应交增值税（进项税额）”科目，按商业汇票的票面金额，贷记“应收票据”科目，如有差额，借记或贷记“银行存款”等科目。

5. 贴现应收票据

商品流通企业在应收票据尚未到期时，如果确实急需货币资金，可以持未到期的商业汇票向其开户银行申请办理票据贴现业务。贴现是指持票人将未到期的票据背书转让给银行，银行受理后将扣除贴现利息后的金额支付给持票人的过程。企业办理应收票据贴现业务实质上是以票据作质押向银行办理短期贷款，是企业融通资金的一种方式。

企业办理应收票据贴现业务的有关计算公式如下：

票据到期值＝票据面值×(1＋年利率×票据到期天数÷360)

＝票据面值×(1＋年利率×票据到期月数÷12)

贴现息＝票据到期值×贴现率×贴现天数÷360

贴现金额＝票据到期值－贴现息

需说明的是，票据期限按月表示时，应以到期月份中与出票日相同的那一天作为到期日；票据期限按日表示时，应以出票日起按实际经历天数计算。贴现天数是指从银行受理贴现业务当日起到票据到期日止的实有天数。通常票据业务的起止日只能计算其中的一天，即“算头不算尾”或“算尾不算头”。例如，企业4月15日收到当日签发的应收票据，票据到期日为6月4日，则票据期限为50天（4月份剩余15天+5月份实有天数31天+6月份天数4天）或（4月份剩余16天+5月份实有天数31天+6月份天数3天）。

商品流通企业持未到期的应收票据向银行贴现，应按实际收到的贴现金额，借记“银行存款”科目，按商业汇票的票面金额，贷记“应收票据”科目，按照已计提的利息金额，贷记“应收利息”科目，按照其差额，借记或贷记“财务费用”等科目。

【例2—57】 2011年6月11日，兰奇公司持期限为4个月的银行承兑汇票到银行贴现，银行年贴现率为9%。该票据为2011年3月21日签发的、面值为80 000元、年利率为6%的带息票据。

票据的到期日为7月21日，公司6月11日办理贴现，所以票据贴现天数为40（30−11+21）天。有关计算如下：

票据到期值＝80 000×(1+6%×4÷12)＝81 600(元)

贴现息＝81 600×9%×40÷360＝816(元)

贴现金额＝81 600−816＝80 784(元)

根据有关计算编制贴现业务会计分录如下：

借：银行存款	80 784	
贷：应收票据		80 000
财务费用		784

如果贴现的商业承兑汇票到期，因承兑人的银行存款账户不足支付，申请贴现的企业收到银行退回商业承兑汇票时，应按商业汇票的到期值，借记“应收账款”科目，贷记“银行存款”科目。若承兑人的银行存款账户余额不足，银行作逾期贷款处理，则应借记“应收账款”科目，贷记“短期借款”科目。

商品流通企业持有的应收票据一般不计提坏账准备。但是，如有确凿证据表明企业所持有的未到期应收票据不能够收回或收回的可能性不大时，说明该资产发生了减值损失，应提取相应的坏账准备。

（二）应收账款

应收账款（accounts receivable）是指企业因销售商品、产品、提供劳务等经营活动产生的，应向购货单位或接受劳务单位收取的款项，主要包括销售商品或提供劳务等应向有关债务人收取的价款、增值税以及代购货单位垫付的包装费、运杂费等。

会计上所指的应收账款有其特定的范围。首先，应收账款是指企业因销售活动而形成的债权，不包括应收赔款等其他应收款；其次，应收账款是指流动资产性质的债权，不包括长期债权；最后，应收账款是本企业与购货单位之间的结算账项。因此，对于商品流通企业发生的非购销活动的应收债权，包括企业发生的各种赔偿、存出保证金、备用金以及应向职工收取的各种垫付款项等，应通过“其他应收款”科目进行核算。

应收账款应于营业收入实现时予以确认。应收账款的计价与商品销售收入一样需要考虑商业折扣、现金折扣等因素。

应收账款核算的相关举例详见本节关于商品销售收入核算的内容。

当商品流通企业融资租赁产生了应收款项或采用递延方式分期收款、实质上具有融资性质的销售商品和提供劳务等经营活动产生的应收款项，应通过“长期应收款”科目核算。

（三）应收款项减值

坏账（bad debts）是指企业无法收回或收回的可能性极小的应收款项。由于发生坏账而产生的损失，称为应收款项减值损失。

商品流通企业应当在资产负债表日对应收款项账面价值进行检查，并预计可能产生的减值损失。如有客观证据表明该应收款项发生减值的，应当将应收款项的账面价值减记至预计未来现金流量现值，按照减记的金额确认减值损失，计提坏账准备。

企业应当制定计提坏账准备的政策，明确计提坏账准备的范围、提取方法、账龄的划分和提取比例。

除有确凿证据表明该项应收款项不能够收回或收回的可能性不大外，下列情况不能全部提取坏账准备：

（1）当年发生的应收款项。

（2）计划对应收款项进行重组。

（3）与关联方发生的应收款项。

（4）其他已逾期但无确凿证据表明不能收回的应收款项。

商品流通企业计提坏账准备通过“坏账准备”科目进行核算。该科目的贷方登记当期计提的坏账准备金额，借方登记实际发生的坏账损失金额和冲减的坏账准备金额，期末余额一般在贷方，反映企业已计提但尚未转销的坏账准备。

坏账准备可按以下公式计算：

$$\begin{array}{c}\text{当期应提取}\\\text{的坏账准备}\end{array}=\begin{array}{c}\text{当期按应收款项计算}\\\text{的应提坏账准备金额}\end{array}-(\text{或}+)\begin{array}{c}\text{“坏账准备”科目的贷方}\\\text{(或借方)余额}\end{array}$$

商品流通企业提取坏账准备时，借记“资产减值损失”科目，贷记“坏账准备”科目。本期应计提的坏账准备大于“坏账准备”账面余额的，应按差额计提；应计提的金额小于“坏账准备”账面余额的，按差额做相反的会计分录。

对于确实无法收回的应收款项，按管理权限报经批准后作为坏账转销时，应当冲减已计提的坏账准备，借记“坏账准备”科目，贷记“应收账款”、“预付账款”、“应收利息”、“其他应收款”、“长期应收款”等科目。

【例 2—58】 2011 年 6 月 30 日，兰奇公司对应收款项进行减值测试。应收款项余额合计为 1 500 000 元，根据各债务人的资信情况确定计提 145 000 元坏账准备。假设兰奇公司首次计提坏账准备，应编制会计分录如下：

借：资产减值损失——计提坏账准备	145 000	
贷：坏账准备		145 000

【例 2—59】 2011 年 12 月 30 日，兰奇公司收到某债务人破产清算的结果通知，确认 80 000 元未到期的应收票据款（不带息票据）无法收回。兰奇公司应编制会计分录如下：

借：坏账准备　　　　80 000

贷：应收票据　　　　80 000

【例 2—60】承例 2—58、例 2—59，兰奇公司于 2011 年 12 月 31 日对应收款项进行减值测试，确定计提 90 000 元坏账准备。

"坏账准备"科目的账面余额＝145 000－80 000＝65 000(元)

当期应提取的坏账准备＝90 000－65 000＝25 000(元)

公司应编制会计分录如下：

借：资产减值损失——计提坏账准备　　　　25 000

贷：坏账准备　　　　25 000

已确认并转销的应收款项以后又收回的，应按实际收回的金额，借记"应收账款"、"预付账款"、"应收利息"、"其他应收款"、"长期应收款"等科目，贷记"坏账准备"科目；同时，借记"银行存款"科目，贷记"应收账款"、"预付账款"、"应收利息"、"其他应收款"、"长期应收款"等科目。

（四）预收账款

预收账款（advance collection）是指商品流通企业按照合同规定向购货单位预收的款项。销货单位在商品销售之前提前向购货单位预先收取部分货款，按照权责发生制的核算前提，该笔款项构成了销货单位的一项负债，需要在未来的时间内以货物资产加以偿付。

商品流通企业应设置"预收账款"科目核算预收款项的取得、偿付等情况。该科目贷方登记预收的货款金额和收到的补交货款金额，借方登记企业发货后应冲销的预收账款金额和退还多收货款的金额，期末余额一般在贷方，表示已经预收但尚未发货的款项金额。如为借方余额，则表示应向购货单位收取的不足货款金额。

企业收到购货单位预付货款时，应借记"银行存款"科目，贷记"预收账款"科目；交付商品、确认销售业务实现时，应借记"预收账款"科目，贷记"主营业务收入"、"应交税费——应交增值税（销项税额）"科目；收到购货方补付的货款时，应借记"银行存款"科目，贷记"预收账款"科目，退回多收的货款时作相反会计分录。

【例 2—61】 兰奇公司于 2011 年 4 月 8 日对外销售灯具一批，商品售价400 000元，增值税销项税额 68 000 元。根据购销合同规定，购货方应在签订合同后的 5 日内预付货款 100 000 元，其余款项于交货后一次付清。

(1) 收到预付款时，编制会计分录如下：

借：银行存款　　　　100 000

贷：预收账款　　　　100 000

(2) 发出商品时，编制会计分录如下：

借：预收账款　　　　468 000

贷：主营业务收入　　　　400 000

应交税费——应交增值税（销项税额）　　　　68 000

同时，结转销售商品的销售成本。

(3) 收到购货单位补交的货款时，编制会计分录如下：

借：银行存款　　　　368 000

贷：预收账款　　368 000

需注意的是，如果企业预收账款情况不多，可以不单独设置“预收账款”科目，而将预收款项记入“应收账款”科目进行核算。

【例 2—62】 承例 2—61，假设兰奇公司预收款项业务不多，则上述业务应进行以下账务处理：

(1) 收到预付款时，编制会计分录如下：

借：银行存款　　100 000

　贷：应收账款　　100 000

(2) 发出商品时，编制会计分录如下：

借：应收账款　　468 000

　贷：主营业务收入　　400 000

　　应交税费——应交增值税（销项税额）　　68 000

同时，结转销售商品的销售成本。

(3) 收到购货单位补交的货款时，编制会计分录如下：

借：银行存款　　368 000

　贷：应收账款　　368 000

本章小结

商品流通企业的商品流通按销售组织方式不同，可分为自营商品流通和联营商品流通。自营商品流通是指商品由商品流通企业自行购进并以其名义对外销售。它的主要特点是一定要由商品流通企业采取某种结算方式先将商品购入并存储，然后再出售。联营商品流通是指商品由商品流通企业与商品供应商合作，采取先销售后购货结算的一种商品销售组织方式。

本章围绕着自营商品的购入、存储和销售的业务循环过程介绍了库存商品有关内容的会计核算，突出地反映了商品流通企业会计的业务特点，是全书的核心内容。

关键术语

商品批发（wholesale）　　商品零售（retail）

数量进价金额核算法（amount buying cost method）

进价金额核算法（buying cost method）　　售价金额核算法（selling price method）

数量售价金额核算法（amount selling price method）

采购成本（purchase cost）　　库存现金（cash on hand）

银行存款（bank deposit）　　应付票据（notes payable）

应付账款（accounts payable）　　预付账款（advance payment）

库存商品（goods on hand）　　可变现净值（realizable net value）

商品销售收入（income of goods sold）
现金折扣（cash discount）
销售折让（allowance）
商业折扣（trade discount）
分期收款销售（deferred payment sale）
商品销售成本（cost of goods sold）
先进先出法（first in first out method）
加权平均法（weighted average method）
毛利率法（gross profit ratio method）
分散结转（dispersed carry forward）
集中结转（concentrated carry forward）
应收票据（notes receivable）
应收账款（accounts receivable）
坏账（bad debts）
预收账款（advance collection）

复习思考题

1. 什么是商品流通？它具备哪些基本特征？
2. 商品流通企业进行自营商品业务核算的方法有几种？其各自的适用范围是什么？
3. 商品流通企业购进自营商品时会出现哪些情况？
4. 商品流通企业采用售价金额核算法核算自营商品购进业务应设置哪些会计科目？
5. 商品流通企业购进商品过程中存在哪些结算方式？
6. 商品流通企业在存储自营商品过程中会产生哪些基本业务？
7. 商品销售收入的确认条件是什么？
8. 什么是现金折扣？其与商业折扣有何区别？
9. 如何进行商品销售退回业务的核算？
10. 什么是毛利率法？如何采用毛利率法进行期末结存商品成本计算？
11. 什么是差价率法？其与实际差价法有何区别？
12. 商品流通企业在商品销售业务中可以采用哪些结算方式？

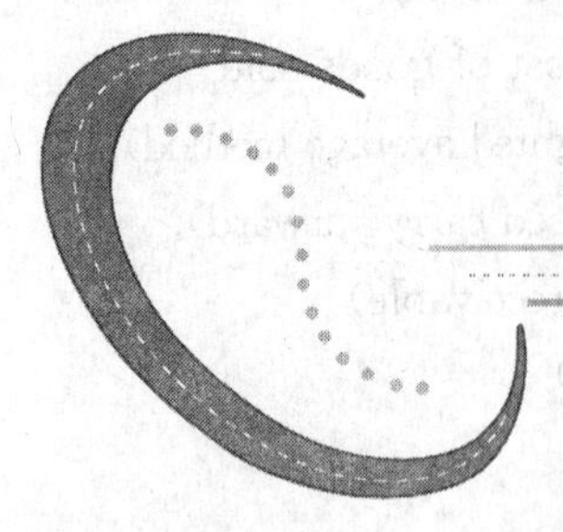

第三章

联营商品的业务核算

【学习目标】

- 了解联营商品经营方式的优势
- 理解联营商品经营方式的特点
- 掌握联营商品经营方式的业务流程
- 掌握联营商品经营方式下的具体业务核算

第一节　联营商品经营方式概述

商品流通的主要业务过程应该是先购入商品，然后进入商品存储阶段并同时实施商品的销售，作为主要从事商品流通的企业，其业务经营管理过程也应主要围绕上述过程展开。但是，在现行市场经济环境下，由于商品供应的极大丰富，使得从事商品流通的企业之间的竞争十分激烈。许多企业从加快自身资金周转速度、减少资金占用、提高资金使用效率角度出发，提出了"引厂进店"的新经营模式，这样就产生了本章所要介绍的联营商品（affiliated commodity）的管理和核算问题。

一、联营商品经营方式产生的原因

处于现行市场经济条件中的商品流通企业，尤其是大型商品零售企业，如果仍然按照"先买入、后卖出"的经营模式进行运作，也就意味着企业必须先投入大量的资金购进商品，然后进入存储阶段，再将商品对外销售，则整个过程需要的时间较长。而至于占用的资金能否顺利收回则需要依赖于商品市场的供求状况，但市场供求状况又是随时发生变化的，一旦市场"疲软"，势必造成企业资金的积压而无法及时回收，加大了企业的经营风险。

所以，对于经营规模较大的商品流通企业而言，就不应该继续沿用自营商品经营方式。许多商家为了降低企业的经营风险，提出了“引厂进店”的经营模式，要求商品的生产企业或者批发商自行提供商品，商品流通企业则主要负责提供销售场所并办理销售资金结算业务，即将商品的经营方式由“自营”变为“联营”。

二、联营商品经营方式的特点

联营商品经营方式相比自营商品经营方式而言，具有以下特点：

(1) 商品流通企业一般不需要提供资金购买待出售商品，而是只提供商品销售的场所。需注意的是，这一特点与场地出租是完全不一样的。在联营商品经营方式下，商品流通企业不收取商品销售的场地租金，而是直接参与商品供应商的收益分成。

(2) 商品流通企业没有库存商品管理环节。所有商品的进货、存储均由商品供应商自行负责管理。商品是由生产企业或者批发商直接带到经营场所的，商品流通企业节省了商品购进环节，而且还不需要负责库存商品的管理，又节约了库存商品管理的成本，但需要负责库存的治安管理。因此，在联营商品经营方式下，商品流通企业账面中“物资采购”、“库存商品”等科目的期末余额较少，甚至为零。

(3) 联营商品经营方式下的人员分工不同。在该种经营方式下，商品销售人员或导购人员一般是由商品提供者配备；商品流通企业的人员只需要从事销售的辅助工作，不直接参与商品的销售工作。商品流通企业也不负责发放商品销售人员或导购人员的工资。这一点不同于受托代销方式，这是因为商品销售行为的实施主体不同。在受托代销过程中，商品销售是由作为受托方的商品流通企业组织销售人员完成的，而在联营商品经营方式下商品流通企业是不负责商品销售工作的。

(4) 商品流通企业控制销售的货款结算环节。虽然商品流通企业不直接参与商品的销售工作，但是所有商品销售后的款项结算工作均由商品流通企业负责。也就是说，消费者不是与商品提供者之间办理货款结算，而是向提供商品销售场所的商品流通企业支付款项。这一点与自营商品经营方式相同。

(5) 商品流通企业与商品提供者之间存在“先销售后结算”的关系。这一点刚好与自营商品经营方式相反。

此外，在联营商品经营方式下，商品流通企业一般是不进行赊销的，这也保证了销售资金的及时回收。

从以上特点不难看出，在联营商品经营方式中，商品流通企业不仅不需要将大量的资金积压在商品上，避免了资金周转不畅现象的出现，而且还可以保证企业经营成果的实现。所以，“引厂进店”可以说是一种“旱涝保收”的经营模式。联营商品经营方式在我国已经被许多大型商品零售企业所采纳和使用。

第二节 联营商品流通的核算

一、联营商品流通的相关内容

（一）联营商品的流通过程

在“引厂进店”经营模式下，联营商品的流通主要有两个过程，其与自营商品流通既存在相同之处，也有区别。

1. 商品进货环节

在联营商品经营方式下，商品是由生产企业或批发商直接送至商品流通企业指定的仓库或经营场所。商品流通企业不仅免除了商品采购过程的开销，而且还减少了资金的占用。但是，在商品联营过程中，商品流通企业对商品供应商承担未出售库存商品的安保责任。因此，在联营商品被发送至商品流通企业时，应由商品供应商向企业提供一份商品明细单，详细说明所配送商品的品名、规格、等级等信息。

需注意的是，商品明细单中可以不提供配送商品的进价金额资料。商品流通企业收到的商品明细单只起备查作用。

2. 商品销售环节

不同的商品分别由各自的提供者自行保管和核对，商品流通企业对联营商品不负责管理库存。商品的销售过程由商品供应商配备的人员完成，而销售货款则由商品流通企业收取。商品流通企业每日与各商品销售人员核对当天商品销售资料，并由销售人员在核对无误的凭单中签章，以保证当日销售信息的真实性。另外，商品流通企业定期与商品提供者核对已销售商品的品名、数量、金额等资料，便于按照双方事先签订的合同办理款项结算工作、确保商品的安全。本环节涉及商品流通企业对联营商品流通业务进行会计核算的重点领域，也是进行会计核算的核心内容。

根据上述商品的流通过程，可以看出联营商品的自身流转仍然是先入库后售出的，只不过对于从事商品流通的零售企业而言采取的是“以销定购”的方法进行经营，即依照本期间（本月）实际商品销售的状况来倒推出当期购入商品的金额。这一特点会在联营商品流通业务核算过程中体现出来。

（二）联营商品的操作流程

商品流通企业有关联营商品的操作流程如下：

（1）选择商品供应商。恰当选择商品供应商是执行联营方式的基本前提。

（2）商品销售款管理。在商品销售过程中，商品流通企业应当负责全部联营商品的销售收款工作，并确保正确无误。

（3）计算应付款项。一般情况下，商品流通企业于每月月末汇总当期全部商品销售额，并根据约定的比例计算应返还供应商的款项。

（4）联营结算对账。商品流通企业计算的应返还的款项应当与供应商进行核对，以确保结算款项顺利支付。

（5）支付联营结算款。在商品流通企业与供应商就返款额核对无误后，就可以办理联营款项的结算工作。

（三）联营合同

对于采取“引厂进店”经营模式的商品流通企业而言，为了保证本单位的经营效益，往往要与商品提供者签订联营合同。联营合同（combination agreement）是由商品零售商与商品供应商签订的，据以确定合作双方权利和义务关系，明确联营商品的种类、规格、销售方式、货款结算方式等事项的书面合约。

一般而言，联营合同应该包括以下内容：

（1）签约双方的名称。

（2）签约的目的。

（3）联营商品的范围，包括品种、规格、等级等具体内容。

（4）签约双方的权利和义务，具体包括最低商品销售额（保底销售额，minimal gross sales）、收益分成比例（留利率，earning distribution ratio）、场地规模、人员管理等问题。

（5）合同的有效期限，明确双方合作的具体时间界限。

（6）违约责任。

（7）解决争议的方式。

（8）签约时间。

（9）其他应约定的事项。

联营合同是具有法律约束力的书面文件，是商品流通企业从事联营商品流通的基础，也是商品流通企业与商品供应商办理货款结算等事项的主要依据，同时还是商品流通企业进行联营商品流通业务会计核算的主要参考资料。

二、联营商品流通的业务核算

联营商品经营方式在我国主要被商品零售企业所使用。由于这些企业同时经营的商品品种繁多，即便是同一种商品其规格、等级也各不相同，所以，从简化会计核算工作的角度出发，该类企业在进行商品流通业务核算时均采用售价金额核算法。

按照商品流通企业联营商品的业务流程，其会计核算操作如下：

（1）商品流通企业从自身经营管理效益出发，对联营合作厂商或者联营商品拥有选择权。在联营合同中，商品流通企业往往要规定某种商品或者某一商品营销专柜的最低销售额——保底销售额。当某商品的销售在一定期间内未达到约定的销售额要求，则商品流通企业可以按照合同的规定放弃该商品的销售而进行商品或合作厂商的替换。商品流通企业一般把商品的销售额称为“流水”。

由于在“引厂进店”经营模式下，商品流通企业原则上对联营商品不负责管理库存。所以，当联营商品发送至商品流通企业时，企业不需要进行商品购进及验收入库业务的账务处理。但是在年终，为了确保会计资料账实相符，商品流通企业应与商品提供者共同对年末未售出而存放在商品流通企业仓库中的货物进行清点，并据此按照商品的售价暂估入账，下一年年初时用红字冲销。

（2）联营商品的销售是由商品供应商配备的销售人员完成的。当商品售出时，先由销售人员填写一式三联的销货凭证（式样见表 3—1），销货凭证需要连续编号；消费者持其中两联销货凭证和货款到商品流通企业所设置的收银处办理款项结算，收银员收款后在销货凭证上加盖“收讫”字样的戳记并打印一式两联的销售单（式样见表 3—2），分别交给销售人员和消费者；销售人员收到收款后的销货凭证和销售单办理发货。至此，销售人员才能确认联营商品实现了销售。需说明的是，一般情况下，销售凭证的第一联由商品柜组存查，第二联由收银员留存，第三联则由购货人留存。

表 3—1 **×商品流通企业销货凭证**

商品部： 年 月 日 （编号）

商品编号	品名	单位	数量	单价	金额
合计					

收银员： 营业员代号：

表 3—2 **销售单**

销售日期： 时间： 流水号：
收款机： 收款员： 顾客卡号：

营业员 编码 商品名 单价 数量 折扣 金额

总计：
人民币：
银行卡：
购物券：
找零：

* *

每日终了，各柜组收银员应当打印出本处全部收款记录并编制“收款汇总表”（式样见表 3—3），并与实际收取的款项以及留存的销货凭证进行核对，包括现金、银行卡及购物券。然后，收银员将所收款项、销货凭证以及“收款汇总表”一并交至财务室出纳员手中进行汇总、核对，如果存在短款现象，应由收银员自行补足。最后，出纳员将当日全部现金收入送存至企业开户银行。

出纳员应该根据审核无误的“收款汇总表”和销货凭证按照楼层或者柜组编制“销货日报表”（式样见表 3—4），列明各联营商品当日的销售数量、销售金额等内容，并将其交至商品销售人员手中，与销售人员自行登记的实物账（台账）进行核对，在正确无误的情况下由销售人员签章确认。

表 3—3 收款汇总表

收银员编号： 年 月 日

现金		银行卡		购物券
面值	数量	银行	金额	
100 元		工商银行		
50 元		建设银行		
20 元		交通银行		
10 元		中国银行		
5 元		农业银行		
2 元		招商银行		
1 元		民生银行		
其他		其他		
合计金额		合计金额		合计金额
总计（大写）				

交款时间： 复核员：

表 3—4 销货日报表

年 月 日

楼层（柜组）	商品编号	商品名称	销售数量	日流水	厂商签章

当日，会计人员根据核对无误的“销货日报表”、“收款汇总表”等原始凭证进行账务处理，确定商品销售收入的实现。按照实际收取的货币金额，借记“银行存款”科目，按照银行卡的刷卡金额，借记“应收账款”科目，按照当日已核对确认的流水，贷记“主营业务收入”科目。

一般情况下，对于银行卡的刷卡金额，银行需要一周左右的时间才能将款项转至商品流通企业指定账户中，如果是跨地区刷卡消费，所需要的转账时间可能还要长些。商品流通企业在收到银行转来的转账通知单后需要逐笔与 POS 机的刷卡单核对，然后按照核对无误的金额，借记“银行存款”科目，贷记“应收账款”科目。

月度终了，商品流通企业应该分厂家、分楼层（柜组）累计全月实际销售额，编制一式两联的“销售收入汇总表”，分别由财务部门和经营部门各持一份。经营部门与各联营商品供应商进行全月销售情况的核对。审核无误后，财务部门按照指定的增值税税率从全月实现的商品销售收入中扣除企业应缴纳的增值税销项税额（小规模纳税企业为增值税税额），同时计算本月其他营业税费。

【例 3—1】 长海商厦有限责任公司是一家以商品零售为主的商业企业，是增值税一般纳税人。由于经营商品品种多样，商厦将商品分小类、按楼层进行管理。2011 年 7 月 30 日，该商厦当日实现销售额 986 544 元，其中收取现金 694 618 元、工商银行卡 175 155 元、建设银行卡 116 771 元。会计人员根据核对确认后的“销货日报表”、“收款汇总表”等原始凭证编制会计分录如下：

借：银行存款　694 618

　应收账款——工商银行　175 155

　　　　　——建设银行　116 771

　贷：主营业务收入　986 544

【例 3—2】 承例 3—1，2011 年 7 月 31 日，该商厦汇总全月销售额共计28 879 344 元，其中化妆品销售额为 2 887 934.4 元，金银首饰、钻石的销售额为 4 043 108.16 元。该商厦核算当月应交增值税销项税额如下：

应交增值税销项税额 ＝28 879 344÷(1＋17％)×17％

＝4 196 144(元)

借：主营业务收入　4 196 144

　贷：应交税费——应交增值税（销项税额）　4 196 144

假设该商厦当月销售的化妆品消费税税率为 30％、金银首饰及钻石消费税税率为 5％，则该商厦核算当月应交消费税税额如下：

应交消费税税额＝2 887 934.4÷(1＋17％)×30％＋4 043 108.16÷(1＋17％)×5％

＝913 278.4(元)

借：营业税金及附加　913 278.4

　贷：应交税费——应交消费税　913 278.4

【例 3—3】 承例 3—1，2011 年 8 月 6 日，该商厦收到工商银行转来的转账通知单，核对无误后编制会计分录如下：

借：银行存款　175 155

　贷：应收账款——工商银行　175 155

另外，消费者采用银行卡刷卡消费时，商品流通企业与银行之间存在委托与受托收款的关系，银行一般要向企业按照刷卡消费转账金额的一定百分比（2％左右）收取手续费。此时，商品流通企业可以将手续费单独列入“财务费用”科目核算，也可以直接冲减商品销售收入，即按照扣除手续费后的金额，借记“应收账款”科目，贷记“主营业务收入”科目。

(3) 商品流通企业应该在每月月末，按照当月各商品的实际销售额以及联营合同中规定的保底销售额、留利率（流水扣点率）等条件编制“联营商品返款（return accounts）明细表”（式样见表 3—5），进行双方销售额的分配。

表 3—5　　联营商品返款明细表

编号	商品（厂家）	本月销售额	保底销售额	扣点率	超额销售	扣点率	留利	返款	备注
合计				—		—			—

财务部门复核人：　　　　厂家复核：　　　　制单人：

商品流通企业将本月全部销售额按照“联营商品返款明细表”的计算划分为本企业留利和向联营商品供应商返款两部分。企业应将“联营商品返款明细表”中的结果与各商品提供者进行再次核对，以保证所计算的金额正确。在该表得到各商品提供者确认后，企业据此采用售价金额核算法补办已销商品入库业务，按照已售商品的销售额，借记“库存商品”科目，按照“联营商品返款明细表”中计算的应返还厂家的金额，贷记“应付账款”科目，并按照本企业留利金额，贷记“商品进销差价”科目。同时，结转已出售商品的销售成本。

【例 3—4】 承例 3—2，长海商厦有限责任公司当月销售额共计 28 879 344 元，经过与各商品提供者核对后，确定应返还商品提供者的金额为23 103 475.2元，本企业留利5 775 868.8元。企业根据审核无误的“联营商品返款明细表”编制会计分录如下：

借：库存商品　　28 879 344

　贷：商品进销差价　　5 775 868.8

　　　应付账款　　23 103 475.2

借：主营业务成本　　23 103 475.2

　　商品进销差价　　5 775 868.8

　贷：库存商品　　28 879 344

从上述账务处理中不难看，列入“商品进销差价”科目的金额并不等于已出售商品进价与售价的差额再加上增值税销项税额之和，所以该科目金额仍需进一步调整。

(4) 一般情况下，商品流通企业与联营商品供应商按月进行销售业务核对，办理结算对账。联营商品供应商将款项结算单送至商品流通企业采购部门，经采购部门审核后，交给财务部门盖章同意付款。

联营商品供应商在收到结算对账单时，应确认商品销售收入的实现并同时向商品流通企业开具增值税专用发票。商品流通企业收到增值税专用发票后，应该由财务部门办理付款、补记增值税进项税额，并进行“商品进销差价”科目金额的调整。

【例 3—5】 承例 3—4，2011 年 8 月 4 日，该商厦用银行存款支付 7 月份应返款额23 103 475.2元，并取得商品提供者开具的增值税专用发票。有关账务处理如下：

7 月份应返款中所含增值税税额 $=23\ 103\ 475.2\div(1+17\%)\times17\%$

$=3\ 356\ 915.2$(元)

商厦应根据增值税专用发票、银行付款凭证等编制会计分录如下：

借：应付账款　　23 103 475.2

　贷：银行存款　　23 103 475.2

借：应交税费——应交增值税（进项税额）　　3 356 915.2

　贷：商品进销差价　　3 356 915.2

【例 3—6】 承例 3—2、例 3—5，2011 年 8 月 5 日，该商厦计算、申报 7 月份应交城市维护建设税和教育费附加。假定该企业城市维护建设税税率为 7%，教育费附加征收比率为 3%。有关账务处理如下：

应交城市维护建设税税额 $=[(4\ 196\ 144-3\ 356\ 915.2)+913\ 278.4]\times7\%$

=122 675.5(元)

应交教育费附加额=[(4 196 144−3 356 915.2)+913 278.4]×3%

=52 575.22(万元)

借：营业税金及附加　　　　175 250.72

　贷：应交税费——应交城市维护建设税　　　　122 675.5

　　　　　　——应交教育费附加　　　　52 575.22

大多数商品流通企业会将上一个月的应返款额在下个月月初办理支付结算。商品流通企业应与联营商品供应商在联营合同中具体约定各月的返款支付日期。

在上述会计核算过程中，我们可以发现联营商品流通业务核算充分体现了“以销定购”的经营特点。此外，它要求商品流通企业设置较多的自制原始凭证，而且凭证之间应该进行定期核对，包括企业内部的财务部门、经营部门、采购部门之间的核对以及企业与商品供应商之间的核对工作，以保证会计核算资料的真实、完整。

商品流通企业采取联营商品经营方式相比自营商品经营方式而言，业务操作比较简单，省去了许多业务管理，如调价、商品清查等，相应会计核算的操作过程也就简化了不少，这正是联营商品管理和核算的主要优势。但是，商品流通企业应该特别注意和加强对存放在企业的未出售商品的安保管理，以免节外生枝。

本章小结

本章介绍了联营商品经营方式产生的原因；通过与自营商品经营方式对比，进一步阐述了该种经营方式的特点；重点介绍了联营商品经营方式下的业务流程及其具体业务的核算。

关键术语

联营商品（affiliated commodity）　　联营合同（combination agreement）

最低商品销售额（minimal gross sales）　　收益分成比例（earning distribution ratio）

返款（return accounts）

复习思考题

1. 联营商品经营方式产生的原因是什么？

2. 与自营商品经营方式相比，联营商品经营方式具有哪些特点？

3. 联营商品经营方式的业务操作流程包括哪些内容？

第四章

特殊商品经营业务及其他存货核算

【学习目标】

- 了解商品流通企业的其他业务和存货类型
- 掌握加工商品和代销商品业务核算方法
- 掌握包装物和低值易耗品的核算方法

第一节　加工商品业务核算

加工商品是指商品流通企业对原来的库存商品或材料等物资进行加工。开展加工业务，不仅可以增加商品的花色品种、提高销售能力，还有利于处理滞销残次商品、挖掘物资潜力、提高经济效益。加工商品分为委托加工和自行加工两种形式。

一、委托加工业务

委托加工（consignment for further processing）业务是指商品流通企业把库存商品作为原材料交付其他企业加工，并按照一定标准付给加工费，到期收回成品的业务。商品流通企业在商品进行委托加工前，必须与加工企业签订合同，明确所加工商品的品种、规格、数量、交货期限以及加工费标准和结算方式等。

商品流通企业根据合同规定发出原材料时，应由业务部门填制一式数联的“委托加工物资发料单”，通知仓库发料后将其中一联送财务部门记账。委托加工物资收回时，业务部门应检查成品质量及耗用原材料等情况是否符合合同规定。验收无误后，业务部门填制一式数联的“委托加工物资收货单”，交仓库验收后将其中一联送财务部门记账。

商品流通企业委托外单位加工商品时，需要通过“委托加工物资”科目核算。该科目核算委托外单位加工的各种商品的实际成本。其借方登记加工商品的实际成本，包括发出商品的进货原价、加工费、应负担的运杂费等；贷方登记加工商品完成验收入库的实际成本；期末余额在借方表示委托外单位加工但是尚未完成的商品的实际成本。商品流通企业应该按加工合同和委托加工单位设置明细账，以反映加工单位名称、加工合同号数、发出加工商品的名称和实际成本以及加工完成商品的实际成本等。

现将委托加工业务的核算介绍如下：

（1）发出加工商品时。商品流通企业根据合同规定发出商品时，财务部门根据“委托加工物资发料单”，借记“委托加工物资”科目，贷记“库存商品”科目。

【例4—1】 品源商贸公司与某服装加工厂签订加工合同，委托其加工女装一批，业务部门按合同规定已将一批布料拨给该服装加工厂，共计18 000元。品源商贸公司编制会计分录如下：

借：委托加工物资——某服装加工厂　　18 000

　贷：库存商品——布料　　18 000

（2）支付委托加工费时。委托加工费可以预先支付一部分，也可以在成品收回时一次付清。委托加工企业支付的加工费应记入“委托加工物资”科目。对根据合同规定预付的加工费可先记入“其他应收款”科目，待收回成品结算时再转入“委托加工物资”科目。按规定，委托加工企业还应按照加工费和规定的税率计算支付增值税，受托方收取加工费和增值税时，应给委托方开具增值税专用发票。

【例4—2】 承例4—1，该批女装的加工费为1 000元，按规定应支付的增值税税额为170元，款项以银行存款支付。根据有关凭证编制会计分录如下：

借：委托加工物资——某服装加工厂　　1 000

　　应交税费——应交增值税（进项税额）　　170

　贷：银行存款　　1 170

（3）加工成品收回时。委托加工成品收回时，财务部门根据“委托加工物资收货单”，按照加工商品的全部成本，借记“库存商品”科目，贷记“委托加工物资”科目。如有剩余材料退回，则同时借记“库存商品”科目，贷记“委托加工物资”科目。

【例4—3】 承例4—1、例4—2，该批女装加工完成收回，加工成本共计19 000元。财务部门根据相关凭证编制会计分录如下：

借：库存商品——女装　　19 000

　贷：委托加工物资——某服装加工厂　　19 000

二、自行加工业务

自行加工业务是指商品流通企业所属有关部门自行加工商品的业务。其一般业务程序与委托加工物资的一般业务程序的不同之处在于：将商品作为原材料拨付时，应由业务部门填制“自行加工商品发料单”，一式数联；加工完成时，填制“自行加工商品收货单”，一式数联。其他操作过程基本相同。

商品流通企业自行加工商品时，应通过“加工商品”科目核算。该科目借方登记加工商品的实际成本，包括发出商品的进货原价、加工费等；贷方登记加工商品完成验收入库的实际成本；期末借方余额表示尚在加工中的商品实际成本。

发生自行加工商品业务拨出商品时，按照商品实际金额，借记“加工商品”科目，贷记“库存商品”科目。商品加工过程中所发生的加工费支出，如工资及其他加工费等，计入加工商品的加工成本，借记“加工商品”科目，贷记“应付职工薪酬”、“银行存款”等科目。

【例 4—4】 品源商贸公司自行加工女装一批，发生业务如下：

(1) 拨出加工商品所需的纯毛布料一批，实际成本共计 16 000 元，根据“自行加工发料单”编制会计分录如下：

借：加工商品——女装	16 000	
贷：库存商品——布料		16 000

(2) 加工过程中，应支付加工商品的工人工资为 1 400 元，编制会计分录如下：

借：加工商品——女装	1 400	
贷：应付职工薪酬		1 400

(3) 加工商品验收入库，财务部门收到“自行加工商品收货单”，编制会计分录如下：

借：库存商品——女装	17 400	
贷：加工商品——女装		17 400

第二节　代销商品业务核算

商品流通企业除自行销售商品外，还可以委托其他单位代为销售，这是目前广为采用的一种方法。从委托方来看，这种经营方式是推销商品、扩大销售、减少存货积压、加速资金周转的一种有效措施；从受托方来看，也是减少资金占用、增加商品品种、扩大销售、加速资金周转的一种经营方式。同一个企业可以是委托方，也可以是受托方。委托代销方与受托代销方在代销前签订代销合同，列明代销商品的品种、规格、数量、售价以及代销手续费、发货日期、货款结算及商品保管责任等。

委托代销（sale on trust）商品核算是通过“委托代销商品”科目进行的。该科目属于资产类，借方登记企业发出委托代销商品的成本；贷方登记企业结转的代销商品的销售成本；期末借方余额反映企业委托其他单位代销商品的成本。

代销商品业务通常有两种方式：一种是视同买断（outright purchase）方式的代销，另一种是收取手续费方式的代销。两种方式下，确认收入是有差别的。

一、视同买断方式

在视同买断方式下，委托方在交付商品时不确认收入，受托方也不作购进商品处理。受托方将商品销售后，按实际售价确认为销售收入，并向委托方开具代销清单。委托方收到代销清单时，再确认本企业的销售收入。

【例 4—5】 品源商贸公司委托 B 企业销售甲商品 100 件，协议价为 100 元/件，该商品成本为 60 元/件，增值税税率为 17%。公司收到 B 企业开来的代销清单时开具增值税发票，发票上注明价款 10 000 元、增值税 1 700 元。B 企业实际销售时开具的增值税发票上注明价款 12 000 元、增值税 2 040 元。

（1）品源商贸公司应编制会计分录如下：

将甲商品交付 B 企业时：

借：委托代销商品　　6 000
　贷：库存商品　　6 000

收到代销清单时：

借：应收账款——B 企业　　11 700
　贷：主营业务收入　　10 000
　　　应交税费——应交增值税（销项税额）　　1 700

同时结转已售委托代销商品的成本：

借：主营业务成本　　6 000
　贷：委托代销商品　　6 000

收到 B 企业汇来的货款 11 700 元时：

借：银行存款　　11 700
　贷：应收账款——B 企业　　11 700

（2）B 企业编制会计分录如下：

收到甲商品时：

借：受托代销商品　　10 000
　贷：代销商品款　　10 000

实际销售时：

借：银行存款　　14 040
　贷：主营业务收入　　12 000
　　　应交税费——应交增值税（销项税额）　　2 040

同时结转销售成本：

借：主营业务成本　　10 000
　贷：受托代销商品　　10 000

收到委托方开具的增值税发票时：

借：代销商品款　　10 000
　　应交税费——应交增值税（进项税额）　　1 700
　贷：应付账款——品源商贸公司　　11 700

按合同协议将款项付给品源商贸公司时：

借：应付账款——品源商贸公司　　11 700
　贷：银行存款　　11 700

二、收取手续费方式

在收取手续费方式下，委托方应在收到受托方交付的商品代销清单时确认销售收入；受托方则按应收取的手续费确认收入。

【例 4—6】 承例 4—5，假定代销合同规定，B 企业按 100 元/件售给顾客，品源商贸公司按售价的 10%支付 B 企业手续费。B 企业实际销售时，即向品源商贸公司开具一张增值税发票，发票上注明甲商品售价 10 000 元、增值税 1 700 元。品源商贸公司收到 B 企业的代销清单时，向 B 企业开具一张相同金额的增值税发票。

(1) 品源商贸公司应编制会计分录如下：

将甲商品交付 B 企业时：

	借方	贷方
借：委托代销商品	6 000	
贷：库存商品		6 000

收到代销清单时：

	借方	贷方
借：应收账款——B 企业	11 700	
贷：主营业务收入		10 000
应交税费——应交增值税（销项税额）		1 700
借：主营业务成本	6 000	
贷：委托代销商品		6 000

计算应付 B 企业代销手续费时：

	借方	贷方
借：销售费用——代销手续费	1 000	
贷：应收账款——B 企业		1 000

收到 B 企业汇来的货款 10 700 元时：

	借方	贷方
借：银行存款	10 700	
贷：应收账款——B 企业		10 700

(2) B 企业应编制会计分录如下：

收到甲商品时：

	借方	贷方
借：受托代销商品	10 000	
贷：代销商品款		10 000

实际销售时：

	借方	贷方
借：银行存款	11 700	
贷：应付账款——品源商贸公司		10 000
应交税费——应交增值税（销项税额）		1 700

同时注销代销商品：

	借方	贷方
借：代销商品款	10 000	
贷：受托代销商品		10 000

收到委托方开具的增值税发票时：

	借方	贷方
借：应交税费——应交增值税（进项税额）	1 700	
贷：应付账款——品源商贸公司		1 700

按合同协议将款项付给品源商贸公司时：

	借方	贷方
借：应付账款——品源商贸公司	11 700	
贷：银行存款		10 700
主营业务收入		1 000

第三节　包装物及低值易耗品核算

一、包装物与低值易耗品概述

包装物（packaging material）是指为了包装商品而储备的包装容器，如桶、箱、瓶、坛、袋等。其主要是为了保护商品的安全与完整，方便运送，减少商品的损耗等。只有随同商品流转的包装物才属于包装物的核算范畴，包装物按其用途，可以分为以下四类：

（1）生产过程中用于包装产品、作为产品组成部分的包装物。

（2）随同商品出售而不单独计价的包装物。

（3）随同商品出售而单独计价的包装物。

（4）出租或出借给购买单位使用的包装物。

低值易耗品（low cost and short lived items）是指不能作为固定资产的各种用具物品，如劳动工具、管理工具、玻璃器皿，以及在经营过程中周转使用的包装容器等。商品流通企业的柜台、货架、文件柜、收款机等单位价值较低、使用期限较短的用具或设备，都属于低值易耗品。

包装物和低值易耗品是企业财产物资的重要组成部分。如果不能有效管理，就会出现浪费，也会对企业造成损失。对于包装物和低值易耗品的管理也应实行分品种重点管理、分类别一般控制和按总额灵活掌握的管理方法。要分清主次、突出重点，提高企业存货资金管理的整体效果。

对于所需包装物和低值易耗品要按计划统一采购，要尽可能修旧利废，做到物尽其用，节约使用。购入的包装物和低值易耗品必须经过验收，并作入库登记。出库时，要严格进行领用登记，并且要有领用人签字，做到账物相符；要做到凭票入库，核对账目，做到账证相符（account agree with documents）、账账相符（account agree with other account）、账实相符（account agree with physical inventory），并按规定的时间进行盘点。

由于包装物和低值易耗品自身的性质，目前我国呼吁对包装物和低值易耗品进行有效的回收利用。尤其是商场、超市、便利店等应鼓励消费者使用可重复使用的包装物，逐步减少一次性包装物的使用；同时鼓励对各种包装物的使用采取押金制，鼓励更多的企业和个人加入废弃包装物的回收网络。

二、包装物与低值易耗品的核算

包装物与低值易耗品的核算可以按照实际成本或计划成本核算。在商品流通企业主要是采用实际成本核算。一般在“周转材料”总账科目下，按照“包装物”与“低值易耗品”进行明细核算。

（一）包装物与低值易耗品购进的核算

包装物购进有单独购进和随同商品购进两种方式，购进方式不同，会计核算也不同。

1. 单独购进包装物或低值易耗品的核算

单独购进包装物或低值易耗品时，应按其进价和可以直接认定的运费作为实际成本入账，借记“周转材料——包装物”或“周转材料——低值易耗品”科目，按支付的增值税，借记“应交税费——应交增值税（进项税额）”科目，按支付的价税款，贷记“银行存款”科目。

【例 4—7】 品源商贸公司购进包装商品用的纸箱 100 个，每个 20 元，共计 2 000 元，增值税 340 元，纸箱验收入库，以转账支票支付款项。编制会计分录如下：

借：周转材料——包装物　　2 000
　　应交税费——应交增值税（进项税额）　　340
　贷：银行存款　　2 340

【例 4—8】 品源商贸公司购进一组柜台，计价 3 000 元，进项税额为 510 元，价税款以银行存款支付。编制会计分录如下：

借：周转材料——低值易耗品　　3 000
　　应交税费——应交增值税（进项税额）　　510
　贷：银行存款　　3 510

2. 随商品购进的包装物的核算

单独计价的包装物，其价格与商品价格分开列示，共同计税；不单独计价、其价格包含在商品价格内的包装物，不单独核算。

【例 4—9】 品源商贸公司购进商品一批，计价 10 000 元，随同购进包装箱 10 个，计价 200 元，商品已验收入库，以银行存款支付款项。如果包装物单独计价，根据相关凭证编制会计分录如下：

借：库存商品　　10 000
　　周转材料——包装物　　200
　　应交税费——应交增值税（进项税额）　　1 734
　贷：银行存款　　11 934

如果不单独计价，会计分录为：

借：库存商品　　10 000
　　应交税费——应交增值税（进项税额）　　1 700
　贷：银行存款　　11 700

（二）包装物和低值易耗品的摊销核算

包装物和低值易耗品在使用过程中，因磨损和自然损耗而逐渐减少的价值采用一定的方法计入企业费用的方法，称为包装物和低值易耗品的摊销（amortization）。商品流通企业可以根据各种包装物和低值易耗品的特点与管理要求，选择适当的摊销方法。包装物和低值易耗品的摊销方法主要有一次摊销法和五五摊销法。

1. 一次摊销法

一次摊销法是指在领用包装物和低值易耗品时，将其全部价值一次计入相关费用的方法。

【例 4—10】 品源商贸公司业务经营部门领用一次性消耗的包装盒一批，账面价值为 600 元。编制会计分录如下：

借：销售费用——包装费　　600

　贷：周转材料——包装物　　600

【例4—11】 品源商贸公司管理部门领用文件柜一组，账面价值800元。编制会计分录如下：

借：管理费用——低值易耗品摊销　　800

　贷：周转材料——低值易耗品　　800

采用一次摊销法手续简便，但费用负担不均衡，也不利于实物管理，一般适用于价值较低、使用期限较短、一次领用数量不大的包装物和低值易耗品。

2. 五五摊销法

五五摊销法是指在领用包装物和低值易耗品时摊销其价值的50%，在报废时再摊销其余50%的摊销方法。采用这种方法，领用包装物时，按其成本，借记“周转材料——包装物——库存已用包装物”科目，贷记“周转材料——包装物——库存未用包装物”科目。同时，按其实际成本的50%计算当期领用包装物的摊销额，借记“销售费用——包装费”，贷记“周转材料——包装物——包装物摊销”科目。报废时，摊销其另外的50%。

领用低值易耗品时，按其实际成本，借记“周转材料——低值易耗品——在用低值易耗品”科目，贷记“周转材料——低值易耗品——库存低值易耗品”科目，同时按其价值的50%，借记“管理费用——低值易耗品摊销”科目，贷记“周转材料——低值易耗品——低值易耗品摊销”科目。报废时，按入库残料价值，借记“原材料”科目，按其余50%价值与残料价值的差额，借记“管理费用——低值易耗品摊销”科目，贷记“周转材料——低值易耗品——低值易耗品摊销”科目；同时注销报废低值易耗品的价值及其累计摊销额，借记“周转材料——低值易耗品——低值易耗品摊销”科目，贷记“周转材料——低值易耗品——在用低值易耗品”科目。

五五摊销法便于加强对包装物及低值易耗品的管理，适用于各期领用和报废数额比较均衡的包装物及低值易耗品。

【例4—12】 品源商贸公司管理部门领用一组文件柜，账面价值1 600元，采用五五摊销法核算。文件柜报废时，回收残值现金100元。根据有关凭证编制会计分录如下：

(1) 领用时：

借：周转材料——低值易耗品——在用低值易耗品　　1 600

　贷：周转材料——低值易耗品——库存低值易耗品　　1 600

同时，摊销其价值的50%：

借：管理费用——低值易耗品摊销　　800

　贷：周转材料——低值易耗品——低值易耗品摊销　　800

(2) 报废时：

借：库存现金　　100

　　管理费用——低值易耗品摊销　　700

　贷：周转材料——低值易耗品——低值易耗品摊销　　800

同时，注销其价值和累计摊销额：

借：周转材料——低值易耗品——低值易耗品摊销　　1 600

　贷：周转材料——低值易耗品——在用低值易耗品　　1 600

（三）包装物和低值易耗品出售的核算

企业可将多余或暂时不用的包装物和低值易耗品对外出售。

1. 包装物出售的核算

包装物出售与包装物购进相对应，分单独出售和随同商品出售两种情况。

单独出售包装物时，按实际取得款项，借记“银行存款”科目，贷记“其他业务收入”科目和“应交税费——应交增值税（销项税额）”科目。结转其销售成本时，借记“其他业务成本”科目，贷记“周转材料——包装物”科目。

包装物随同商品出售，有单独计价和不单独计价两种方式。

随同商品出售且单独计价的包装物，出售时应分别列示商品和包装物的售价，并共同计税。结转其销售成本时，借记“其他业务成本”科目，贷记“周转材料——包装物”科目。

【例 4—13】 美联小商品批发公司销售商品一批，售价 10 000 元，随同出售的单独计价的包装箱账面价值 260 元，售价 300 元，增值税 1 751 元，价税款已收到存入银行。根据有关凭证编制会计分录如下：

出售时：

借：银行存款　　12 051

　贷：主营业务收入　　10 000

　　　其他业务收入　　300

　　　应交税费——应交增值税（销项税额）　　1 751

结转包装物销售成本时：

借：其他业务成本　　260

　贷：周转材料——包装物　　260

随同商品出售但不单独计价的包装物，应将其实际成本计入销售过程中的包装费，借记“销售费用——包装费”科目，贷记“周转材料——包装物”科目。

【例 4—14】 美联小商品批发公司销售商品一批，售价 10 000 元，随同出售的不单独计价的包装箱账面价值 260 元，增值税 1 700 元，价税款已收到存入银行。根据有关凭证编制会计分录如下：

出售时：

借：银行存款　　11 700

　贷：主营业务收入　　10 000

　　　应交税费——应交增值税（销项税额）　　1 700

结转包装物销售成本时：

借：销售费用——包装费　　260

　贷：周转材料——包装物　　260

2. 低值易耗品出售的核算

出售全新的低值易耗品，借记“银行存款”科目，贷记“周转材料——低值易耗品——库存低值易耗品”科目；出售在用的低值易耗品，按实际收到款项，借记“银行存款”科目，按已计提的摊销额，借记“周转材料——低值易耗品——低值易耗品摊销”科目，按账面原值，贷记“周转材料——低值易耗品——在用低值易耗品”科目。

【例 4—15】 品源商贸公司行政办公室出售旧吊扇 2 台，售价共 440 元。吊扇账面原值 800 元，已摊销价值每台 200 元。编制会计分录如下：

会计分录	借方	贷方
借：银行存款	440	
周转材料——低值易耗品——低值易耗品摊销	400	
贷：管理费用——低值易耗品摊销		40
周转材料——低值易耗品——在用低值易耗品		800

（四）包装物和低值易耗品清查的核算

为了加强对非商品存货的管理，商品流通企业应定期对包装物和低值易耗品等进行清查盘点，对发生的盘盈及盘亏应查明原因，并及时进行账务处理。包装物和低值易耗品的盘盈及盘亏应通过“待处理财产损溢——待处理流动资产损溢”科目进行核算。

本章小结

本章主要讲述了商品流通企业的其他业务和存货类型，并重点介绍了相关业务的核算，主要包括加工商品和代销商品业务核算方法、包装物和低值易耗品的核算方法。加工商品分为委托加工和自行加工两种形式，代销商品业务主要有视同买断方式和收取手续费方式两种。

关键术语

委托加工（consignment for further processing）

委托代销（sale on trust）　　视同买断（outright purchase）

包装物（packaging material）　　低值易耗品（low cost and short lived items）

复习思考题

1. 加工商品有哪几种方式？核算上有什么不同？
2. 视同买断方式的代销业务和收取手续费方式的代销业务有什么主要区别？
3. 包装物和低值易耗品的核算范围是什么？
4. 包装物和低值易耗品有哪些摊销方法？

第五章 对外投资核算

【学习目标】

● 了解对外投资的概念及分类
● 理解并掌握交易性金融资产的内容及核算
● 理解并掌握持有至到期投资的内容及核算
● 理解并掌握长期股权投资核算的成本法和权益法

第一节 对外投资概述

一、对外投资的内容

企业拥有的资金主要用于自身的经营活动。在正常的生产经营活动以外，把暂时闲置的货币、实物资产、无形资产等，直接投入其他企业进行生产经营，或者到证券交易市场购买其他企业发行的股票、债券，到房地产市场购买房地产再出售，这些都可以给企业带来收益，从而形成企业的对外投资（foreign investment）。

二、对外投资的分类

（一）按投资的对象分类

企业对外投资按投资对象不同，可分为股票投资、债券投资及其他投资。股票投资，是以认购其他企业股票的形式，对其他企业所进行的投资；债券投资，是以购买债券的形式，对其他企业所进行的投资；其他投资，是除购买股票和债券等有价证券以外，以其他形式对其他企业进行的投资。

(二) 按投资形式分类

企业对外投资按投资形式不同，可分为货币投资、实物投资和无形资产投资。这种分类的目的是提供企业投出资产形态的资料。货币投资是指投出货币资金形成的投资；实物投资是指投出存货、固定资产等实物形成的投资；无形资产投资是指投出无形资产形成的投资。

(三) 按投资的目的分类

企业对外投资按投资的目的不同，可分为交易性金融资产、可供出售金融资产、持有至到期投资、长期股权投资等。

第二节 交易性金融资产的核算

一、交易性金融资产的特点及确认条件

交易性金融资产（exchange financial assets）主要是指企业为了近期内出售而持有的金融资产。比如，企业以赚取差价为目的从二级市场购入的股票、债券、基金等。交易性金融资产的持有时间短且很容易变现。当企业现金暂时剩余时，选择流动性强的股票、债券、国库券进行投资是最好的理财方法，等到企业现金不足时又可将投资出售获取现金。

企业投资的根本目的是谋求利润、增加企业价值。企业能否实现这一目的，关键在于投资企业能否充分预期投资项目的未来收益和未来风险，并在风云变幻的市场环境下抓住有利时机，做出合理的投资决策，加强企业投资管理。交易性金融资产的特点有：

(1) 可变现性。交易性金融资产是现金的暂时存放形式，其流动性仅次于货币资金，具有很强的变现能力。当企业现金暂时剩余时，选择流动性最强的证券进行投资是最好的理财方法，待企业现金不足支付时，可以立即兑换成现金。

(2) 持有时间较短。企业购买交易性金融资产通常不是为了长期持有，而是计划在短期内出售以兑换成现金。

(3) 不以控制被投资单位为目的而作的投资。企业持有交易性金融资产的目的在于获得短期的较高收益，在投资时也应充分考虑这一特点而加强管理。

作为交易性金融资产应当符合两个条件：第一，能够在公开市场交易并且有明确市价，例如各种上市的股票和债券，通常都有明确市价；第二，持有投资作为剩余资金的存放形式，并保持其流动性和获利性，这一条件取决于管理当局的意图。

二、交易性金融资产核算的主要科目

企业为了核算取得交易性金融资产、收取现金股利或利息、出售交易性金融资产等业务，应当设置“交易性金融资产”、“公允价值变动损益”、“投资收益”等科目。

“交易性金融资产”科目核算企业持有的交易性金融资产的公允价值，包括交易性的股票投资、债券投资、基金投资等交易性金融资产。“交易性金融资产”科目的借方登记交易性金融资产的取得成本、资产负债表日其公允价值高于账面余额的差额等；贷方登记

资产负债表日其公允价值低于账面余额的差额，以及企业出售交易性金融资产时结转的成本和公允价值变动损益。该科目应当按照交易性金融资产的类别或品种，分别设置“成本”、“公允价值变动”等明细科目进行核算。该科目期末借方余额，反映企业交易性金融资产的公允价值。

“公允价值变动损益”科目核算因企业交易性金融资产的公允价值变动而形成的应计入当期损益的利得或损失。该科目贷方登记资产负债表日企业持有的交易性金融资产的公允价值高于账面余额的差额；借方登记资产负债表日企业持有的交易性金融资产的公允价值低于账面余额的差额。期末，应将该科目余额转入“本年利润”科目，结转后该科目无余额。

“投资收益”科目核算企业取得交易性金融资产支付的交易费用和持有交易性金融资产期间取得的投资收益以及处置交易性金融资产实现的投资收益或投资损失。该科目贷方登记企业出售交易性金融资产实现的投资收益；借方登记企业出售交易性金融资产发生的投资损失。期末，应将该科目余额转入“本年利润”科目，结转后该科目无余额。

三、交易性金融资产的核算

交易性金融资产的核算主要包括：企业取得交易性金融资产投资的核算；交易性金融资产持有期间现金股利和债券利息收益的核算；资产负债表日交易性金融资产公允价值变动的核算；出售交易性金融资产的核算。

（一）交易性金融资产投资取得的核算

交易性金融资产的入账价值应以取得该交易性金融资产的公允价值入账，取得该交易性金融资产的交易费用，记入“投资收益”科目。实际支付的价款中含有已宣告但尚未领取的现金股利（不包括股票股利），或已到付息期但尚未领取的债券利息，应单独核算，记入“应收股利”、“应收利息”科目，不构成交易性金融资产的初始投资成本。这是因为，已宣告但尚未领取的现金股利以及已到付息期但尚未领取的债券利息是股票、债券的出售者享有的权益，实际支付的价款中包含的这部分款项，属于向股票、债券出售者垫付的款项，而且在近期能够收回，因而不应计入投资成本。

（1）购入股票时，若购买价格未含有已宣告但尚未领取的现金股利，则按实际成本入账，借记“交易性金融资产——成本”、“投资收益”科目，贷记“银行存款”等科目。

【例 5—1】 品源商贸公司于 2011 年购入 S 公司新发行股票 10 000 股，每股 10 元。另外，支付该交易性金融资产的交易费用 4 000 元。编制会计分录如下：

借：交易性金融资产——成本	100 000	
投资收益	4 000	
贷：银行存款		104 000

（2）购入股票时，如果企业投资支出中含有已宣告但尚未支取的现金股利，未发放的现金股利应记入“应收股利”科目。购入股票时，借记“交易性金融资产——成本”、“投资收益”科目和“应收股利”（已宣告未分派的现金股利）科目，贷记“银行存款”等科目。

【例 5—2】 磐青食品商场用银行存款从 S 公司购入大华公司的股票 500 股，每股 400

元。大华公司已于上月宣告发放但尚未支付的股利为每股20元，另外支付交易费用3 000元。磬青食品商场应编制会计分录如下：

借：交易性金融资产　200 000
　　应收股利　10 000
　　投资收益　3 000
　贷：银行存款　213 000

（3）购入债券时，若购买价格未含有已到付息期但尚未领取的债券利息，则按实际成本入账，借记"交易性金融资产——成本"、"投资收益"科目，贷记"银行存款"等科目。

【例5—3】 品源商贸公司用银行存款购入D公司当日发行的一年期债券，面值为350 000元，按面值购入。另外支付佣金50 000元。编制会计分录如下：

借：交易性金融资产——成本　350 000
　　投资收益　50 000
　贷：银行存款　400 000

（4）若购买二手已含息的债券，购入债券中含有已到付息期但尚未支付给持有者的利息，未领取的利息应记入"应收利息"科目。购入债券时，借记"交易性金融资产——成本"、"投资收益"科目和"应收利息"科目，贷记"银行存款"等科目。

【例5—4】 美联小商品批发公司于2011年7月1日用银行存款购入G公司债券。该债券当年1月1日发行，每半年付息一次，该债券面值为200 000元，年利率为5%，另外支付交易费用6 000元。公司应编制会计分录如下：

借：交易性金融资产——成本　200 000
　　应收利息　5 000
　　投资收益　6 000
　贷：银行存款　211 000

（二）持有交易性金融资产期间现金股利和债券利息收益的核算

在交易性金融资产持有期间，被投资企业宣告并发放现金股利或企业在资产负债表日按分期付息、一次还本债券投资的票面利率计算的利息收入，这部分所得均应记入应收项目，并确认为投资收益。企业在交易性金融资产持有期间取得现金股利及利息收入时，借记"应收股利"或"应收利息"科目，贷记"投资收益"科目。实际收到现金股利或债券利息时，借记"银行存款"科目，贷记"应收股利"或"应收利息"科目。

【例5—5】 承例5—1，品源商贸公司在持有股票期间，S公司1月8日宣告每股发放股利1元，品源商贸公司于2月8日实际收到发放的股利10 000元。编制会计分录如下：

（1）宣告分派现金股利时：

借：应收股利　10 000
　贷：投资收益　10 000

（2）实际收到现金股利时：

借：银行存款　10 000

贷：应收股利　　10 000

（三）交易性金融资产的期末计价

资产负债表日，企业的交易性金融资产应当按照公允价值计量。公允价值与账面余额之间的差额计入当期损益，即记入“公允价值变动损益”科目。当企业的交易性金融资产的公允价值高于其账面余额时，按其差额，借记“交易性金融资产——公允价值变动”科目，贷记“公允价值变动损益”科目；当企业交易性金融资产的公允价值低于其账面余额时，按其差额作相反的会计分录。

【例 5—6】 兰奇商品批发公司于 2011 年 1 月 1 日用银行存款购入甲公司上年发行的公司债券，面值为 200 万元，该商品流通企业将其作为企业的交易性金融资产，购入时支付价款 210 万元（其中包含已宣告发放的债券利息 10 万元），另支付交易费用 5 万元。2011 年 2 月，该商品流通企业收到该笔债券利息 10 万元。2011 年 6 月 30 日，该商品流通企业购买债券的市价为 218 万元；2011 年 12 月 31 日，该商品流通企业购买债券的市价为 213 万元。根据以上业务，编制会计分录如下：

（1）2011 年 1 月 1 日，购入甲公司债券时：

借：交易性金融资产——成本　　2 000 000

　　应收利息　　100 000

　　投资收益　　50 000

　贷：银行存款　　2 150 000

（2）2011 年 2 月，收到 10 万元利息时：

借：银行存款　　100 000

　贷：应收利息　　100 000

（3）2011 年 6 月 30 日，确认该笔债券的公允价值变动损益时：

借：交易性金融资产——公允价值变动　　180 000

　贷：公允价值变动损益　　180 000

（4）2011 年 12 月 31 日，确认该笔债券的公允价值变动损益时：

借：公允价值变动损益　　50 000

　贷：交易性金融资产——公允价值变动　　50 000

（四）交易性金融资产转让出售的核算

企业的交易性金融资产在转让出售时，实际收取的价款与投资账面价值以及尚未收回的应收股利、应收利息之和的差额，应确认为投资损益。

如果转让或出售的股票或债券不含股利或利息，实际收取的价款大于投资账面价值的部分则为净收益，记入“投资收益”科目的贷方；实际收取的价款小于投资账面价值的部分则为净损失，记入“投资收益”科目的借方。企业出售股票或债券时，根据收取的全部价款，借记“银行存款”科目，根据短期投资的账面价值，贷记“交易性金融资产”科目，根据实际收取的价款和短期投资账面价值之差，借记或贷记“投资收益”科目。同时，将原计入该金融资产的公允价值变动转出，借记或贷记“公允价值变动损益”科目，贷记或借记“投资收益”科目。如果企业转让或出售的股票或债券含有宣告分派的股利或利息，对于含有宣告分派的股利或利息，应贷记“应收股利”或“应收利息”科目。企业出售股票或债券时，根据收取的全部价款，借记“银行存款”科目，根据短期投资的账面价值，贷记“交易性金融资产”科目，根据实际收取的价款与短期投资账面价值以及应收股利或应收利息之和的差额，借记或贷记“投资收益”科目。同时，将原计入该金融资产的公允价值变动转出，借记或贷记“公允价值变动损益”科目，贷记或借记“投资收益”科目。

【例 5—7】 承例 5—6，该公司为获取更大的投资收益，将此债券出售，取得收入 2 160 000元，将款项存入银行。编制会计分录如下：

（1）出售时的分录：

借：银行存款　　2 160 000

　贷：交易性金融资产——成本　　2 000 000

　　　　　　　　　——公允价值变动　　130 000

　　投资收益——债券投资　　30 000

（2）同时，结转公允价值变动损益：

借：公允价值变动损益　　130 000

　贷：投资收益　　130 000

综上所述，可以总结出交易性金融资产的核算要点为：

（1）交易性金融资产按公允价值进行后续计量。

（2）取得交易性金融资产的相关交易费用应当直接计入当期损益（投资收益）。

（3）交易性金融资产持有的目的是短期获利，不计提减值准备。

（4）处置交易性金融资产时，将持有期间公允价值变动损益转入投资收益。

第三节　持有至到期投资的核算

持有至到期投资（hold mature investment）是指不准备在持有期内变现的投资，主要指持有至到期的长期债权投资。企业进行持有至到期投资的主要目的在于获取较长时期的、较高的投资收益。持有至到期投资通常具有长期性质，但期限较短（一年以内）的债券投资，符合持有至到期投资条件的，也可以将其划分为持有至到期投资。

为了总括反映各项长期债权投资的取得、收益和处置情况，企业应设置“持有至到期投资”总账科目。该科目为资产类科目，借方登记持有至到期投资的取得数，贷方登记持有至到期投资的出售减少数，该科目期末借方余额反映企业持有至到期投资的摊余成本。该科目应当按照持有至到期投资的类别和品种，分别设置“成本”、“利息调整”、“应计利息”等科目进行明细核算。

一、持有至到期投资取得的核算

持有至到期投资在取得时应按初始投资成本计价。持有至到期投资的购入成本包括支付的债券实际买价、税金和手续费等。企业购入的长期债券中含有已到付息期但尚未领取的债券利息时，应作为企业的应收利息处理，不作为持有至到期投资的初始投资成本。

企业购入债券有三种形式：按债券面值购入、溢价购入和折价购入。债券的溢价或折价，主要是由于金融市场利率与债券票面利率不一致造成的。当债券票面利率高于金融市场利率时，债券发行者按债券票面利率计算会多付利息，在这种情况下，可能会导致债券溢价（即实际价款高于票面价值），这部分溢价差额属于债券购买者给予债券发行者的一种利息返还；反之，当债券票面利率低于金融市场利率时，债券发行者按债券票面利率计算会少付利息，在这种情况下，可能会导致债券折价（即实际价款低于票面价值），这部分折价差额属于债券发行者给予债券购买者的一种利息补偿。

长期债券投资溢、折价的计算公式为：

债券投资溢、折价＝债券初始投资成本－应计利息－债券面值

企业取得的持有至到期投资，应按该投资的面值，借记“持有至到期投资——成本”科目；按实际支付的价款中含有已到付息期但尚未领取的利息，借记“应收利息”科目，按实际支付的金额，贷记“银行存款”科目，按其差额，借记或贷记“持有至到期投资——利息调整”科目。

【例5—8】 美联小商品批发公司于2011年1月1日购入B公司当日发行的3年期债券，该债券票面价值为200 000元，票面利率为8%，到期一次还本付息。该公司用银行存款实际支付价款190 000元，其中包括700元手续费。该公司采用实际利率法进行核算，实际利率为10%。根据以上资料，编制会计分录如下：

借：持有至到期投资——成本　　200 000

　贷：持有至到期投资——利息调整　　10 000

　　银行存款　　190 000

【例5—9】 兰奇商品批发公司于2011年1月1日购入C公司当日发行的2年期债券作为长期投资，债券面值为500 000元，票面利率为10%，此债券为一次还本、分期付息的债券，每半年付息一次，付息日为1月1日和7月1日，该公司用银行存款实际支付价款510 000元，其中包括600元手续费。该公司采用实际利率法进行核算，实际利率为8%。根据以上资料，编制会计分录如下：

借：持有至到期投资——成本　　500 000

　　　　　　　　——利息调整　　10 000

　贷：银行存款　　510 000

二、持有至到期投资资产负债表日利息的核算

企业购入的持有至到期投资，按不同的还本付息情况和不同价格购入的债券，其投资利息的核算方法有所不同。企业购入的长期债券按还本付息情况可以分为到期一次还本付息和到期一次还本、分期付息两种。

企业持有至到期投资为一次还本付息债券投资的，应于资产负债表日按票面利率计算确定的应收未收利息，借记“持有至到期投资——应计利息”科目，按持有至到期投资摊余成本和实际利率计算确定的利息收入，贷记“投资收益”科目，按其差额，借记或贷记“持有至到期投资——利息调整”科目。

企业持有至到期投资为一次还本、分期付息债券投资的，应于资产负债表日按票面利

率计算确定的应收未收利息，借记“应收利息”科目，按持有至到期投资摊余成本和实际利率计算确定的利息收入，贷记“投资收益”科目，按其差额，借记或贷记“持有至到期投资——利息调整”科目。

收到被投资企业支付的利息时，借记“银行存款”等科目，贷记“应收利息”科目。

采用实际利率法，能够使一项投资业务中各期投资收益率相同，正确反映各期经营业绩，但计算工作较为复杂。

【例 5—10】 以例 5—8 的资料为例，美联小商品批发公司各年年末结转债券投资收益的计算如表 5—1 所示。

表 5—1 **债券投资收益计算表**

计息日期	票面利息	投资收益	每期利息调整	债券摊余成本
	(1)＝200 000×8%	(2)＝期初(4)×10%	(3)＝(2)－(1)	(4)＝期初(4)＋(3)
2011-01-01				190 000
2011-12-31	16 000	19 000	3 000	193 000
2012-12-31	16 000	19 300	3 300	196 300
2013-12-31	16 000	19 700*	3 700	200 000

* 含尾差调整。

根据有关资料，编制会计分录如下：

(1) 2011 年 12 月 31 日，确认债券利息时：

借：持有至到期投资——应计利息 16 000

——利息调整 3 000

贷：投资收益 19 000

(2) 2012 年 12 月 31 日，确认债券利息时：

借：持有至到期投资——应计利息 16 000

——利息调整 3 300

贷：投资收益 19 300

(3) 2013 年 12 月 31 日，确认债券利息时：

借：持有至到期投资——应计利息 16 000

——利息调整 3 700

贷：投资收益 19 700

三、持有至到期投资减少的核算

持有至到期投资的减少有两种情况，一种是到期收回了持有至到期投资，另一种是未到期提前处置了持有至到期投资。

持有至到期投资到期收回时，如果是一次还本付息的长期债券，由于溢价、折价额已摊销完毕，故不必再予以考虑，“持有至到期投资”科目的余额为债券面值和应计利息。收回本金及利息时，借记“银行存款”科目，贷记“持有至到期投资——成本”科目和“持有至到期投资——应计利息”科目。

【例 5—11】 承例 5—10，编制 2014 年 1 月 1 日收回本息时的会计分录，此时各科目的余额为："持有至到期投资——成本"科目借方余额 200 000 元；"持有至到期投资——利息调整"科目借方余额 0 元；"持有至到期投资——应计利息"科目借方余额48 000 元。

借：银行存款　　248 000
　贷：持有至到期投资——成本　　200 000
　　　　　　　　　——应计利息　　48 000

企业未到期提前出售持有至到期投资，在这种情况下，债券溢折价的金额尚未全部摊销。出售债券时，应借记"银行存款"科目，贷记"持有至到期投资——成本"科目，贷记"持有至到期投资——应计利息"科目或"应收利息"科目；根据债券摊余价值，借记或贷记"持有至到期投资——利息调整"科目；根据以上内容的差额，借记或贷记"投资收益"科目。如果企业债券已经计提了减值准备，还应同时核销已计提的减值准备。

【例 5—12】 承例 5—8，假如该企业于 2012 年 1 月 1 日将该债券出售，实际收到的价款为 198 000 元，此时各科目的余额为："持有至到期投资——成本"科目借方余额 200 000 元；"持有至到期投资——利息调整"科目贷方余额 7 000 元；"持有至到期投资——应计利息"科目借方余额 16 000 元。该债券最终取得的出售收益为－11 000（198 000－200 000＋7 000－16 000）元。编制会计分录如下：

借：银行存款　　198 000
　　投资收益　　11 000
　　持有至到期投资——利息调整　　7 000
　贷：持有至到期投资——成本　　200 000
　　　　　　　　　——应计利息　　16 000

四、持有至到期投资减值准备的核算

企业持有至到期投资发生减值计提减值准备时，通过"持有至到期投资减值准备"科目进行核算，该科目为资产的备抵科目，贷方登记长期债券投资发生减值的增加数，借方登记已计提减值准备的长期债券投资价值又得以恢复的冲减数，期末一般为贷方余额，反映企业已计提但尚未转销的长期债券投资减值准备。

资产负债表日，商品流通企业持有的持有至到期投资按市场金融工具确认和计量准则确定发生减值的，按应减记的金额，借记"资产减值损失"科目，贷记"持有至到期投资减值准备"科目。已计提减值准备的长期债券投资价值以后又得以恢复，应在原已计提的减值准备金额内，按恢复增加的金额，借记"持有至到期投资减值准备"科目，贷记"资产减值损失"科目。

当投资企业发生非正常变化，决定将持有至到期投资出售时，企业的持有至到期投资应转化为可供出售的金融资产。企业将持有至到期投资重分类为可供出售金融资产的，应在重分类日按其公允价值，借记"可供出售金融资产"科目，按其账面余额，贷记"持有至到期投资"科目，按其差额，贷记或借记"资本公积——其他资本公积"科目。已计提减值准备的，还应同时结转减值准备。

第四节 长期股权投资的核算

长期股权投资（long-term equity investment）是指通过购买股票以及签订协议等方式，取得接受投资企业的股权的投资。

为了总括反映企业长期股权投资的投出、收回和结存的情况，企业应设置“长期股权投资”科目。该科目属于资产类科目，借方登记投出资产的数额及股权投资调整金额，贷方登记收回的投资数额及股权投资调整金额，余额在借方，反映企业长期股权投资的价值。该科目应当按照被投资单位进行明细核算。长期股权投资应根据不同情况，分别采用成本法或权益法核算。

一、长期股权投资的特点

（一）长期持有

长期股权投资的目的是长期持有被投资单位的股份，成为被投资单位的股东，并通过所持有的股份，对被投资单位实施控制或施加重大影响，或为了改善和巩固贸易关系，或持有不易变现的长期股权投资等。

（二）获取经济利益，并承担相应的风险

长期股权投资的最终目标是为了获得较大的经济利益，这种经济利益可以通过分得利润或股利获取，也可以通过其他方式取得，如被投资单位生产的产品为投资企业生产所需的原材料，在市场上这种原材料的价格波动较大，且不能保证供应。在这种情况下，投资企业通过所持股份来控制被投资单位，或对被投资单位施加重大影响，使其生产所需的原材料能够直接从被投资单位取得，而且价格比较稳定，保证投资企业生产经营的顺利进行。但是，如果被投资单位经营状况不佳，或者进行破产清算时，投资企业作为股东，也需要承担相应的投资损失。

（三）除股票投资外，长期股权投资通常不能随时出售

投资企业一旦成为被投资单位的股东，依所持股份份额享有股东的权利并承担相应的义务，一般情况下不能随意抽回投资。

（四）长期股权投资相对于长期债权投资而言，投资风险较大

在我国，长期股权投资的取得方式主要有：在证券市场上以货币资金购买其他企业的股票，从而成为被投资单位的股东；以资产（包括货币资金、无形资产和其他实物资产）投资于其他单位，从而成为被投资单位的股东。从取得方式上看，长期股权投资相对于长期债权投资而言，投资风险较大。

二、长期股权投资的类型

长期股权投资依据对被投资单位产生的影响，分为以下四种类型：

(1) 控制，是指有权决定一个企业的财务和经营政策，并能据以从该企业的经营活动

中获取利益。如被投资单位为本企业的子公司。

（2）共同控制，是指按合同约定对某项经济活动所共有的控制。如被投资单位为本企业的合营企业。

（3）重大影响，是指对一个企业的财务和经营政策有参与决策的权力，但并不决定这些政策。如被投资单位为本企业的联营企业。

（4）无控制或共同控制且无重大影响，且在活跃市场中没有报价，公允价值不能可靠计量的权益性投资。

三、长期股权投资核算的成本法

长期股权投资核算的成本法，就是将企业购入的用于长期投资的股票按照实际成本记账，一般情况下不予变更，只有在受资企业支付清算性股利的情况下，才对股票投资成本进行调整；企业将实际收到的现金股利和财产股利作为投资收益。

商品流通企业的长期股权投资，如果属于能够对被投资单位实施控制的权益性投资，即对子公司的投资，或者属于对被投资单位不具有控制、共同控制或重大影响，且在活跃市场中没有报价、公允价值不能可靠计量的权益性投资，可采用成本法核算。

（一）长期股权投资取得的核算

企业购入股票并准备长期持有时，应按实际成本入账。购入股票的实际成本包括实际支付的买价、税金、手续费等相关费用。实际支付的价款中包括已宣告但尚未领取的现金股利的，按实际支付的价款减去已宣告但尚未领取的现金股利后的差额，作为初始投资成本。企业取得长期股票投资时，按实际取得成本，借记“长期股权投资”科目，按已宣告但未实际发放的股利，借记“应收股利”科目；按实际支付的总价款，贷记“银行存款”科目。追加长期股权投资时，按照追加后的初始投资作为长期股权投资的账面价值。

（二）长期股权投资收益的核算

采用成本法进行长期股权投资的核算，企业应按被投资单位宣告发放的现金股利或利润中属于本企业的部分，借记“应收股利”科目，贷记“投资收益”科目。

【例 5—13】 兰奇商品批发公司于 2011 年 3 月 1 日购入 A 公司普通股股票20 000股，占 A 公司普通股股票的 5%，用银行存款实际支付价款 236 000 元，其中包含已宣告但尚未发放的现金股利 22 400 元和手续费 600 元。该公司当年 6 月 1 日收到了 A 公司发放的股利，并将款项存入银行。同年，兰奇商品批发公司确认持有 B 公司股票的现金股利 7 000 元。根据以上有关业务编制的会计分录如下：

（1）购入 A 公司股票时：

借：长期股权投资	213 600	
应收股利	22 400	
贷：银行存款		236 000

（2）收到 A 公司发放的股利时：

借：银行存款	22 400	
贷：应收股利		22 400

(3) 确认B公司应发放的股利时：

借：应收股利　　7 000

　贷：投资收益　　7 000

四、长期股权投资核算的权益法

长期股权投资核算的权益法，是指投资最初以投资成本计价，以后根据投资企业享有被投资单位所有者权益份额的变动对投资的账面价值进行调整的方法。也就是说，被投资单位取得净收益时，投资企业在被投资单位的权益应同步增长；反之，被投资单位发生亏损时，投资企业在被投资单位的权益也应同步减少。投资期间应收的股利作为投资返还处理。这样核算能够使股票投资账面价值真正反映投资企业在被投资单位所有者权益中的份额。长期股权投资核算采用权益法时，应当分别设置"成本"、"损益调整"、"其他权益变动"科目进行明细核算。

权益法的适用条件为：第一，企业持有的能够与其他合营方一同对被投资单位实施共同控制的权益性投资，即对合营企业的投资；第二，企业持有的能够对被投资单位实施重大影响的权益性投资，即对联营企业的投资。在具体实务中，企业是否对被投资单位具有共同控制或能否对被投资单位施加重大影响，应根据公司章程、合同或协议约定等进行判断。

(一) 长期股权投资取得的核算

企业购入股票并准备长期持有时，应按实际成本入账。购入股票的实际成本包括实际支付的买价、税金、手续费等相关费用。实际支付的价款中，包括已宣告但尚未领取的现金股利的，按实际支付的价款减去已宣告但尚未领取的现金股利后的差额，作为初始投资成本。企业取得长期股权投资时，按初始投资成本，借记"长期股权投资——成本"科目，按已宣告但未实际发放的股利，借记"应收股利"科目，以实际支付的总金额，贷记"银行存款"科目。

长期股权投资的初始投资成本大于投资时应享有被投资单位可辨认净资产公允价值份额的，不调整已确认的初始投资成本；长期股权投资的初始投资成本小于投资时应享有被投资单位可辨认净资产公允价值份额的，应按其差额，借记"长期股权投资——成本"科目，贷记"营业外收入"科目。

【例5—14】 兰奇商品批发公司于2011年1月1日用银行存款360 000元投资B企业普通股，占B企业普通股的20%，并对B企业产生重大影响，采用权益法核算对B企业的投资。2011年1月1日，B企业所有者权益为1 500 000元。另外，兰奇商品批发公司以250 000元对C公司进行股权投资，占C公司股份的30%，并对C公司产生重大影响，同样采用权益法核算对C公司的投资，投资时C公司的所有者权益为1 000 000元。根据以上业务，编制会计分录如下：

(1) 对B企业投资时：

借：长期股权投资——成本　　360 000

　贷：银行存款　　360 000

(2) 对C公司投资时：

借：长期股权投资——成本　　300 000

　贷：银行存款　　250 000

　　　营业外收入　　50 000

在例 5—14 中，兰奇商品批发公司对于 B 企业的投资，按 B 公司所有者权益份额的 20%计算长期股权投资成本为 300 000（1 500 000×20%）元，而投资者支付了 360 000 元，已大于所占份额，按规定不调整已确认的初始投资成本；对于 C 公司的投资，按其所有者权益份额的 30%计算长期股权投资成本为 300 000（1 000 000×30%）元，而投资者支付了 250 000 元，小于所占份额，按规定应按其差额 50 000（300 000－250 000）元贷记"营业外收入"科目。

（二）被投资单位实现净损益时的核算

（1）若被投资单位当年实现净利润，投资企业应按持股比例计算应享有的份额，增加长期股权投资的账面价值，并确认其投资收益。投资企业根据享有的份额进行账务处理时，借记"长期股权投资——损益调整"科目，贷记"投资收益"科目。

（2）若被投资单位当年发生净亏损，投资企业应按投资比例计算其应负担的亏损额，确认其投资损失，同时减少长期股权投资的账面价值。投资企业根据享有的亏损数额进行账务处理时，借记"投资收益"科目，贷记"长期股权投资——损益调整"科目。

当被投资单位发生净亏损时，投资企业确认投资损失，应当以"长期股权投资"科目的账面价值减记至零为限，即"长期股权投资"科目的明细科目合计为零。

（3）若被投资单位宣告分派现金股利和利润，投资企业应按持股比例计算应分得的现金股利或利润，冲减长期股权投资的账面价值。投资企业计算应收到的现金股利或利润时，借记"应收股利"科目，贷记"长期股权投资——损益调整"科目。收到被投资单位发放的股票股利时，不进行账务处理，但应在备查簿中登记。

（4）在持股比例不变的情况下，对被投资单位除净损益以外所有者权益的其他变动，投资企业按持股比例计算应享有的份额，借记或贷记"长期股权投资——其他权益变动"科目，贷记或借记"资本公积——其他资本公积"科目。

【例 5—15】 兰奇商品批发公司于 2011 年初用闲置资金向 D 公司投资，投资额为 2 000 000元，占被投资企业总投资额 5 000 000 元的 40%，并对 D 公司具有重大影响。2011 年 D 公司全年实现净利润 1 000 000 元。2012 年初 D 公司宣告分派现金股利800 000 元。2012 年 D 公司由于经营失误，全年发生净亏损2 800 000元。2013 年由于 D 公司加强管理，最终 D 公司全年实现净利润1 200 000元。假定不考虑其他有关税费，兰奇商品批发公司应编制会计分录如下：

（1）对 D 公司投资时：

借：长期股权投资——成本　　200 0000

　贷：银行存款　　2 000 000

（2）2011 年末兰奇商品批发公司确认投资收益为 400 000（1 000 000×40%）元：

借：长期股权投资——损益调整　　400 000

　贷：投资收益　　400 000

此时，长期股权投资账面余额为 2 400 000（2 000 000＋400 000）元。

(3) 2012 年初 D 公司宣告分派现金股利，兰奇商品批发公司确定投资回收额为 320 000（800 000×40%）元：

借：应收股利　　320 000

　　贷：长期股权投资——损益调整　　320 000

此时，长期股权投资账面余额为 2 080 000（2 400 000—320 000）元。

(4) 2012 年末兰奇商品批发公司按规定确定的投资损失的份额应为 1 120 000（2 800 000×40%）元，应冲减长期股权投资账面额为 1 120 000 元：

借：投资收益　　1 120 000

　　贷：长期股权投资——损益调整　　1 120 000

此时，长期股权投资账面余额为 960 000（2 080 000—1 120 000）元。

(5) 2013 年末兰奇商品批发公司确定的投资收益额应为 480 000（1 200 000×40%）元：

借：长期股权投资——损益调整　　480 000

　　贷：投资收益　　480 000

此时，长期股权投资账面余额为 1 440 000（960 000＋480 000）元。

五、长期股权投资处置的核算

长期股权投资出售时，所收到的处置收入扣除长期股权投资账面价值和应收的已宣告发放的现金股利或利润后的差额，应确认为投资收益。按实际收到的金额，借记“银行存款”等科目，原已计提减值准备的，借记“长期股权投资减值准备”科目，按长期股权投资的账面余额，贷记“长期股权投资”科目，按尚未领取的现金股利或利润，贷记“应收股利”科目，按其差额，贷记或借记“投资收益”科目。此外，出售采用权益法核算的长期股权投资时，还应按处置长期股权投资的投资成本比例将原记入“资本公积——其他资本公积”科目的金额，转入“投资收益”科目。

【例 5—16】 兰奇商品批发公司因某种原因将持有的 M 公司按权益法核算的股权出售，所获银行存款为 320 000 元，该股权投资账面价值为 270 000 元（其中 250 000 元为初始投资成本，损益调整增加金额为 20 000 元），企业已计提的减值准备为 20 000 元，在出售 M 公司股权前，M 公司本年年初已宣告但尚未发放的现金股利为 38 000 元。

根据以上资料，该公司应编制会计分录如下：

借：银行存款　　320 000

　　长期股权投资减值准备　　20 000

　　贷：长期股权投资——成本　　250 000

　　　　　　　　　　——损益调整　　20 000

　　　　应收股利　　38 000

　　　　投资收益　　32 000

六、长期股权投资减值准备的核算

企业长期股权投资减值准备是指企业长期股权投资发生减值时计提的减值准备。“长期股权投资减值准备”科目贷方登记增加的长期股权投资减值准备，借方登记转销的长期股权投资减值准备，该科目期末余额在贷方，反映企业已计提但尚未转销的长期股权投资减值准备。该科目应当按照被投资单位进行明细核算。

会计期末，商品流通企业购入的股票市场价值下跌时，企业根据资产减值或金融工具确认和计量准则确定长期股权投资发生减值的，按应减记的金额，借记“资产减值损失”科目，贷记“长期股权投资减值准备”科目。处置长期股权投资时，应同时结转已计提的长期股权投资减值准备，借记“长期股权投资减值准备”科目，贷记有关科目。

七、权益法与成本法的比较

权益法和成本法是长期股权投资核算的重点和难点，我们通过表 5—2 进行的比较来进一步理解两种核算方法的异同。

表 5—2　　权益法和成本法的比较

比较项目	权益法	成本法
取得长期股权投资时	借：长期股权投资 　　应收股利 　贷：银行存款	借：长期股权投资（投资份额） 　贷：银行存款（初始投资成本） 　　　营业外收入
被投资单位实现净利润时	按投资比例确认应得的投资收益： 　借：长期股权投资——损益调整 　　贷：投资收益	不作账务处理
被投资单位宣告发放现金股利时	按宣告发放的现金股利金额： 　借：应收股利 　　贷：长期股权投资——损益调整	按宣告发放的现金股利金额： 　借：应收股利 　　贷：投资收益
被投资单位发生亏损时	以实际应负担的亏损数： 　借：投资收益 　　贷：长期股权投资——损益调整	一般不作账务处理，特殊情况除外
股权转让时	（1）若转让价格＞该股权投资的账面价值： 　借：银行存款（实际转让价格） 　　贷：长期股权投资（账面价值） 　　　　投资收益 （2）若转让价格＜该股权投资的账面价值： 　借：银行存款（实际转让价格） 　　　投资收益 　　贷：长期股权投资（账面价值）	

本章小结

本章主要介绍了对外投资的有关内容及相关核算。根据商品流通企业对外投资的要求和目的的不同，对外投资主要包括交易性金融资产、持有至到期投资、长期股权投资等。

交易性金融资产是企业为了近期内出售而持有的金融资产，它是企业以赚取差价为目的而持有的，交易性金融资产的持有时间短且很容易变现。持有至到期投资是企业不准备在持有期内变现的投资，主要指持有至到期的长期债权投资；企业进行持有至到期投资的主要目的在于获取较长时期的、较高的投资收益。长期股权投资是企业通过购买股票以及签订协议等方式，取得被投资单位股权的投资；长期股权投资应根据不同情况，分别采用成本法或权益法核算。

关键术语

对外投资（foreign investment）

交易性金融资产（exchange financial assets）

持有至到期投资（hold mature investment）

长期股权投资（long-term equity investment）

复习思考题

1. 对外投资的含义及目的是什么？
2. 交易性金融资产的含义及特点是什么？
3. 交易性金融资产取得的成本构成有哪些？
4. 企业购入债券的利息有几种支付情况？
5. 企业购入债券有哪几种形式？
6. 对购入债券的折价和溢价如何理解？
7. 长期股权投资的成本法和权益法各自的核算范围是什么？
8. 联系具体例子，说明成本法和权益法在核算方法上的异同。

第六章

对内投资核算

【学习目标】

- 了解固定资产的概念、分类及计价标准
- 理解并掌握固定资产增加和减少的核算
- 理解并掌握固定资产折旧计提的方法
- 理解并掌握固定资产后续支出的核算
- 理解并掌握投资性房地产的核算
- 掌握无形资产的核算

企业从设立开始必须具备一定的资金，这部分资金主要用于自身的经营活动。在企业的生产经营活动中，有一部分资金用于平时的生产经营周转，而另一部分资金则用于企业的长期资产，如固定资产、无形资产等。后一部分的资金使用就属于企业的对内投资。

企业的对内投资按投资内容分为固定资产投资、无形资产投资和其他长期资产投资。这种分类的目的，是提供企业对内投入资产形态的资料。固定资产投资是指企业购买固定资产；无形资产投资是指企业购买无形资产。

第一节　固定资产核算

一、固定资产概述

（一）界定固定资产的标准

固定资产（fixed assets）是指商品流通企业用于销售商品、提供劳务、出租给他人或为了经营管理目的而持有的，预计使用年限超过一年的具有实物形态的资产。

按照《企业会计准则第 4 号——固定资产》对固定资产的定义，固定资产，是指同时具有以下特征的有形资产：为生产商品、提供劳务、出租或经营管理而持有的；使用寿命超过一个会计年度。同时，该准则还特别强调，固定资产符合定义，且同时满足下列条件的，才能予以确认：与该固定资产有关的经济利益很可能流入企业；该固定资产的成本能够可靠地计量。

（二）固定资产的分类

商品流通企业有各种固定资产，为了对固定资产进行管理和核算，应按照一定的标准对固定资产进行分类。

(1) 固定资产按经济性质，可分为房屋建筑物和配套设备，主要包括各种商场、购物中心以及其中的电梯等配套设备。

(2) 固定资产按其经济用途，可分为经营用固定资产和非经营用固定资产。前者直接服务于商品流通企业经营过程；后者则是间接服务于生产经营过程。

(3) 固定资产按使用情况，可分为在用固定资产、未使用固定资产和不需用固定资产。

(4) 固定资产按所有权情况，可分为自有固定资产和融资租入固定资产。

(5) 固定资产按现行制度，综合分类为七大类：生产经营用固定资产；非生产经营用固定资产；租出固定资产；未使用固定资产；不需用固定资产；融资租入固定资产；土地（指过去已经估价单独入账的土地）。

（三）固定资产的计价标准

为了正确反映固定资产价值的增减变动，应按一定的标准对固定资产进行计价。固定资产计价是以货币为计量单位来反映固定资产的价值，共有四种计价标准。

(1) 原始价值计价。它是指企业在取得某项固定资产的同时，将为购置和建造这些固定资产所发生的全部支出作为价值计价。这一方法客观、操作方便，但不能反映资产的技术寿命动态变化过程，只能适用于与技术关联程度不大的固定资产。

(2) 重置价值计价。它是指以现付市场价格重新购置某固定资产所要支付的金额为标准计价。这种方法能反映固定资产的现时价值，但日常实务操作比较困难，计价成本较高，适用于企业购入的固定资产、盘盈、接受投资的资产。

(3) 账面净值计价。它是指以固定资产原始价值或重置完全价值减去已提折旧后的余额作为计价标准。这种方法适用于固定资产盘盈、盘亏、毁损而导致的财产盈余或损失。

(4) 公允价值计价。在公允价值计价法下，资产按照在公平交易中熟悉情况的交易双方自愿进行资产交换的金额作为计价标准。

（四）固定资产核算的科目设置

固定资产核算的基本科目有“固定资产”、“在建工程”、“累计折旧”、“工程物资”、“固定资产清理”等。

(1)“固定资产”科目。核算商品流通企业固定资产增减变动与结存情况。该科目借方反映固定资产的增加数，贷方反映固定资产的减少数，期末余额在借方，反映企业现有固定资产的原始价值。

(2)“在建工程”科目。核算企业基建、更新改造等在建工程（construction in process）发生的支出。该科目借方登记企业各项在建工程的实际支出，贷方登记完工工程转出成本，期末余额在借方，反映企业尚未达到预定可使用状态的在建工程的成本。

(3)“累计折旧”科目。核算固定资产每期折旧和累计折旧数额。该科目贷方登记折旧额的增加数，借方登记折旧额的冲销数，期末余额在贷方，表示现有固定资产的累计折旧额。

(4)“工程物资”科目。核算企业为在建工程而准备的各种物资的实际成本。该科目借方登记企业购入工程物资的成本，贷方登记领用工程物资的成本，期末余额在借方，反映企业为在建工程准备的尚未使用的各种物资的成本。

(5)“固定资产清理”科目。核算因转让、报废和毁损等原因而转入清算的固定资产价值，以及在清算过程中所发生的清理费用和清理收入。该科目借方登记转入清理的固定资产清理（liquidation of fixed assets）净值和发生的清理费用，贷方登记清理固定资产的变价收入和损失。

二、固定资产增加的核算

企业固定资产增加的主要来源有：购入固定资产、投资转入固定资产、自行建造固定资产、接受捐赠固定资产和盘盈固定资产。企业财会部门应根据审核无误的凭证，反映固定资产的增加。下面分别讲述不同来源增加的固定资产的核算。

(一) 购入固定资产的核算

商品流通企业购入的固定资产，有的在购入后需要安装调试，有的则不需要安装调试，其账务处理不尽相同。

1. 购入不需安装的固定资产

不需安装的固定资产是指企业购入后可以直接交付使用的固定资产。购入不需安装的固定资产时，应按实际支付的买价、运杂费、保险费及所缴纳税费作为固定资产原值入账，借记“固定资产”科目，贷记“银行存款”科目。

2. 购入需要安装的固定资产

由于此类固定资产需要经过安装才能交付使用，在交付使用之前，所耗费的一切费用，包括固定资产买价、包装费、运输费以及安装耗用的材料费、人工费等均先通过“在建工程”科目核算；待安装完毕交付使用时，再由“在建工程”科目转入“固定资产”科目。企业购入需要安装的固定资产时，按实际支付的买价、包装费和运输费等相关税费，借记“在建工程”科目，贷记“银行存款”科目；安装过程中发生的材料费、安装人员工资等费用，借记“在建工程”科目，贷记“原材料”、“应付职工薪酬”、“银行存款”等科目；安装完毕交付使用时，按其实际成本，借记“固定资产”科目，贷记“在建工程”科目。

【例 6—1】 品源商贸公司为增值税一般纳税人，本年度购入一组冰柜（甲）和需要安装调试的中央空调（乙）。冰柜不需要安装调试，购买时取得的增值税专用发票上注明的价款为 20 000 元，增值税税额为3 400元，发生运输费 1 500 元，以上款项均通过银行存款转账支付。该企业需要安装调试的中央空调，购入时取得的增值税专用发票上注明价款为 300 000 元，增值税税额为 51 000 元，另支付运输费 9 000 元。以上款项已通过银行存款支付。调试安装过程中领用材料一批，价款 3 000 元，增值税税额为 510 元，发生安装工人工资4 300元，该固定资产现已安装完毕交付使用。编制会计分录如下：

（1）购入甲固定资产时：

借：固定资产　　21 500

　　应交税金——应交增值税（进项税额）　　3 400

　贷：银行存款　　24 900

（2）由于乙固定资产属于不动产，而且用于非应税项目，其购入时所产生的增值税进项税额不得抵扣。

1）购入时：

借：在建工程　　360 000

　贷：银行存款　　360 000

2）调试安装时：

借：在建工程　　7 810

　贷：原材料　　3 000

　　　应交税费——应交增值税（进项税额转出）　　510

　　　应付职工薪酬　　4 300

3）安装完毕交付使用时：

固定资产价值＝360 000＋7 810＝367 810(元)

借：固定资产　　367 810

　贷：在建工程　　367 810

（二）投资者投入固定资产的核算

商品流通企业与其他单位联营、合资，收到投资单位或个人投入的固定资产时，应按双方协商确认的价值或合同、协议约定的价格记账。

接受投资者投入的固定资产时，如果投资者投入固定资产的协商确认价值大于投资方在单位注册资本中占有的份额，则以双方协商确认价值，借记“固定资产”科目，按投资方在被投资单位注册资本中占有的份额，贷记“实收资本”或“股本”科目，按其差额，贷记“资本公积”（资本溢价或股本溢价）科目。

【例 6—2】 黄海农产品批发公司（以下简称黄海公司）接受丙公司投入的铺面楼房一栋，作为本企业经营使用固定资产。此固定资产投资占黄海公司注册资本的 20%，黄海公司注册资本为 20 000 000 元。该铺面房双方协商价值为6 800 000元，假定不考虑其他税费，黄海公司应编制会计分录如下：

丙公司所占投资份额＝20 000 000×20%＝4 000 000(元)

借：固定资产　　6 800 000

　贷：实收资本　　4 000 000

　　　资本公积——资本溢价　　2 800 000

（三）自行建造固定资产的核算

商品流通企业自行建造固定资产的方式有两种：一种是自营方式建造固定资产；另一种是出包方式建造固定资产。自营方式建造固定资产的原值，应包括建造期间的全部支出，如物资成本、人工成本、缴纳的相关税费以及未达到使用状态前的长期借款利息等。企业以出包方式建造固定资产的原值，应包括实际支付的全部工程价款和未达到使用状态前的长期借款利息等。企业无论采用何种方式自行建造固定资产，均应通过“在建工程”科目进行核算。

1. 自营方式建造固定资产

采用自营方式建造固定资产，在核算工程物资时，一般应单独通过“工程物资”科目进行核算。

(1) 当自营工程购入所需材料物资时，应根据实际支付的全部价款，借记“工程物资”科目，贷记“银行存款”等科目；当自营工程领用材料物资时，应根据实际成本，借记“在建工程”科目，贷记“工程物资”科目。

(2) 按企业自营工程在建造过程中发生的有关人工成本及其他相关支出等，借记“在建工程”科目，贷记“应付职工薪酬”、“应付利息”、“银行存款”等科目。

(3) 当自营工程建造完毕交付使用时，应根据自营工程发生的实际成本，借记“固定资产”科目，贷记“在建工程”科目。

2. 出包方式建造固定资产

采用出包方式建造固定资产，其工程的具体支出在承包单位核算。“在建工程”科目实际上核算建造价款的支付情况以及出包工程期间应付银行的长期借款利息。企业采用出包工程方式，预付工程款时，借记“预付账款”科目，贷记“银行存款”等科目；按工程进度结算工程价款时，借记“在建工程”科目，贷记“预付账款”、“银行存款”等科目；工程完工交付使用时，借记“固定资产”科目，贷记“在建工程”科目。

【例 6—3】 兰奇商品批发公司从银行取得长期借款，决定以自营方式建造大型商场，工程建造期为一年半。为此购入工程物资一批，价款为 1 000 000 元，支付的增值税为 170 000 元，款项已通过银行存款支付。自行建造固定资产过程中先后领用了全部工程物资，同时该工程还应支付工程人员工资 156 000 元。自行建造固定资产期间确定的应付银行长期借款利息为 65 000 元，一年半后该自营工程按期完工并交付使用。根据以上资料，编制会计分录如下：

(1) 购入工程物资时：

	借方	贷方
借：工程物资	1 170 000	
贷：银行存款		1 170 000

(2) 自营工程期间领用工程物资时：

	借方	贷方
借：在建工程——××商场	1 170 000	
贷：工程物资		1 170 000

(3) 计提工程人员工资时：

	借方	贷方
借：在建工程——××商场	156 000	
贷：应付职工薪酬		156 000

(4) 自营工程期间确认长期借款利息时：

	借方	贷方
借：在建工程——××商场	65 000	
贷：应付利息		65 000

(5) 工程完工交付使用时：

自营工程成本=1 170 000+156 000+65 000=1 391 000(元)

借：固定资产——××商场　　1 391 000

　贷：在建工程——××商场　　1 391 000

(四) 接受捐赠的固定资产的核算

商品流通企业接受捐赠的固定资产，应按同类资产的市场价格估价并加上应支付的相关税费记账，或根据所提供的有关凭据并加上应支付的相关税费记账，作为营业外收入处理。企业收到捐赠的固定资产时，应按确定的价值，借记“固定资产”科目，贷记“营业外收入——捐赠利得”科目，按企业因接受捐赠固定资产支付或应付的金额，贷记“银行存款”、“应交税费”等科目。

(五) 盘盈固定资产的核算

商品流通企业为了加强对固定资产的管理，保护固定资产的安全完整，检查账实是否相符，应按规定对固定资产进行盘点清查。如发现盘盈或盘亏固定资产，应及时登记入账，并查明原因经批准后处理。盘盈的固定资产作为固定资产的增加核算，盘亏的固定资产作为固定资产的减少核算。

盘盈的固定资产应按同类或类似固定资产的市场价格，减去按该项资产的新旧程度估计的价值损耗后的余额，或在同类或类似固定资产不存在活跃市场时，按该项固定资产的预计未来现金流量现值入账，并通过“以前年度损益调整”科目核算。因此，盘盈固定资产时，借记“固定资产”科目，贷记“以前年度损益调整”科目。由于以前年度损益调整增加的所得税费用，借记“以前年度损益调整”科目，贷记“应交税费——应交所得税”科目。经上述调整后，应将“以前年度损益调整”科目的余额转入“利润分配——未分配利润”科目。

三、固定资产折旧的计提及核算

固定资产折旧是指固定资产由于使用耗损、自然侵蚀、科技进步和劳动生产率提高所引起的价值损耗。固定资产的损耗，可分为有形损耗和无形损耗。有形损耗是指固定资产在使用过程中由于使用和自然力侵蚀及外部力破坏引起的使用价值上的损耗；无形损耗是指由于出现技术进步、劳动生产率提高而引起的固定资产价值上的损耗。固定资产应当按月计提折旧。

商品流通企业的固定资产折旧作为折旧费应按期计入费用，随着固定资产的逐渐磨损，固定资产的成本在预计使用年限内分期转化为费用，由各期实现的商品销售收入进行补偿，固定资产的原始投资将以货币资金的形式分期收回。

(一) 计提折旧的范围

除以下情况外，商品流通企业应当对所有的固定资产计提折旧：

(1) 已提足折旧仍在继续使用的固定资产。

(2) 按规定单独估价作为固定资产入账的土地。

商品流通企业在计提折旧时应注意以下情况：月份内增加的固定资产当月不提折旧，从下月起计提折旧；月份内减少或停用的固定资产当月照提折旧，从下月起不再计提折旧

(季节性停用和修理停用除外)。固定资产提足折旧后，不论能否继续使用，均不再计提折旧；提前报废的固定资产，也不再补提折旧。

(二) 固定资产折旧的影响因素

决定固定资产折旧的基本因素有：固定资产原始价值、固定资产的预计净残值、固定资产减值准备、固定资产的使用年限。

(1) 固定资产原始价值，也称折旧基数。计提折旧是以固定资产账面原值为依据，原值大小决定了每期计提折旧的金额。

(2) 固定资产的预计净残值。固定资产预计净残值等于固定资产处置时回收的残余价值减去清理费用的余额，固定资产原值与净残值之差，决定了实际计提折旧的金额。残余价值是指固定资产报废清理时可收回的残料或零件的价值；清理费用是指固定资产报废清理时所需的拆除、搬运等费用。

(3) 固定资产减值准备，是指某项固定资产已计提的固定资产减值准备累计金额。

(4) 固定资产的使用年限，即固定资产的折旧年限，决定了每期固定资产的折旧金额。

(三) 固定资产折旧的计算方法

商品流通企业应当根据固定资产所含经济利益预期实现方式选择折旧方法。固定资产折旧的计算方法一般有年限平均法、工作量法、双倍余额递减法、年数总和法。折旧方法一经选定，不得随意变更；如需变更，应当在会计报表附注中予以说明。

1. 年限平均法

年限平均法又称直线法，是指固定资产的应计提折旧额(固定资产原始价值减去预计净残值及减值准备后的差额)均衡地分摊到固定资产预计使用年限内的一种方法。采用这种方法计算的每期折旧额是相等的。这类方法具有普遍适用性。计算公式如下：

$$年折旧率=(1-预计净残值率)\div预计使用年限$$

$$月折旧率=年折旧率\div12$$

$$月折旧额=固定资产原价\times月折旧率$$

固定资产折旧率按其适用范围划分，可以分为个别折旧率、分类折旧率和综合折旧率三种：

(1) 个别折旧率。个别折旧率是指按照每一项固定资产的预计净残值率和预计使用年限确定的折旧率。上述折旧率计算公式就是按个别固定资产单独计算的。采用个别折旧率计算的准确性较高，但逐项计算固定资产折旧额的工作量较大。采用个别折旧率计算折旧，一般适用于固定资产数量不多或者各月之间固定资产数量增减变动不大的企业。

(2) 分类折旧率。分类折旧率是指按照每一类固定资产的平均总折旧率和预计平均使用年限确定的该类固定资产的平均折旧率。计算公式为：

$$\begin{matrix}某类固定资产\\年分类折旧率\end{matrix}=\left(\begin{matrix}该类固定资产\\年折旧额之和\end{matrix}\div\begin{matrix}该类固定资产\\原价之和\end{matrix}\right)\times100\%$$

采用分类折旧率与采用个别折旧率相比，计算的各项固定资产折旧额的准确性相对差些，但由于固定资产的类别不是很多，因而计算固定资产折旧额的工作量相对较小。

(3) 综合折旧率。综合折旧率是指某一期间企业全部固定资产折旧额与全部固定资产原价的比率。计算公式为：

$$\text{固定资产年综合折旧率} = \left(\frac{\text{各项固定资产年折旧额之和}}{} \div \frac{\text{各项固定资产原价之和}}{} \right) \times 100\%$$

采用综合折旧率计算固定资产折旧，其计算结果的准确性较差。

采用年限平均法计算折旧，每年的折旧额相同，如果固定资产每年的使用程度不同，则不能正确反映固定资产的损耗情况。商品流通企业应根据自身的特点，选择不同的折旧率计提折旧。

【例 6—4】 美联小商品批发公司采用年限平均法计提固定资产折旧。该公司某商房铺面的原值为 650 000 元，预计净残值为 10 000 元，该项固定资产已计提的减值准备为 40 000 元，预计该固定资产使用年限为 20 年。该项固定资产的月折旧额计算如下：

应计提折旧额＝650 000－10 000－40 000＝600 000(元)

年折旧额＝600 000÷20＝30 000(元)

月折旧额＝30 000÷12＝2 500(元)

2. 工作量法

工作量法是以固定资产在使用期内所完成的工作量为依据，计算各期计提折旧额的方法。这一方法适用于在各个会计期间工作量使用不均衡的固定资产，如货运车辆等。采用工作量法计算折旧，应首先确定固定资产应提折旧总额（固定资产原始价值减去预计净残值及减值准备后的差额）；然后，根据固定资产应提折旧总额和预计使用年限内预计完成的工作总量，确定单位工作量折旧额；最后根据单位工作量折旧额和某月实际完成的工作量，计算出该月实际折旧额。计算公式为：

$$\text{单位工作量折旧额} = \text{该固定资产应提折旧总额} \div \text{该固定资产预计完成总工作量}$$

$$\text{该固定资产月折旧额} = \text{单位工作量折旧额} \times \text{该月实际完成的工作量}$$

【例 6—5】 品源商贸公司有运输汽车 1 辆，原值为 540 000 元，预计净残值率为 4%，预计使用年限为 10 年，该公司采用工作量法计提折旧。该运输汽车预计行驶总里程为 900 000千米，本月行驶 6 500 千米。计算的固定资产月折旧额如下：

该固定资产应计提折旧总额＝540 000×(1－4%)＝518 400(元)

该固定资产单位工作量折旧额＝518 400÷900 000＝0.576(元/千米)

该固定资产月折旧额＝6 500×0.576＝3 744(元)

3. 双倍余额递减法

双倍余额递减法是在不考虑固定资产预计净残值的情况下，根据每年年初固定资产净值和双倍的直线法折旧率计算固定资产折旧额的一种方法。双倍余额递减法是一种加速折旧的方法。加速折旧法是指在固定资产使用初期多计提折旧而在后期少计提折旧，相对加速计提折旧的方法。其计算公式为：

年折旧率＝2÷预计使用年限×100%

月折旧率＝年折旧率÷12

月折旧额＝每月月初固定资产账面净值×月折旧率

采用双倍余额递减法计算折旧额时，由于每年年初固定资产净值没有扣除预计净残值，所以在计算固定资产折旧额时，应在其折旧年限到期的前两年内，将固定资产净值扣除预计净残值后的余额平均摊销。这类方法适用于商品流通企业中由于技术进步而淘汰比较快的固定资产。

4. 年数总和法

年数总和法是以固定资产的原值减去净残值后的余额乘以递减的折旧率计算每年应提折旧的方法。年数总和法也是一种加速折旧法。采用年数总和法计提折旧，首先应确定固定资产使用期间的可使用年数总和；其次应确定年折旧率；最后确定年折旧额。其计算公式为：

年折旧率＝(尚可使用年限÷预计使用年限的年数总和)×100％

月折旧率＝年折旧率÷12

月折旧额＝(固定资产原价－预计净残值)×月折旧率

（四）固定资产折旧的账务处理

无论商品流通企业采用哪种折旧计算方法，固定资产应当按月计提折旧，并根据用途计入相关资产的成本或者当期损益中。企业按月计提折旧时，应将固定资产折旧额作为折旧费用列入有关成本费用科目。

【例 6—6】 兰奇商品批发公司采用双倍余额递减法计提固定资产折旧额，其行政管理部门的一台电脑原值为 16 000 元，预计使用年限为 5 年，预计净残值为 500 元。根据以上资料，计算各年折旧率及各年折旧额，结果如表 6—1 所示。

表 6—1 **各年折旧额计算表**

（双倍余额递减法）

单位：元

年度	年初净值	年折旧率	年折旧额	累计折旧额	年末净值
1	16 000	40％	6 400	6 400	9 600
2	9 600	40％	3 840	10 240	5 760
3	5 760	40％	2 304	12 544	3 456
4	3 456	—	1 478	14 022	1 978
5	1 978	—	1 478	15 500	500

编制会计分录如下：

（1）第 1 年计提折旧时：

借：管理费用　　6 400

　贷：累计折旧　　6 400

（2）第 2 年计提折旧时：

借：管理费用　　3 840

　贷：累计折旧　　3 840

(3) 第3年计提折旧时：

借：管理费用 2 304

　贷：累计折旧 2 304

(4) 第4年计提折旧时：

借：管理费用 1 478

　贷：累计折旧 1 478

(5) 第5年计提折旧时：

借：管理费用 1 478

　贷：累计折旧 1 478

四、固定资产后续支出的核算

商品流通企业的固定资产投入使用后，为了适应新技术发展的需要，或者为了维护、提高固定资产的使用效能，往往需要对现有固定资产进行维护、改建、扩建或者改良。固定资产的后续支出是指固定资产投入使用以后发生的修理费用和更新改造等支出。

(一) 固定资产修理费用的核算

固定资产修理，按修理范围的大小、修理间隔时间的长短、费用支出的数额大小以及是否均衡等，分为大修理和经常修理两种。固定资产的修理费不符合固定资产的确认条件，因此一般在发生时直接计入当期损益。实际支付修理费时，借记“管理费用”等科目，贷记“银行存款”等科目。

(二) 固定资产更新改造支出的核算

固定资产的更新改造是指对原有固定资产进行的改良或扩充。由于固定资产更新改造以后，可能在质量上有所提高，或在实物量上有所增加，因而其原价也会有所增加。企业对原有固定资产进行更新改造后，有些会延长使用年限从而增加生产能力；有些则仅仅会提高生产产品质量或增加生产能力而不延长使用年限。在一般情况下，固定资产的更新改造支出符合固定资产的确认条件，应当在发生时，先记入“在建工程”科目，最后转入“固定资产”科目。

商品流通企业改扩建固定资产时，将其原值及累计折旧和减值准备注销，将固定资产净值转入在建工程，借记“在建工程”、“累计折旧”、“固定资产减值准备”科目，贷记“固定资产”科目。固定资产更新改造支出，应根据实际支出在“在建工程”科目中进行核算，借记“在建工程”科目，贷记“原材料”、“应付职工薪酬”、“银行存款”等科目。未领用的消耗材料回收入库或改扩建过程中拆除的原有固定资产的部件残料收回时，冲减该扩建工程支出，借记“原材料”科目，贷记“在建工程”科目。改扩建完工固定资产交付使用时，应将改扩建工程的全部“在建工程”科目借方余额，转入“固定资产”科目，借记“固定资产”科目，贷记“在建工程”科目。

【例6—7】 黄海农产品批发公司改建原机器设备一台，该固定资产原值为105 000元，预计净残值为5 000元，预计使用10年，已使用2年。该固定资产采用年限平均法计提折旧，该固定资产改建时耗用原材料20 000元，其计税价格为30 000元，耗用人工8 000元，用银行存款支付其他费用13 000元。工程完工后，可延长使用年限4

年。根据以上资料，编制有关会计分录如下：

（1）注销固定资产原值及累计折旧时：

使用 2 年的累计折旧额=(105 000−5 000)÷10×2=20 000(元)

固定资产净值=105 000−20 000=85 000(元)

借：在建工程　　85 000

　　累计折旧　　20 000

　贷：固定资产　　105 000

（2）核算改建过程中耗费的有关费用时：

借：在建工程　　46 100

　贷：原材料　　20 000

　　　应交税费——应交增值税（进项税额转出）　　5 100

　　　应付职工薪酬　　8 000

　　　银行存款　　13 000

（3）改建完工时：

全部工程成本=85 000+46 100=131 100(元)

借：固定资产　　131 100

　贷：在建工程　　131 100

五、固定资产租赁的核算

商品流通企业根据经营的需要，可以向其他单位租入固定资产使用；如果本企业有闲置的固定资产，也可以租给其他单位使用。固定资产的租赁，按照固定资产所有权是否转移划分，可以分为经营租赁和融资租赁两种方式。

（一）固定资产经营租赁的核算

固定资产经营租赁，也称临时租赁，其特点是所租赁固定资产的所有权不转移，仍归租出企业所有；租入企业向租出企业按期缴纳租金，并于租赁期满后将固定资产交还给租出企业。

1. 经营租入固定资产的核算

商品流通企业采用经营租赁方式租入的固定资产，由于所有权不归本企业，因此不能作为本企业的固定资产处理，只能在有关登记簿中进行登记，据以管理。

企业租入固定资产所支付的租金，如果只为当期的租金，应计入当月的费用，借记“管理费用”、“销售费用”等科目，贷记“银行存款”等科目。

2. 经营租出固定资产的核算

商品流通企业采用经营租赁方式租出的各种固定资产（作为投资性房地产的除外），由于所有权仍归本企业所有，因此该资产仍作为本企业的固定资产处理。

企业租出固定资产收取的租赁费，应作为其他业务收入处理，借记“银行存款”等科目，贷记“其他业务收入”科目。企业的租赁费收入按规定的税率计算应缴纳的营业税，借记“营业税金及附加”科目，贷记“应交税费——应交营业税”科目。企业租出固定资产应照提折旧，计算出各月应提折旧额后，借记“其他业务成本”科目，贷记“累计折旧”科目。

【例6—8】 兰奇商品批发公司本年度发生下列租赁业务：企业行政管理部门经营租入高档办公家具，每月支付租金1 600元；将某一闲置的两居室对外租出，每月收到租赁收入2 500元，并按有关规定计算应缴纳的营业税为125元，按照规定，该固定资产每月计提折旧350元。根据以上业务，该企业编制有关会计分录如下：

（1）经营租入固定资产每月支付租金时：

借：管理费用	1 600	
贷：银行存款		1 600

（2）经营租出固定资产时：

每月收到租金收入：

借：银行存款	2 500	
贷：其他业务收入		2 500

每月按规定计算营业税：

借：营业税金及附加	125	
贷：应交税费——应交营业税		125

对经营租出固定资产每月计提折旧：

借：其他业务成本——经营租出固定资产	350	
贷：累计折旧		350

3. 投资性房地产的核算

商品流通企业可以将部分闲置的自有房屋对外出租。对于能够单独计量并以赚取租金为目的的房屋出租，在会计核算上应作为投资性房地产核算。投资性房地产的核算有两种计量模式：成本模式和公允价值模式。

（1）投资性房地产核算的主要科目。“投资性房地产”科目为资产类科目，借方登记企业增加的投资性房地产价值，贷方登记企业转出或处置投资性房地产的价值，该科目期末余额在借方，反映企业投资性房地产的成本或公允价值。

“投资性房地产累计折旧（摊销）”科目是“投资性房地产”科目的抵减科目，其科目结构比照“累计折旧”科目的结构。

“投资性房地产减值准备”科目核算投资性房地产的减值准备，该科目借方登记投资性房地产减值准备的转销额，贷方登记投资性房地产减值准备的增加额。该科目期末余额在贷方，反映企业已计提但尚未转销的投资性房地产减值准备。

（2）采用成本模式核算投资性房地产。商品流通企业将自用的商业用房转换为投资性房地产的，应按其转换日的原价、累计折旧、减值准备等，分别转入“投资性房地产”、“投资性房地产累计折旧”、“投资性房地产减值准备”科目。当房屋发生转换时，借记“投资性房地产”、“累计折旧”、“固定资产减值准备”科目，贷记“固定资产”、“投资性房地产累计折旧”、“投资性房地产减值准备”科目。

商品流通企业按期（月）对投资性房地产计提折旧时，借记“其他业务成本”科目，贷记“投资性房地产累计折旧”科目。取得租金收入时，借记“银行存款”等科目，贷记“其他业务收入”科目。

商品流通企业处置投资性房地产时，应按实际收到的金额，借记“银行存款”等科目，贷记“其他业务收入”科目。按该项投资性房地产的累计折旧额，借记“投资性房地产累计折旧”科目，按该项投资性房地产的账面余额，贷记“投资性房地产”科目，按其差额，借记“其他业务成本”科目。已计提减值准备的，还应同时结转减值准备。

（3）采用公允价值模式核算投资性房地产。商品流通企业将自用的商业用房转换为投资性房地产，并采用公允价值模式计量的，在“投资性房地产”科目下还应当分别按“成本”和“公允价值变动”进行明细核算。在此情况下，企业按房屋在转换日的公允价值，借记“投资性房地产——成本”科目，按已计提的累计折旧，借记“累计折旧”科目，按固定资产的账面余额，贷记“固定资产”科目，按其差额，贷记“资本公积——其他资本公积”科目或借记“公允价值变动损益”科目。已计提减值准备的，还应同时结转减值准备。

会计期末，当商品流通企业的投资性房地产的公允价值高于其账面余额时，按其差额，借记“投资性房地产——公允价值变动”科目，贷记“公允价值变动损益”科目；当企业的投资性房地产的公允价值低于其账面余额时，按其差额，借记“公允价值变动损益”科目，贷记“投资性房地产——公允价值变动”科目。在此期间，取得的租金收入，借记“银行存款”科目，贷记“其他业务收入”科目。

商品流通企业将投资性房地产转为自用时，应按其在转换日的公允价值，借记“固定资产”科目，按其账面余额，贷记“投资性房地产——成本”、“公允价值变动”科目，按其差额，贷记或借记“公允价值变动损益”科目。

商品流通企业处置投资性房地产时，应按实际收到的金额，借记“银行存款”等科目，贷记“其他业务收入”科目。按该项投资性房地产的账面余额，借记“其他业务成本”科目，贷记“投资性房地产——成本”科目，按其差额，贷记或借记“投资性房地产——公允价值变动”科目；同时，按该项投资性房地产的公允价值变动，借记或贷记“公允价值变动损益”科目，贷记或借记“其他业务收入”科目。按该项投资性房地产在转换日计入资本公积的金额，借记“资本公积——其他资本公积”科目，贷记“其他业务收入”科目。

【例 6—9】 兰奇商品批发公司 2011 年 1 月初将自有的闲置商业用房对外出租，该商业用房原有账面价值为 200 000 000 元，已提折旧 5 040 000 元，出租时该商业用房的公允价值为 230 000 000 元。如果企业每期计提折旧，每月应计提的折旧额为 420 000 元，企业每月收到房屋租金为 850 000 元。2011 年 12 月 31 日，该商业用房的公允价值为 250 000 000元。2012 年 1 月初企业因某种原因将该商业用房对外出售，所得价款 280 000 000 元存入银行。

（1）采用成本模式核算该投资性房地产，企业应编制会计分录如下：

1）出租商业用房，将自用的商业用房转换为投资性房地产时：

借：投资性房地产	200 000 000	
累计折旧	5 040 000	
贷：固定资产		200 000 000
投资性房地产累计折旧		5 040 000

2）每月对投资性房地产计提折旧时：

借：其他业务成本　　420 000

　贷：投资性房地产累计折旧　　420 000

3）每月收取租金时：

借：银行存款　　850 000

　贷：其他业务收入　　850 000

4）出售该投资性房地产时：

借：银行存款　　280 000 000

　贷：其他业务收入　　280 000 000

出售该投资性房地产时，该投资性房地产的累计折旧为 10 080 000（5 040 000＋420 000×12）元，编制会计分录如下：

借：其他业务成本　　189 920 000

　　投资性房地产累计折旧　　10 080 000

　贷：投资性房地产　　200 000 000

（2）采用公允价值模式核算该投资性房地产，该企业应编制会计分录如下：

1）出租商业用房，将自用的商业用房转换为投资性房地产时：

借：投资性房地产——成本　　230 000 000

　　累计折旧　　5 040 000

　贷：固定资产　　200 000 000

　　　资本公积——其他资本公积　　35 040 000

2）每月收取租金时：

借：银行存款　　850 000

　贷：其他业务收入　　850 000

3）2011 年 12 月 31 日，投资性房地产的公允价值变动时：

借：投资性房地产——公允价值变动　　20 000 000

　贷：公允价值变动损益　　20 000 000

4）出售该投资性房地产时：

借：银行存款　　280 000 000

　贷：其他业务收入　　280 000 000

借：其他业务成本　　250 000 000

　贷：投资性房地产——成本　　230 000 000

　　　　　　　　　——公允价值变动　　20 000 000

同时：

借：公允价值变动损益　　20 000 000

　贷：其他业务收入　　20 000 000

5）转销该投资性房地产在转换日计入资本公积的金额：

借：资本公积——其他资本公积　　35 040 000

　贷：其他业务收入　　35 040 000

（二）固定资产融资租赁的核算

固定资产融资租赁，就是以融通资金的方式租赁固定资产。其特点是在租赁期满以后，固定资产的所有权一般转移给租入企业。采用融资租赁方式租入的固定资产，在租赁期间固定资产的所有权属于出租方；租赁期满，固定资产的所有权一般要转归租入企业所有。在租赁期间，租入企业要按租赁协议的规定支付给出租方租赁费，租入方支付的租赁费实质上是以租赁的形式分期付款购置固定资产。因此，融资租入固定资产的核算视同本企业以分期付款方式购入固定资产核算。关于企业融资租入固定资产的核算，参见本书第七章相关内容。

六、固定资产减值准备的核算

企业固定资产发生减值计提减值准备时，通过“固定资产减值准备”科目进行核算，该科目为资产的备抵科目，贷方登记固定资产发生减值的增加数，借方登记处置固定资产时冲减固定资产减值准备的转销数，期末一般为贷方余额，反映企业已计提但尚未转销的固定资产减值准备。

资产负债表日，商品流通企业根据资产的可回收金额确定固定资产是否发生减值。如果存在减值，按应减记的金额，借记“资产减值损失”科目，贷记“固定资产减值准备”科目。处置固定资产时，应同时结转已计提的固定资产减值准备，借记“固定资产减值准备”科目，贷记相关科目。

七、固定资产减少的核算

企业固定资产减少主要有以下几种情况：出售固定资产；固定资产的报废和毁损；对外投资、捐赠转出固定资产；盘亏固定资产等。

（一）出售、报废和毁损、对外投资以及捐赠的固定资产的核算

1. 注销固定资产原值和累计折旧等

商品流通企业因出售、报废和毁损、对外投资以及捐赠等处置固定资产时，按该项固定资产账面价值，借记“固定资产清理”科目，按已计提的累计折旧额，借记“累计折旧”科目，原已计提减值准备的，借记“固定资产减值准备”科目，按该项固定资产原值，贷记“固定资产”科目。

2. 确认清理过程中发生的相关税费以及相关收益

按清理过程中发生的清理费用以及应支付的相关税费，借记“固定资产清理”科目，贷记“银行存款”、“应交税费——应交营业税”等科目。

收到出售固定资产的价款、残料价值或变价收入以及应由保险公司或过失人赔偿的损失时，借记“银行存款”、“原材料”、“其他应收款”等科目，贷记“固定资产清理”科目。

3. 清理净损益的处理

固定资产清理完成后，若“固定资产清理”科目为借方余额，则为清理净损失，应根据不同情况结转清理净损失。属于筹建期间的损失，借记“管理费用”科目，属于经营期间由于自然灾害等非正常原因造成的损失，借记“营业外支出——非常损失”科目；属于

经营期间正常的处理损失，借记“营业外支出——处置非流动资产损失”科目；贷记“固定资产清理”科目。

固定资产清理完成后，若“固定资产清理”科目为贷方余额，则为清理净收益，应根据不同情况从借方结转清理净收益。属于筹建期间的，贷记“管理费用”科目；属于经营期间的，贷记“营业外收入——处置非流动资产利得”科目。

【例 6—10】 品源商贸公司将某一固定资产对外出售，该固定资产原值为2 300 000元，已提折旧360 000元，已提减值准备60 000元。在清理过程中用银行存款支付清理费用21 000元，出售该固定资产取得收入2 200 000元并存入银行。因出售不动产应向税务局缴纳的营业税为110 000元。根据以上资料，编制有关会计分录如下：

（1）注销固定资产原值和累计折旧等：

借：固定资产清理　　1 880 000

　　累计折旧　　360 000

　　固定资产减值准备　　60 000

　贷：固定资产　　2 300 000

（2）支付清理费用时：

借：固定资产清理　　21 000

　贷：银行存款　　21 000

（3）收取固定资产出售款时：

借：银行存款　　2 200 000

　贷：固定资产清理　　2 200 000

（4）计算应缴纳的税金：

借：固定资产清理　　110 000

　贷：应交税费——应交营业税　　110 000

（5）结转固定资产清理净损益：

固定资产清理净收益＝2 200 000－21 000－1 880 000－110 000

＝189 000(元)

借：固定资产清理　　189 000

　贷：营业外收入——处置非流动资产利得　　189 000

【例 6—11】 黄海农产品批发公司的一辆运输车因自然灾害而毁损，该项固定资产原值为97 000元，已提折旧42 000元，已提减值准备3 000元。清理过程中用银行存款支付清理费1 500元，残料出售收取价款5 000元。因自然灾害应收保险公司赔款20 000元。根据以上资料，编制有关会计分录如下：

（1）注销固定资产原值和累计折旧等：

借：固定资产清理　　52 000

　　累计折旧　　42 000

　　固定资产减值准备　　3 000

　贷：固定资产　　97 000

(2) 支付清理费用时：

借：固定资产清理　　1 500

　贷：银行存款　　1 500

(3) 收取残料变价收入时：

借：银行存款　　5 000

　贷：固定资产清理　　5 000

(4) 应收保险公司赔款时：

借：其他应收款　　20 000

　贷：固定资产清理　　20 000

(5) 结转固定资产清理净损益：

固定资产清理净损失 =(52 000+1 500)-(20 000+5 000)

=28 500(元)

借：营业外支出——非常损失　　28 500

　贷：固定资产清理　　28 500

【例 6—12】 兰奇商品批发公司将一不需用的固定资产对外捐赠。该固定资产原值为 540 000 元，已提折旧 30 000 元，捐赠过程中按计税价格 600 000 元计算应支付的营业税费为 30 000 元。根据以上资料，编制有关会计分录如下：

(1) 结转捐赠净值时：

借：固定资产清理　　510 000

　　累计折旧　　30 000

　贷：固定资产　　540 000

(2) 计算相应税费时：

借：营业外支出　　30 000

　贷：应交税费——应交营业税　　30 000

(3) 确定捐赠金额时：

借：营业外支出——捐赠支出　　510 000

　贷：固定资产清理　　510 000

(二) 固定资产盘亏的核算

盘亏的固定资产，应根据“固定资产盘点报告表”，按其净值，借记“待处理财产损溢——待处理固定资产损溢”科目，按已提折旧额，借记“累计折旧”科目，按固定资产原值，贷记“固定资产”科目；待按规定程序经有关部门批准转销时，借记“其他应收款”、“营业外支出——盘亏损失”等科目，贷记“待处理财产损溢——待处理固定资产损溢”科目。

【例 6—13】 品源商贸公司年末进行财产清查，盘亏电脑一台。该固定资产原值为 20 000元，已提折旧 8 000 元。报经有关部门审批后，将盘亏固定资产的净值转为营业外支出。根据以上资料，编制有关会计分录如下：

(1) 盘亏固定资产时：

借：待处理财产损溢——待处理固定资产损溢　　12 000

　　累计折旧　　8 000

　贷：固定资产　　20 000

（2）批准处理后：

借：营业外支出——盘亏损失　　12 000

　贷：待处理财产损溢——待处理固定资产损溢　　12 000

第二节　无形资产及其他资产核算

一、无形资产概述

（一）无形资产的含义

无形资产（intangible assets）是指商品流通企业拥有或者控制的没有实物形态的可辨认非货币性资产。资产满足下列条件之一的，符合无形资产定义中的可辨认性标准：

（1）能够从企业中分离或者划分出来，并能单独或者与相关合同、资产或负债一起，用于出售、转移、授予许可、租赁或者交换。

（2）源自合同性权利或其他法定权利，无论这些权利是否可以从企业或其他权利和义务中转移或者分离。

（二）无形资产的特征

无形资产具有以下特征：

（1）没有实物形态，必须依赖于一定的实体存在。

（2）无形资产是企业特有的专权，具有排他性。

（3）能服务于企业多个经营周期。

（4）能为企业带来相当的经济利益，但经济利益的大小及分布具有不确定性。

（5）企业要取得无形资产必须付出一定代价。

（三）无形资产的内容

商品流通企业拥有的无形资产主要包括以下内容：

（1）专利权。专利权是指专利发明人经过专利申请获得批准，从而获得法律保护的对某一产品的设计、造型、配方、结构、制造工艺或程序等拥有的专有权利。在有效期限内，发明者享有专利的独占权。

（2）土地使用权。土地使用权是指某一企业按照法律规定所取得的在一定时期对国有土地进行开发、利用和经营的权利。企业可以依照法定程序取得土地使用权，或将已取得的土地使用权依法转让。

（3）商标权。商标权是指商标所有者指定某类产品或商品使用特定的名称或图案即商标，商标注册登记后，取得的受法律保护并享有独家使用的权利。

（4）特许经营权。特许经营权又称特许权、专营权，是指企业在某一地区经营或销售某种特定商品的权利或是一家企业授予另一家企业使用其商标、商号、技术秘密等的权利。前者一般是指政府机关的授权，准许企业在一定地区享有经营某种业务或销售某种特定商品的特权；后者是指企业间依照签订的合同，有限期或无限期使用对方的某些权利。

二、无形资产核算

无形资产核算的基本科目为“无形资产”，该科目借方反映增加的无形资产成本，贷方反映无形资产摊销和对外投资转出的成本；期末余额在借方，反映企业无形资产的成本。

“累计摊销”科目属于“无形资产”的调整科目，该科目贷方登记企业计提的无形资产摊销额，借方登记处置无形资产转出的累计摊销额，期末贷方余额反映企业无形资产的累计摊销额。

无形资产核算包括：无形资产取得的核算；无形资产摊销的核算；无形资产转让的核算；无形资产减值准备的核算。

（一）无形资产取得的核算

1. 商品流通企业购入无形资产的核算

商品流通企业外购的无形资产，按应计入无形资产成本的金额，借记“无形资产”科目，贷记“银行存款”等科目。

2. 商品流通企业自行开发无形资产的核算

商品流通企业自行开发无形资产，分为研究和开发两个阶段。在研究阶段支付的有关费用，应当于发生时计入当期损益。开发阶段的支出，同时满足下列条件的，才能确认为无形资产：

（1）完成该无形资产以使其能够使用或出售在技术上具有可行性。

（2）具有完成该无形资产并使用或出售的意图。

（3）无形资产能够产生经济利益。

（4）有足够的技术、财务资源和其他资源支持，以完成该无形资产的开发，并有能力使用或出售该无形资产。

（5）归属于该无形资产开发阶段的支出能够可靠地计量。

商品流通企业自行开发无形资产发生的研发支出，满足资本化条件的，借记“研发支出——资本化支出”科目，不满足资本化条件的，借记“研发支出——费用化支出”科目，贷记“银行存款”、“原材料”、“应付职工薪酬”等科目。每个会计期末，企业应将费用化支出的金额转入“管理费用”科目，借记“管理费用”科目，贷记“研发支出——费用化支出”科目。研究开发项目满足资本化条件并达到预定用途形成无形资产的，应按“研发支出——资本化支出”科目的余额，借记“无形资产”科目，贷记“研发支出——资本化支出”科目。

3. 投资者投入无形资产的核算

商品流通企业接受其他单位以无形资产向本企业的投资时，应按评估确认价值或合同、协议中规定的金额，借记“无形资产”科目，贷记“实收资本”或“股本”科目。

（二）无形资产摊销的核算

根据《企业会计准则》的规定，使用寿命有限的无形资产应当摊销，使用寿命不确定的无形资产不予摊销。

商品流通企业持有的无形资产，通常来源于合同性权利或其他法定权利，且合同规定或法律规定有明确的使用年限。来源于合同性权利或其他法定权利的无形资产，其使用寿命不应超过合同性权利或其他法定权利的期限；合同性权利或其他法定权利在到期时因续约等延续，且有证据表明企业续约不需要付出大额成本的，续约期应当计入使用寿命。合同或法律没有规定使用寿命的，企业应当综合各方面因素判断，以确定无形资产能为企业带来经济利益的期限。比如，与同行业的情况进行比较、参考历史经验或聘请相关专家进行论证等。按照上述方法仍无法合理确定无形资产为企业带来经济利益期限的，该项无形资产应作为使用寿命不确定的无形资产。

无形资产一般采用分期等额摊销法进行摊销。其计算公式如下：

某项无形资产年摊销额＝该项无形资产账面价值÷有效年份

月摊销额＝年摊销额÷12

商品流通企业按月计提摊销额时，借记“管理费用”、“其他业务成本”等科目，贷记“累计摊销”科目。

（三）无形资产转让的核算

转让无形资产，应按实际收到的金额，借记“银行存款”等科目，按已计提的累计摊销，借记“累计摊销”科目，原已计提减值准备的，借记“无形资产减值准备”科目，按应支付的相关税费，贷记“应交税费”等科目，按其账面余额，贷记“无形资产”科目，按其差额，贷记“营业外收入——处置非流动资产利得”科目或借记“营业外支出——处置非流动资产损失”科目。

【例6—14】 品源商贸公司将现有商标权对外转让，收取价款220 000元，该项无形资产已计提摊销额为20 000元，计提的减值准备为19 000元，转让无形资产应缴纳的营业税费为11 000元，该无形资产的账面净值为200 000元。转让无形资产所有权时，应编制会计分录如下：

借：银行存款	220 000	
累计摊销	20 000	
无形资产减值准备	19 000	
贷：应交税费——应交营业税		11 000
无形资产		200 000
营业外收入——处置非流动资产利得		48 000

（四）无形资产减值准备的核算

无形资产发生减值计提减值准备时，通过“无形资产减值准备”科目进行核算，该科目为资产的备抵科目，贷方登记计提无形资产发生减值的增加数，借方登记处置无形资产时冲减无形资产减值准备的转销数，期末一般为贷方余额，反映企业已计提但尚未转销的无形资产减值准备。

会计期末，商品流通企业根据资产减值准则确定无形资产发生减值的，按应减记的金额，借记“资产减值损失”科目，贷记“无形资产减值准备”科目。处置无形资产时，应同时结转已计提的无形资产减值准备，借记“无形资产减值准备”科目，贷记相关科目。

三、其他资产的核算

其他资产是指除货币资金、交易性金融资产、应收及预付款项、存货、长期股权投资、固定资产和无形资产等以外的各项资产，主要包括长期待摊费用和其他长期资产。

（一）长期待摊费用的核算

1. 长期待摊费用的含义

长期待摊费用是指企业已经发生但应由本期和以后各期负担的分摊期限在一年以上的各项费用，主要包括经营租入固定资产改良支出等。长期待摊费用与无形资产不同。长期待摊费用虽然也没有实物形态，但其本身没有交换价值，不可转让。长期待摊费用是一种预付费用，一经发生，费用就已存在，只是尚未计入期间费用。

商品流通企业在确认长期待摊费用时，一般要考虑两个条件：一是受益期限在一年以上。在这种情况下，将支出计入长期待摊费用，符合权责发生制和配比原则。二是未来会计期间获得的收益能够抵补分期摊销的支出。此外，对于受益期间虽然在一年以上但数额很小的支出，按照重要性原则，也可以不予分期摊销，直接计入当期损益。

2. 长期待摊费用的核算

为了总括反映长期待摊费用的发生、摊销情况，应设置“长期待摊费用”科目，该科目借方登记发生的长期待摊费用，贷方登记长期待摊费用的摊销额，余额在借方表示企业尚未摊销完毕的长期待摊费用。该科目应按费用项目进行明细核算。

商品流通企业发生长期待摊费用时，借记“长期待摊费用”科目，贷记“银行存款”、“原材料”等科目。摊销长期待摊费用时，借记“管理费用”、“销售费用”等科目，贷记“长期待摊费用”科目。

（二）其他长期资产的核算

其他长期资产一般包括国家批准储备的特种物资、银行冻结存款以及临时设施和涉及诉讼的财产等。其他长期资产可以根据资产的性质及特点单独设置相关科目核算。

企业持有储备的特种物资、银行冻结存款、涉及诉讼的财产时，借记有关科目，贷记“银行存款”等科目；当储备结束、银行存款解冻、诉讼中的财产法院已判决时，根据具体情况，借记“银行存款”等科目，贷记有关科目。

本章小结

根据商品流通企业对内投资的物质形式不同，对内投资主要包括具用实物形态的固定资产投资和不具有实物形态的无形资产投资。固定资产是指商品流通企业用于销售商品、提供劳务、出租给他人或为了经营管理目的而持有的，预计使用年限超过一年的具有实物形态的资产。商品流通企业固定资产的核算主要包括固定资产增加、固定资产折旧、固定资产后续支出、固定资产租赁、固定资产减少等的核算。无形资产是商品流通企业拥有或者控制的没有实物形态的可辨认非货币性资产。学习本章不但要了解无形资产包括的内容，还要详细了解无形资产有关的核算。

关键术语

固定资产（fixed assets）　　在建工程（construction in process）

无形资产（intangible assets）　　固定资产清理（liquidation of fixed assets）

复习思考题

1. 什么是固定资产？界定固定资产的标准是什么？
2. 固定资产的计价标准有哪几种？
3. 自行建造固定资产的方式有哪几种？如何进行自行建造固定资产的核算？
4. 盘盈固定资产和盘盈存货在账务处理上有什么区别？
5. 固定资产计提折旧的范围有哪些？
6. 影响固定资产折旧的因素有哪些？
7. 投资性房地产核算的计量模式有几种？试区别不同计量模式的异同。
8. 简述固定资产在出售、报废或毁损以及对外投资时的账务处理程序。
9. 什么是无形资产？它具有什么特征？
10. 无形资产包括哪些内容？

第七章

筹资业务核算

【学习目标】

- 掌握实收资本及资本公积的内容及核算
- 掌握短期借款和长期借款的内容及核算
- 掌握商品流通企业经营管理业务中应付项目的内容及核算
- 掌握留存收益的内容及核算

第一节　实收资本及资本公积的核算

商品流通企业的筹资（financing）活动解决的是资金来源问题。资金的来源按资金性质可分为自有资金和负债资金，其中自有资金包括资本金、资本公积金、盈余公积金和未分配利润，负债资金包括各项应付款项、各种借款、应付债券等。

一、实收资本的核算

（一）实收资本概述

我国有关法律规定，投资者设立企业必须投入资本。为了反映和监督投资者投入资本的增减变动情况，商品流通企业必须按照国家统一的会计制度的规定进行实收资本（paid-up capital）的核算，真实地反映所有者投入企业资本的状况，维护所有者在企业的权益。除股份有限公司以外，其他各类企业应通过“实收资本”科目核算。股份有限公司应通过“股本”科目核算。

接受投资者投入企业资本是商品流通企业筹集股权资本（equity capital）的主要方式。投入资本按出资者的不同，可分为国家投入资本、法人投入资本、个人投入资本和外商投入资本；按投资形式的不同，可分为吸收现金资产投资和吸收非现金资产投资。吸收现金资产投资是企业筹集股权资本乐于采用的形式。企业可用现金购置资产、支付费用，比较灵活方便。吸收非现金资产投资主要有两种形式：一是吸收实物资产投资，如投资者以房屋、设备等固定资产和材料、产品等流动资产作价投资；二是筹集无形资产投资，如投资者以专利权、商标权等无形资产作价投资。

投入资本筹资是我国商品流通企业最早采用的一种筹资方式。它既有优点，也有不足之处。投入资本筹资的优点主要有：

(1) 所筹的资本属于企业的股权资本，与债权资本相比较，它能提高企业的资信等级和借款能力。

(2) 投入资本筹资不仅可以筹集现金，而且能够直接获得所需的先进设备和技术，与仅筹取现金的筹资方式相比较，它能尽快地形成企业的经营能力。

(3) 投入资本筹资的财务风险较低。

投入资本筹资的不足之处主要有：第一，投入资本筹资通常资本成本较高；第二，投入资本筹资由于没有证券为媒介，产权关系有时不够明晰，不便于产权的交易。

(二) 实收资本的核算方法

除股份有限公司外，多数商品流通企业应设置“实收资本”科目核算投资者投入资本的增减变动情况。该科目的贷方登记投入资本的增加数额，借方登记投入资本的减少数额，期末贷方余额反映企业期末投入资本实有数额。

1. 接受现金资产投资

商品流通企业收到投资者以现金资产投入的资本时，应以实际收到的金额，借记“银行存款”科目，贷记“实收资本”科目。

【例 7—1】 甲、乙、丙共同投资设立品福商贸公司，注册资本为 3 000 000 元，甲、乙、丙持股比例分别为 50%、30%、20%。按照公司章程规定，甲、乙、丙投入资本分别为1 500 000元、900 000 元和 600 000 元。该公司已如期收到投资者一次缴足的款项，应根据有关资料编制会计分录如下：

	借方	贷方
借：银行存款	3 000 000	
贷：实收资本——甲		1 500 000
——乙		900 000
——丙		600 000

实收资本的构成比例即投资者的出资比例或股东的股份比例，是确定所有者在企业所有者权益中所占份额和参与商品流通企业财务经营决策的基础，也是商品流通企业进行利润分配或股利分配的依据，同时还是商品流通企业清算时确定所有者对净资产要求权的依据。

2. 接受非现金资产投资

商品流通企业接受投资者作价投入的房屋、设备等固定资产及无形资产投资时，应按投资合同或协议约定的价值（投资合同或协议约定价值不公允的除外），借记“固定资产”、“无形资产”等科目，按投入资本在企业注册资本中所占份额，贷记“实收资本”科目，对于投资各方确认的资产价值超过其在注册资本中所占份额的部分，贷记“资本公积——资本溢价”科目。

【例 7—2】 美联小商品批发公司设立时收到乙公司作为资本投入的不需要安装的机器设备一台，双方确认该机器设备的价值为 1 000 000 元，与投资协议中出资额相等。假定不考虑其他因素，应根据有关资料编制会计分录如下：

借：固定资产　　1 000 000

　贷：实收资本——乙公司　　1 000 000

（三）发行普通股的核算

股票（stock）是股份有限公司为筹措股权资本而发行的有价证券，是持股人拥有公司股份的凭证。它代表持股人在公司中拥有的所有权。股票持有人即为公司的股东。公司股东作为出资人按投入公司的资本额享有所有者的资产收益、参与公司重大决策和选择管理者的权利，并以其所持股份为限对公司承担责任。发行股票筹资是股份制商品流通企业筹措股权资本的基本方式。

发行普通股筹资具有下列优点：

（1）普通股筹资没有固定的股利负担。公司有盈利，并认为适于分配股利，就可以分给股东；公司盈利较少，或虽有盈利但资本短缺或有更好的投资机会，也可以少支付或不支付股利。而债券或借款的利息无论企业是否盈利及盈利多少，都必须予以支付。

（2）普通股股本没有固定的到期日，无须偿还，它是公司的永久性资本，公司清算时才予以偿还。这对于保证公司对资本的最低需要，促进公司长期持续稳定经营具有重要意义。

（3）利用普通股筹资的风险小。由于普通股股本没有固定的到期日，一般也不用支付固定的股利，所以不存在还本付息的风险。

（4）发行普通股筹集股权资本能增强公司的信誉。普通股股本以及由此产生的资本公积金和盈余公积金等，是公司筹措债权资本的基础。有了较多的股权资本，有利于提高公司的信用价值，同时也为利用更多的债务筹资提供强有力的支持。

发行普通股筹资的缺点是：

第一，资本成本较高。一般而言，普通股筹资的成本要高于债务筹资的成本。这主要是由于投资于普通股风险较高，投资者相应要求较高的报酬，并且股利是从扣除所得税后的利润中支付，而债务筹资其债权人风险较低，支付的利息允许在税前扣除。此外，普通股发行成本也较高，一般来说，发行证券费用最高的是普通股，其次是优先股，再次是公司债券，最后是长期借款。

第二，利用普通股筹资，出售新股票，增加新股东，可能会分散公司的控制权；同时，新股东对公司已积累的盈余具有分享权，这就会降低普通股的每股净收益，从而可能引起普通股市价的下跌。

股份制商品流通企业发行股票，既可以按面值发行，也可以溢价发行（我国目前不允许折价发行）。企业在核定的股本（capital stock）总额及核定的股份总额的范围内发行股票时，应按实际收到的款项，借记“银行存款”科目，按实际发行的股票面值，贷记“股本”科目，如有差额，贷记“资本公积——股本溢价”科目。企业在发行股票过程中发生的直接相关的手续费、佣金等交易费用，应冲减股本溢价金额。

【例 7—3】 兰奇商品批发公司是一家股份制商品流通企业。公司新增发行普通股1 000 000股，每股面值 1 元，每股发行价格 3 元，全部款项已存入银行。假定不考虑发行过程中的税费等因素，公司应根据有关资料编制会计分录如下：

借：银行存款　　3 000 000

　贷：股本　　1 000 000

　　　资本公积——股本溢价　　2 000 000

（四）库存股的核算

已发行的部分股票重新回到发行公司手中，为公司所持有，这部分股票被称为库存股（treasury stock）。库存股主要包括经批准减资而收回的股票、接受股东捐赠的股票以及日后还要再发行而收回的股票。尚未发行的股票，不属于库存股。

股份制商品流通企业由于缩小经营规模或资本过剩等原因，经有关部门批准，可以在《公司法》规定的股份有限公司最低注册资本以上的范围内，收回已发行的股票，以核销股本。公司收回的股票，必须在 10 天内注销。我国《公司法》规定，股份公司不得由于非减资目的而收回本公司的股份。

为了反映和核算商品流通企业的库存股，应设置"库存股"科目。企业为减少注册资本而收购本公司股份的，应按实际支付的金额，借记"库存股"科目，贷记"银行存款"科目；将收购的股份奖励给本公司职工属于以权益结算的股份支付，按职工获取股份的实际情况确定的金额，借记"资本公积——其他资本公积"科目，按奖励库存股的账面余额，贷记"库存股"科目，按其差额，贷记或借记"资本公积——股本溢价"科目；转让库存股时，应按实际收到的金额，借记"银行存款"等科目，按转让库存股的账面余额，贷记"库存股"科目，按其差额，贷记"资本公积——股本溢价"科目，如为借方差额，借记"资本公积——股本溢价"科目，股本溢价不足冲减的，应依次冲减盈余公积、未分配利润。

【例 7—4】 兰奇商品批发公司发生下列有关库存股的交易业务，该公司根据有关资料编制相应的会计分录如下：

（1）收回本公司每股面值为 2 元的股票 100 000 股，每股价格 1.50 元，实际支付价款 150 000 元：

借：库存股　　150 000

　贷：银行存款　　150 000

（2）转让该库存股 50 000 股，每股价格 1.60 元，实收价款 80 000 元：

借：银行存款　　80 000

　贷：库存股　　75 000

　　　资本公积——股本溢价　　5 000

（3）转让剩余 50 000 股库存股，每股价格 1.30 元，实收价款 65 000 元：

借：银行存款　　65 000

　　资本公积——股本溢价　　10 000

　贷：库存股　　75 000

商品流通企业注销库存股，应按股票面值和注销股数计算的股票面值总额，借记"股本”科目，按注销库存股的账面余额，贷记“库存股”科目，按其差额，借记“资本公积——股本溢价”科目，股本溢价不足冲减的，应依次冲减盈余公积、未分配利润。

二、资本公积的核算

（一）资本公积概述

资本公积（capital surplus）是指商品流通企业收到投资者的超出其在注册资本（或股本）中所占份额的投资，以及直接计入所有者权益的利得或损失等。资本公积不是由企业实现的利润转化而来的，从本质上讲应属于投入资本范畴。

资本公积主要用于转增资本。企业按规定的程序增资时，应按资本公积转增资本的数额，借记“资本公积——资本溢价”科目，贷记“实收资本”或“股本”科目。

发行股票相关的手续费、佣金等交易费用，如果溢价发行的，应从溢价中抵扣，冲减资本公积（股本溢价）；无溢价发行股票或溢价金额不足以抵扣的，应将不足抵扣的部分冲减盈余公积和未分配利润。

（二）资本公积的核算方法

为了核算资本公积的增减变动情况，企业应设置“资本公积”科目，该科目的贷方登记资本公积增加数额；借方登记资本公积减少数额；期末贷方余额为资本公积结余数额。商品流通企业应在“资本公积”科目下设置“资本溢价（股本溢价）”、“其他资本公积”等明细科目进行明细核算。

商品流通企业收到投资者投入的资金时，按实际收到的金额或确定的价值，借记“银行存款”、“固定资产”等科目，按投入资本在注册资本或股本中所占的份额，贷记“实收资本”科目，差额作为资本溢价，贷记“资本公积——资本溢价”科目。股份有限公司产生的股本溢价，应贷记“资本公积——股本溢价”科目。

【例 7—5】 品源商贸公司是由甲、乙两位股东各出资 100 000 元建立的。两年以后丙投资者希望加入，实际出资 150 000 元，占有 1/3 的股份。丙投资者投资后，公司的注册资本为 300 000 元，甲、乙、丙股东各占 1/3 的股份。公司应根据有关资料编制会计分录如下：

借：银行存款	150 000	
贷：实收资本——丙		100 000
资本公积——资本溢价		50 000

长期股权投资采用权益法核算时，在持股比例不变的情况下，被投资单位发生除净损益以外的所有者权益的其他变动，投资企业按持股比例计算应享有的份额，借记或贷记“长期股权投资——其他权益变动”科目，贷记或借记“资本公积——其他资本公积”科目。

【例 7—6】 品福商贸公司于 2011 年 12 月 5 日以 1 000 000 元投资 W 公司普通股，占 W 公司普通股的 40%，对 W 公司具有重大影响。2012 年度 W 公司资本溢价增加 800 000 元，2012 年品福商贸公司根据有关资料编制会计分录如下：

借：长期股权投资——其他权益变动	320 000	
贷：资本公积——其他资本公积		320 000

股份有限公司采用收购本公司股票方式减资的，按股票面值和注销股数计算的股票面

值总额，借记“股本”科目，按所注销的库存股的账面余额，贷记“库存股”科目，按其差额，借记“资本公积——股本溢价”，股本溢价不足冲减的，应借记“盈余公积”、“利润分配——未分配利润”科目。

第二节　借入款项的核算

借入款项是指商品流通企业从企业外部借入的各项资金，属于企业的债务。借入款项按偿还期限长短的不同，可分为长期借入款项和短期借入款项。长期借入款项主要通过银行借款、发行债券、融资租赁等方式筹集；短期借入款项主要是指短期借款。

长期借入款项是指偿还期在一年或者超过一年的一个营业周期以上的债务，包括长期借款、应付债券、长期应付款等。多数长期借入款项一般用于固定资产的购建、对外投资以及保持长期经营能力等方面。企业的长期资金除来自自有资金以外，其余全部为长期借入款项，因此长期借入款项在企业的经营中发挥着重要作用。

一、借款的核算

（一）短期借款的核算

短期借款（short-term loan）又称流动资金借款，是商品流通企业为解决短期资金需求而向银行或其他金融机构等借入的期限在一年以下（含一年）的各种款项。

对于季节性和临时性的资金需求，采用银行短期借款较为方便，尤其是那些规模大、信誉好的企业更可以以比较低的利率借入资金。但采用短期借款筹资的成本比采用商业信用筹资的成本高出许多，特别是抵押借款因需要支付管理和服务费用，成本更高。另外，借款银行可能还要对申请借款企业的经营状况进行调查才能决定是否贷款，手续较为复杂。

商品流通企业应设置“短期借款”科目核算短期借款的借入及偿还情况。该科目贷方登记取得借款本金数额，借方登记偿还借款的本金数额，期末余额在贷方，表示尚未偿还的借款本金数额。该科目可按借款种类、贷款人及币种进行明细核算。

短期借款利息属于筹资费用，应记入“财务费用”科目。在实际工作中，银行一般于每季季末收取短期借款利息，为此，企业的短期借款利息一般采用月末计提的方式进行核算。商品流通企业从银行或其他金融机构取得短期借款时，借记“银行存款”科目，贷记“短期借款”科目，归还借款时做相反的会计分录。每月月末，企业应按计算确定的短期借款利息金额，借记“财务费用”科目，贷记“银行存款”、“应付利息”等科目。

【例 7—7】 品源商贸公司因商品集中到货，经申请于 2011 年 9 月 1 日向银行取得临时借款 100 000 元，年利率为 4.2%，期限为 3 个月，利息在借款到期时同本金一起归还。公司应编制会计分录如下：

（1）9 月 1 日，企业取得临时借款：

	借方	贷方
借：银行存款	100 000	
贷：短期借款		100 000

(2) 9月30日，计算借款利息：

借款利息＝100 000×4.2%÷12＝350(元)

借：财务费用　　350

　贷：应付利息　　350

(3) 10月31日、11月30日借款利息费用核算同上。

(4) 12月1日，归还借款本金和利息：

借：短期借款　　100 000

　　应付利息　　1 050

　贷：银行存款　　101 050

（二）长期借款的核算

1. 长期借款概述

长期借款（long-term loan）是指商品流通企业向银行等金融机构借入的偿还期在一年以上的各种款项，一般用于固定资产的购建、改扩建工程、大修理工程以及对外投资和保持长期经营能力等方面。它是企业长期负债的重要组成部分。

长期借款具有以下优点：

(1) 筹资速度快。企业利用长期借款筹资，一般所需时间较短，程序较为简单，可以快速获得现金。而采用发行股票、债券等方式筹集长期资金，需做好发行前的各种工作，如印制证券等，另外发行也需一定时间，故耗时较长。

(2) 借款成本较低。利用长期借款筹资，其利息可在所得税前列支，故可减少企业实际负担的成本，因此长期借款比股票筹资的成本要低得多；与债券相比，长期借款利率一般低于债券利率；此外，由于借款属于间接筹资，筹资费用也较少。

(3) 借款弹性较大。在借款时，企业与银行直接商定贷款的时间、数额和利率等，在用款期间，企业如因财务状况发生某些变化，亦可与银行再行协商，变更借款数量及还款期限等。

长期借款的缺点包括：第一，筹资风险较高。借款通常有固定的利息负担和固定的偿付期限，故借款企业的筹资风险较高。第二，限制条件较多。这些限制条件可能会影响企业以后的筹资和投资活动。第三，筹资数量有限。长期借款一般不如股票、债券筹资那样可以一次筹集大笔资金。

2. 长期借款的核算方法

商品流通企业应通过“长期借款”科目核算长期借款的借入和归还等情况。该科目属于负债类科目，贷方登记长期借款本息的增加额，借方登记长期借款本息的减少额，贷方余额表示企业尚未偿还的长期借款。该科目可按借款单位和借款种类，分别以“本金”、“利息调整”等科目进行明细核算。

(1) 取得长期借款。商品流通企业借入长期借款并直接存入银行时，应按实际收到的金额（借款总额减去筹资费用），借记“银行存款”科目，贷记“长期借款——本金”科目；如存在差额（筹资费用），还应借记“长期借款——利息调整”科目。如果已经直接将借款用于购置固定资产或用于在建工程项目，则应借记“固定资产”或“在建工程”科目。

【例 7—8】 美联小商品批发公司于 2011 年 3 月 1 日从工商银行借入资金 500 000 元，期限为 3 年，年利率为 12%，款项已存入银行，筹资费用忽略不计。企业用该借款于当日购买需要安装的设备一台，价款为 480 000 元，另支付运杂费 20 000 元，该设备于 2012 年 1 月 1 日正式投入使用。该公司根据有关资料编制会计分录如下：

取得借款时：

借：银行存款	500 000	
贷：长期借款——本金		500 000

支付价款及运杂费时：

借：在建工程	500 000	
贷：银行存款		500 000

(2) 长期借款利息的处理。长期借款利息费用应当在资产负债表日按照实际利率（real interest rates）法计算确定。实际利率是指将借款在预期存续期间未来现金流量折算为该借款当前账面价值所使用的利率。实际利率与合同利率差异较小的，也可采用合同利率计算确定利息费用。

长期借款所发生的利息费用，应按照实际利率法计算确定记入有关科目：属于企业筹建期间的，借记“管理费用”科目；属于经营期间的，借记“财务费用”科目；如果长期借款用于购建、改扩建固定资产，在固定资产尚未达到预定可使用状态前发生的利息支出应予以资本化，计入所购建或改扩建固定资产的价值，借记“在建工程”科目，固定资产达到预定可使用状态后发生的利息支出，借记“财务费用”科目。同时，按合同利率计算确定的应付未付利息，贷记“应付利息”科目，按其差额，贷记“长期借款——利息调整”科目。

【例 7—9】 承例 7—8，假设该笔借款的实际利率与合同利率差异较小，则 2011 年 3 月 31 日应计提利息 5 000（500 000×12%÷12）元。该公司根据有关资料编制会计分录如下：

借：在建工程	5 000	
贷：应付利息		5 000

2011 年 4 月至 2011 年 12 月每月月末预提利息分录同上。

(3) 归还长期借款。到期归还长期借款本金时，借记“长期借款——本金”科目，贷记“银行存款”科目；同时，存在利息调整余额的，借记或贷记“在建工程”、“财务费用”等科目，贷记或借记“长期借款——利息调整”科目。

【例 7—10】 承例 7—8，2014 年 3 月 1 日借款到期，该企业以银行存款归还本金、利息，根据有关资料编制会计分录如下：

借：长期借款——本金	500 000	
贷：银行存款		500 000
借：应付利息	175 000	
财务费用	5 000	
贷：银行存款		180 000

二、应付债券的核算

(一) 债券及债券筹资

债券(bond)是债务人为筹集债权资本而发行的,约定在一定期限内向债权人还本付息的有价证券。发行债券是商品流通企业筹集债权资金的重要方式。通过发行债券取得资金是以将来履行归还购买债券者的本金和利息的义务作为保证的。企业发行债券通常是为其大型投资项目一次筹集大笔长期资金。

债券必须载明票面金额、还本期限、票面利率等事项,这些事项是影响债券发行价格的重要因素。企业债券发行价格的高低一般取决于债券票面金额、债券票面利率、发行当时的市场利率以及债券期限的长短等因素。债券发行有面值发行、溢价发行和折价发行三种情况。债券按其面值出售的,称为面值发行。此外,债券还可能按低于或高于其面值的价格出售,即折价发行或溢价发行。折价发行是指债券以低于其面值的价格发行;而溢价发行是指债券按高于其面值的价格发行。

发行债券筹集资金,对发行公司既有利也有弊,应加以识别权衡。

1. 债券筹资的优点

(1) 成本较低。与股票的股利相比较而言,债券的利息允许在所得税税前支付,发行公司可享受税收利益,故公司实际负担的债券成本一般要低于股票成本。

(2) 保障股东控制权。债券持有人无权参与发行公司的管理决策,企业发行债券不会像增发新股票那样可能会分散股东对公司的控制权。

2. 债券筹资的缺点

(1) 财务风险较高。债券有固定的到期日,并须定期支付利息,发行公司必须承担按期付息偿本的义务。在公司经营不景气时,也需向债券持有人付息偿本,这会给公司带来更大的财务困难,有时甚至导致公司破产。

(2) 限制条件多。发行债券的限制条件一般要比长期借款、租赁筹资的限制条件多且严格,从而限制了公司对发行债券方式的使用,甚至会影响公司以后的筹资能力。

(3) 筹资数量有限。公司利用债券筹资一般受一定额度的限制。我国《公司法》规定,发行公司流通在外的债券累计总额不得超过公司净资产的40%。

(二) 应付债券的核算方法

为了全面地反映和监督企业长期债券的发行、计算、溢(折)价摊销及还本付息情况,商品流通企业应设置"应付债券"科目。该科目的贷方登记应付债券的本金和利息,借方登记归还的债券本金和利息,期末贷方余额表示企业尚未归还的债券本金和利息。"应付债券"科目下应设置"面值"、"利息调整"、"应计利息"等明细科目进行明细核算。

1. 债券发行的核算

债券发行时,商品流通企业应按实际收到的金额,借记"银行存款"科目,按债券票面金额,贷记"应付债券——面值"科目;存在差额的,还应借记或贷记"应付债券——利息调整"科目。

【例7—11】 兰奇商品批发公司于2011年1月1日发行3年期长期债券用于一项固定资产的购建工程。债券面值总额为10 000 000元,票面年利率为10%,债券每年年末支付一次利息、到期一次还本。该公司实际收到债券发行款为10 300 000元，款项已存入银行。以银行存款支付债券代理发行手续费、印刷费共计49 000元。该公司根据有关资料编制会计分录如下：

借：银行存款　　10 251 000

　贷：应付债券——面值　　10 000 000

　　　　　　——利息调整　　251 000

2. 债券利息费用的核算

商品流通企业应在资产负债表日计算当期利息费用，并确定应计利息。资产负债表日，企业应按摊余成本和实际利率计算确定利息费用，借记“在建工程”、“制造费用”、“财务费用”等科目，按票面利率计算确定的应计未付利息，贷记“应付利息”科目（或“应付债券——应计利息”科目），按其差额，借记或贷记“应付债券——利息调整”科目。实际利率与票面利率差异较小的，也可以采用票面利率计算确定利息费用。

债券溢价（bond premium）是债券发行时债券购买者因市场利率比债券票面利率低而给予发行企业的利息补偿。债券折价（bond discount）则是债券发行企业因票面利率比市场利率低而给予债券购买者的利息补偿。也就是说，债券发行企业在发行债券时多收的溢价或少收的折价，都不是发行当时的收益或损失，而是对债券整个期间的利息费用的一种调整。因此对于债券的溢价、折价，债券发行企业应在债券存续期间分期摊销，以调整各期的利息费用。

应付债券溢价、折价与交易费用合并按期进行摊销，合称为“利息调整”，一般采用实际利率法进行计算。

债券的实际利率是指将债券在预期存续期间未来现金流量折算为该债券当前账面价值所使用的利率。而市场利率是债券发行时发行企业与债券投资者双方均能接受的利率，它直接决定债券的发行价格。债券发行时的实际利率不一定等于市场利率。确切地说，债券的实际利率可能会大于市场利率。只有在没有交易费用的情况下，实际利率才等于市场利率。

债券入账金额的计算公式为：

$$\begin{aligned}\text{债券的入账金额} &= \text{债券的发行价格} - \text{交易费用} \\ &= \begin{matrix}\text{到期偿还本金按实际}\\\text{利率折算的现值}\end{matrix} + \begin{matrix}\text{票面利息按实际}\\\text{利率折算的现值}\end{matrix}\end{aligned}$$

【例7—12】 承例7—11，假定该项工程于2012年底竣工决算，并已交付使用。公司于每年年末计提一次利息。设i为实际利率，则有：

$$10\ 000\ 000 \times 10\% \times PVIFA_{i,3} + 10\ 000\ 000 \times PVIF_{i,3} = 10\ 251\ 000$$

得出$i=9\%$。各期利息费用计算结果见表7—1。

表7—1　　**债券利息调整表**

（实际利率法）

单位：元

日期	债券票面利息	每期利息费用	每期利息调整	尚未调整利息	债券摊余成本
	(1)＝面值×10%	(2)＝(5)×9%	(3)＝(1)－(2)	(4)＝初始(4)－(3)	(5)＝面值＋(4)
2011-01-01				251 000	10 251 000

续前表

日期	债券票面利息	每期利息费用	每期利息调整	尚未调整利息	债券摊余成本
	(1)＝面值×10%	(2)＝(5)×9%	(3)＝(1)－(2)	(4)＝初始(4)－(3)	(5)＝面值＋(4)
2011-12-31	1 000 000	922 590	77 410	173 590	10 173 590
2012-12-31	1 000 000	915 623	84 377	89 213	10 089 213
2013-12-31	1 000 000	910 787*	89 213	0	10 000 000

* 含尾差调整。

公司根据有关资料编制会计分录如下：

(1) 2011 年 12 月 31 日，确认债券利息时：

借：在建工程　　922 590

　　应付债券——利息调整　　77 410

　贷：应付利息　　1 000 000

(2) 2012 年 12 月 31 日，确认债券利息时：

借：在建工程　　915 623

　　应付债券——利息调整　　84 377

　贷：应付利息　　1 000 000

(3) 2013 年 12 月 31 日，确认债券利息时：

借：财务费用　　910 787

　　应付债券——利息调整　　89 213

　贷：应付利息　　1 000 000

从表 7—1 可以看出，随着溢价的摊销，债券账面价值逐期减少，在最后一期溢价摊销之后等于债券面值。同时，各期确认的利息费用也逐渐减少。同理，如果是摊销债券折价，则债券账面价值随着折价的摊销而逐期递增，在最后一期折价摊销之后等于债券面值。同时，各期确认的利息费用也逐渐增加。

3. 债券到期支付本息的核算

债券到期支付本息时，按应支付的本金，借记“应付债券——面值”科目；按应支付的利息，借记“应付利息”科目（或“应付债券——应计利息”科目），按支付的本金与利息之和，贷记“银行存款”科目。同时，存在利息调整余额的，借记或贷记“应付债券——利息调整”科目，贷记或借记“在建工程”、“财务费用”等科目。

【例 7—13】 承例 7—11，2014 年 1 月 1 日该债券到期，公司以银行存款支付本金 10 000 000元。根据有关资料编制会计分录如下：

借：应付债券——面值　　10 000 000

　贷：银行存款　　10 000 000

三、长期应付款的核算

商品流通企业的长期负债除长期借款和应付债券外，还包括长期应付款，如以融资租赁（leveraged lease）方式租入固定资产形成的应付融资租赁款等。

（一）融资租赁概述

商品流通企业融资租入的固定资产，在租赁期间没有所有权，但由于其风险和报酬已经实质转移，企业具有实质的控制权，因而应视同自有的固定资产进行管理。租入资产所有权最终可能转移，也可能不转移。承租人在租赁期内，一般分期等额支付租金，全部租金一般应能补偿出租方垫付的资本并使其获得相应的报酬。承租人应当采用与自有固定资产相一致的折旧政策计提租赁资产折旧，能够确定租赁期届满时取得租赁资产所有权的，应当在租赁资产使用寿命内计提折旧；无法确定租赁期届满时取得租赁资产所有权的，应当在租赁期与租赁资产使用寿命两者中较短的一个期间内计提折旧。

（二）融资租赁的核算

商品流通企业应设置“长期应付款——应付融资租赁款”和“未确认融资费用”科目核算融资租入固定资产业务。

在租赁期开始日，承租人应当按照租赁开始日租赁资产公允价值与最低租赁付款额现值两者中较低者加上初始直接费用作为租入资产的入账价值，借记“在建工程”或“固定资产”科目，按最低租赁付款额，贷记“长期应付款——应付融资租赁款”科目，按发生的初始直接费用，贷记“银行存款”科目，按其差额，借记“未确认融资费用”科目。按期支付租金时，借记“长期应付款——应付融资租赁款”科目，贷记“银行存款”等科目。企业应采用实际利率法分期计算确定当期的融资费用，借记“财务费用”或“在建工程”科目，贷记“未确认融资费用”科目。

初始直接费用是指承租人在租赁谈判和签订租赁合同过程中发生的，可归属于租赁项目的手续费、律师费、差旅费、印花税等费用。

最低租赁付款额是指在租赁期内承租人支付或可能被要求支付的款项，加上由承租人或与其有关的第三方担保的资产余值。

承租人在计算最低租赁付款额的现值时，能够取得出租人租赁内含利率的，应当采用租赁内含利率作为折现率；否则，应当采用租赁合同规定的利率作为折现率。承租人无法取得出租人的租赁内含利率且租赁合同没有规定利率的，应当采用同期银行贷款利率作为折现率。

从理论上讲，应付融资租赁款作为长期负债，应按现值入账。在实务中，按照我国现行会计准则与制度的规定，所设置的“未确认融资费用”科目实质上是“长期应付款——应付融资租赁款”科目的备抵科目。

【例 7—14】 美联小商品批发公司以融资租赁方式租入 1 辆运输车，租赁开始时该资产的公允价值为 105 000 元，租赁合同规定的利率为 10%，分 5 年付款，每年年末支付 26 380元。租赁期满后，该设备的所有权转归承租方。

(1) 最低租赁付款额及其现值计算如下：

最低租赁付款额＝26 380×5＝131 900(元)

最低租赁付款额的现值＝26 380×$PVIFA_{10\%,5}$

＝26 380×3.790 7＝100 000(元)

由于租赁开始日，最低租赁付款额的现值 100 000 元低于设备的公允价值 105 000 元，故应以最低租赁付款额的现值作为租入设备的入账价值。该公司编制会计分录如下：

借：固定资产——融资租入固定资产 100 000

未确认融资费用 31 900

贷：长期应付款——应付融资租赁款 131 900

（2）采用实际利率法分摊未确认的融资费用，如表7—2所示。

表7—2　每年应分摊的未确认的融资费用　单位：元

期次	租金	未确认的融资费用	应付本金减少额	应付本金期末余额
	(1)	(2)＝期初(4)×10％	(3)＝(1)－(2)	(4)＝期初(4)－(3)
0				100 000
1	26 380	10 000	16 380	83 620
2	26 380	8 362	18 018	65 602
3	26 380	6 560	19 820	45 782
4	26 380	4 578	21 802	23 980
5	26 380	2 400*	23 980	0
合计	131 900	31 900	100 000	—

注：因此例无初始直接费用，所以实际利率即为10％。

* 含尾差调整。

公司根据有关资料编制会计分录如下：

第1年：

借：长期应付款——应付融资租赁款 26 380

贷：银行存款 26 380

借：财务费用 10 000

贷：未确认融资费用 10 000

第2年：

借：长期应付款——应付融资租赁款 26 380

贷：银行存款 26 380

借：财务费用 8 362

贷：未确认融资费用 8 362

第3年：

借：长期应付款——应付融资租赁款 26 380

贷：银行存款 26 380

借：财务费用 6 560

贷：未确认融资费用 6 560

第4年：

借：长期应付款——应付融资租赁款 26 380

贷：银行存款 26 380

借：财务费用 4 578

贷：未确认融资费用 4 578

第5年：

借：长期应付款——应付融资租赁款　　26 380

贷：银行存款　　26 380

借：财务费用　　2 400

贷：未确认融资费用　　2 400

(3) 租赁期满，将设备转为自有资产：

借：固定资产——机器设备　　100 000

贷：固定资产——融资租入固定资产　　100 000

承租企业应按期对融资租赁方式租入的固定资产计提折旧，借记“制造费用”、“管理费用”等科目，贷记“累计折旧”科目。

编制资产负债表时，“长期应付款”项目应根据“长期应付款”科目的期末余额，减去“未确认融资费用”科目期末余额后的金额填列。

第三节　经营管理业务中应付项目的核算

经营管理业务中的应付项目主要是指在商品流通企业经营过程中发生的将于一年或超过一年的一个营业周期内偿还的债务，包括应付票据、应付账款、预收账款、应付职工薪酬、应付股利、应交税费、其他应付款、应付利息等，属于企业的流动负债。

一、应付职工薪酬的核算

应付职工薪酬是指企业根据有关规定应付给职工的各种薪酬，包括职工工资、奖金、津贴和补贴、职工福利费，医疗、养老、失业、工伤、生育等社会保险费，住房公积金，工会经费，职工教育经费，非货币性福利等。职工薪酬是职工对企业投入劳动所获得的报酬，是企业的成本费用。企业应当通过“应付职工薪酬”科目核算应付职工薪酬的提取、结算、使用等情况。该科目贷方登记已分配计入有关成本费用项目的职工薪酬的数额，借方登记实际发放职工薪酬的数额；该科目期末贷方余额，反映企业应付未付的职工薪酬。“应付职工薪酬”科目应当按照“工资”、“职工福利”、“社会保险费”、“住房公积金”、“职工教育经费”“非货币性福利”等应付职工薪酬项目进行明细核算。

(一) 工资核算

工资是指按照国家统计局《关于职工工资总额组成的规定》，构成工资总额的计时工资、计件工资、奖金、各种津贴和补贴等。相关计算公式如下：

工资总额＝基本工资＋奖金＋各种补贴、津贴

应付工资＝工资总额－缺勤扣款＋非工资性收入(交通费、洗理费)

实发工资＝应付工资－各代扣款项

其中，“各代扣款项”是指每月应由企业职工个人负担的各项社会保险费、住房公积金、个人所得税。

商品流通企业应设置“应付职工薪酬——工资”科目核算应付给职工的工资总额。企

业一般在每月发放工资时由财务部门编制“工资结算汇总表”，根据“工资结算汇总表”中的“实发工资”栏的合计数向开户银行提取现金，然后向职工发放。月末对当月发生的应付工资按其用途进行分配。

1. 结算应付职工工资

应付职工工资的结算包括应付工资和代扣款的计算，以及应发放金额的计算和支付。商品流通企业根据“工资结算汇总表”中实发工资金额向银行提取现金时，借记“库存现金”科目，贷记“银行存款”科目。向职工支付工资，借记“应付职工薪酬——工资”科目，贷记“库存现金”科目。从应付工资中代扣或扣还各款项时，借记“应付职工薪酬——工资”科目，贷记“应交税费”、“其他应收款”等科目。

【例 7—15】 品源商贸公司根据“工资结算汇总表”发放本月应付工资，如表 7—3 所示。

表 7—3 **品源商贸公司“工资结算汇总表”** 单位：元

部门	基本工资	奖金	各种补贴、津贴			交通费	洗理费	缺勤扣款		应付工资	代扣款项		
			岗位津贴	副食补贴	夜班津贴			事假	病假		代垫房屋租金	个人所得税	实发工资
行政管理部门	33 000	6 000	8 400			260				47 660	2 370	850	44 440
销售部门	10 000	2 000	2 000			140				14 140	700	160	13 280
在建工程	800	500	100			100				1 500	70		1 430
合计	43 800	8 500	10 500			500				63 300	3 140	1 010	59 150

公司根据有关资料编制会计分录如下：

（1）提取现金：

借：库存现金　　59 150

　贷：银行存款　　59 150

（2）发放工资：

借：应付职工薪酬——工资　　59 150

　贷：库存现金　　59 150

（3）代扣各种款项：

借：应付职工薪酬——工资　　4 150

　贷：其他应收款——代垫费用　　3 140

　　应交税费——应交个人所得税　　1 010

2. 确认当期工资费用

商品流通企业应当在职工为其提供劳务的会计期间，根据职工提供服务的受益对象，将确认的职工工资计入相关资产成本或损益，借记“管理费用”、“销售费用”等科目，贷记“应付职工薪酬——工资”科目。

【例 7—16】 承例 7—15，该公司月末分配本月工资费用，应编制会计分录如下：

借：管理费用——工资　　47 660

销售费用——工资　　14 140
在建工程　　1 500
贷：应付职工薪酬——工资　　63 300

（二）职工福利费核算

职工福利费是指商品流通企业为职工集体提供的福利，如补助生活困难职工等。国家没有明确规定职工福利的计提基础和计提比例，企业应当根据历史经验数据和实际情况，合理预计当期应付职工福利。当期实际发生金额大于预计金额的，应当补提应付职工福利；当期实际发生金额小于预计金额的，应当冲回多提的应付职工福利。

为了核算企业为职工集体提供的福利的预计和使用情况，应设置“应付职工薪酬——职工福利”科目。企业预计福利费时，借记“管理费用”、“销售费用”等科目，贷记“应付职工薪酬——职工福利”科目；向职工食堂、职工医院、生活困难职工等支付职工福利费时，借记“应付职工薪酬——职工福利”科目，贷记“银行存款”、“库存现金”等科目。

【例 7—17】 品源商贸公司下设一职工食堂，每月根据在岗职工数量、岗位分布情况以及相关历史经验数据等计算需要补贴食堂的金额。2011 年 2 月，企业为各部门职工预计食堂补贴：销售部门职工 8 000 元，管理人员 2 500 元。该公司会计根据有关资料编制会计分录如下：

借：销售费用　　8 000
管理费用　　2 500
贷：应付职工薪酬——职工福利　　10 500

【例 7—18】 品源商贸公司以现金支付职工王刚生活困难补助 2 000 元，根据有关资料编制会计分录如下：

借：应付职工薪酬——职工福利　　2 000
贷：库存现金　　2 000

（三）社会保险费核算

社会保险费是指商品流通企业按国家规定的基准和比例计算的，向社会保险经办机构缴纳的医疗保险金、基本养老保险金、失业保险金、工伤保险费和生育保险费。此外，以商业保险提供给职工的各种保险待遇也属于企业提供的职工薪酬。

商品流通企业按国家有关规定计算应向社会保险经办机构缴纳的各项保险费时，借记“管理费用”、“销售费用”等科目，贷记“应付职工薪酬——社会保险费”科目；缴纳各项保险费时，借记“应付职工薪酬——社会保险费”科目，贷记“银行存款”、“库存现金”等科目。

【例 7—19】 品源商贸公司计算本月应由公司负担的职工医疗保险费用，其中：行政管理部门 9 006 元，销售部门 2 660 元，工程部门 266 元。根据有关资料编制会计分录如下：

借：管理费用　　9 006
销售费用　　2 660
在建工程　　266
贷：应付职工薪酬——社会保险费　　11 932

【例 7—20】 承例 7—19，品源商贸公司以银行存款向社会保险管理部门缴纳医疗保险费 11 932 元，应编制会计分录如下：

借：应付职工薪酬——社会保险费　　11 932

　贷：银行存款　　11 932

（四）工会经费、职工教育经费、住房公积金核算

工会经费和职工教育经费，是指商品流通企业为了改善职工文化生活、提高职工业务素质，用于开展工会活动和职工教育及技能培训，根据国家规定的基准和比例，从成本费用中提取的金额。

住房公积金是指商品流通企业按照我国《住房公积金管理条例》规定的基准和比例计算的，向住房公积金管理机构缴存的住房公积金。

商品流通企业支付工会经费和职工教育经费用于工会活动和职工培训，或按国家规定缴纳住房公积金时，借记“应付职工薪酬——工会经费（或职工教育经费、住房公积金）”科目，贷记“银行存款”等科目。期末，根据工资总额的一定比率提取工会经费和职工教育经费、住房公积金时，借记“管理费用”、“销售费用”等科目，贷记“应付职工薪酬——工会经费（或职工教育经费、住房公积金）”科目。

【例 7—21】 兰奇商品批发公司于 2011 年 6 月由工会购入 10 000 元的健身器械，增值税为 1 700 元，款已付。办理完各项手续后，设备投入“职工之家”使用。该企业根据有关资料编制会计分录如下：

借：应付职工薪酬——工会经费　　11 700

　贷：银行存款　　11 700

【例 7—22】 兰奇商品批发公司于 2011 年 12 月按照当月工资的一定比例计提职工教育经费，其中：管理部门 150 元，销售部门 345 元。根据有关资料编制会计分录如下：

借：管理费用　　150

　　销售费用　　345

　贷：应付职工薪酬——职工教育经费　　495

（五）非货币性职工薪酬核算

商品流通企业将拥有的房屋等固定资产无偿提供给职工使用的，应当根据受益对象将该资产每期应计提的折旧计入相关资产成本或当期损益，同时确认应付职工薪酬，借记“管理费用”、“销售费用”等科目，贷记“应付职工薪酬——非货币性福利”科目，同时借记“应付职工薪酬——非货币性福利”科目，贷记“累计折旧”科目。

租赁住房等资产供职工无偿使用的，应当根据受益对象将每期应付的租金计入相关资产成本或当期损益，并确认应付职工薪酬，借记“管理费用”、“销售费用”等科目，贷记“应付职工薪酬——非货币性福利”科目。支付租金时，借记“应付职工薪酬——非货币性福利”科目，贷记“银行存款”等科目。

【例 7—23】 兰奇商品批发公司为各部门经理级职工提供汽车免费使用，共有部门经理级职工 15 名，每人提供一辆汽车免费使用，假定每辆汽车每月计提折旧 1 000 元。该公司根据有关资料编制会计分录如下：

借：管理费用　　15 000

　　贷：应付职工薪酬——非货币性福利　　15 000

同时：

借：应付职工薪酬——非货币性福利　　15 000

　　贷：累计折旧　　15 000

二、应交税费的核算

应交税费是指商品流通企业按照税法规定应向税务机关缴纳的各种税费。商品流通企业计算的应缴纳的税费在未缴纳前形成一种短期负债，相当于企业在短期内使用国家的资金，是企业流动负债的组成部分。按照现行税法的规定，商品流通企业应缴纳的税费主要有：增值税、消费税、营业税、城市维护建设税、教育费附加、房产税、车船使用税、土地使用税和所得税等。

商品流通企业应设置“应交税费”科目来核算应缴纳的各种税费。该科目属于负债类科目，贷方登记应缴纳的各种税费，借方登记实际缴纳的税费。期末余额在贷方，表示企业尚未缴纳的税费；期末余额在借方，表示多缴或尚未抵扣的税费。

（一）增值税

增值税（value-added tax）是指对我国境内销售货物、进口货物，或提供加工、修理修配劳务的增值额征收的一种流转税。

增值税的纳税人是在我国境内销售货物、进口货物或提供加工、修理修配劳务的单位和个人。按照纳税人的经营规模及会计核算的健全程度，增值税纳税人分为一般纳税人和小规模纳税人。

1. 一般纳税企业应纳税额的计算

商品流通企业销售或者提供劳务，应纳税额为当期销项税额抵扣当期进项税额后的余额。应纳税额的计算公式为：

应纳税额＝当期销项税额－当期进项税额

因当期销项税额小于当期进项税额不足抵扣时，其不足部分可以结转下期继续抵扣。

销项税额是指按照销售额和规定的税率计算并向购买方收取的增值税税额。其计算公式为：

销项税额＝销售额×税率

其中，销售额是指纳税企业销售货物或者提供应税劳务向购买方收取的全部价款和价外费用，但是不包括收取的销项税额及代垫费用。

进项税额是指纳税企业购进货物或者接受应税劳务所支付或者负担的增值税税额。准予从销项税额中抵扣的进项税额通常包括：第一，从销售方取得的增值税专用发票上注明的增值税税额；第二，海关的完税凭证上注明的增值税税额。

需指出的是，下列项目的进项税额不得从销项税额中抵扣：

(1) 用于非应税项目（如提供非应税劳务、转让无形资产、销售不动产和固定资产、在建工程等）的购进货物或者应税劳务。

(2) 用于免税项目（如避孕药品和用具，直接用于科学研究、科学试验和教学的进口仪器、设备等）的购进货物或者应税劳务。

（3）用于集体福利或者个人消费的购进货物或者应税劳务。

2. 一般纳税企业应交增值税的核算

商品流通企业进行应交增值税的核算，应在“应交税费”科目下设置“应交增值税”明细科目。该明细科目的借方登记企业购进货物或接受应税劳务支付的进项税额和实际已缴纳的增值税税额，贷方登记企业销售货物或提供应税劳务应缴纳的增值税税额、出口货物退税税额、转出已支付或应分担的增值税税额。期末若为借方余额，表示企业多缴或尚未抵扣的增值税；若为贷方余额，则表示企业尚未缴纳的增值税。

商品流通企业购进商品、委托加工商品、接受应税劳务缴纳的增值税，应按专用发票上注明的增值税税额，借记“应交税费——应交增值税（进项税额）”科目，按专用发票上记载的成本金额，借记“商品采购”、“库存商品”、“委托加工商品”、“管理费用”等科目，贷记“银行存款”、“应付账款”、“应付票据”等科目。购入商品发生的退货，作相反的会计分录。

【例 7—24】 品源商贸公司购进电冰箱 20 台，增值税专用发票上注明货款 60 000 元，增值税税额 10 200 元，商品尚未到达，货款和增值税已用银行存款支付。该企业采用进价金额核算库存商品，应根据有关资料编制会计分录如下：

借：商品采购	60 000	
应交税费——应交增值税（进项税额）	10 200	
贷：银行存款		70 200

按照我国《增值税暂行条例》的规定，企业购入免征增值税货物，一般不能够抵扣增值税销项税额。但是对于购入的免税农产品，可以按照买价和规定的扣除率计算进项税额，并准予从企业的销项税额中抵扣，借记“应交税费——应交增值税（进项税额）”科目，按买价扣除按规定计算的进项税额后的差额，借记“商品采购”、“库存商品”等科目，按应付或实际支付的价款，贷记“银行存款”、“应付账款”等科目。

【例 7—25】 黄海农产品批发公司购入免税农产品一批，价款 100 000 元，规定的扣除率为 10%，货物尚未到达，货款已用银行存款支付。公司应根据有关资料编制会计分录如下：

借：库存商品	90 000	
应交税费——应交增值税（进项税额）	10 000	
贷：银行存款		100 000

商品流通企业销售货物或者提供应税劳务，应根据实现的销售额按规定收取的增值税税额，借记“应收账款”、“银行存款”科目，按照增值税专用发票上注明的增值税税额，贷记“应交税费——应交增值税（销项税额）”科目，按实现的销售额，贷记“主营业务收入”、“其他业务收入”等科目。

一般纳税企业销售货物或者提供应税劳务采用销售额和销项税额合并定价方法的，在计算销项税额时，应将含税销售额换算为不含税销售额，然后按规定的税率计算销项税额。不含税销售额的计算公式如下：

不含税销售额＝含税销售额÷(1＋税率)

【例 7—26】 品源商贸公司销售运动服装一批，价款为 100 000 元，按规定收取的增值税为 17 000 元，共计 117 000 元，款项收到已存入银行。公司应根据有关资料编制会计分录如下：

借：银行存款　　117 000

　贷：主营业务收入　　100 000

　　　应交税费——应交增值税（销项税额）　　17 000

【例 7—27】 美联小商品批发公司销售一批商品，该批商品的零售价为70 200元，增值税税率为 17%，款项尚未收到。不含税销售额及销项税额计算如下：

不含税销售额＝70 200÷(1＋17%)＝60 000(元)

销项税额＝60 000×17%＝10 200(元)

公司应编制会计分录如下：

借：应收账款　　70 200

　贷：主营业务收入　　60 000

　　　应交税费——应交增值税（销项税额）　　10 200

当期销项税额减去进项税额，即为本期应交增值税。一般纳税企业在上缴增值税时，借记“应交税费——应交增值税（已交税金）”科目，贷记“银行存款”科目。收到退回多缴的增值税时，作相反的会计分录。

下列非销售行为也应计算缴纳增值税：

(1) 企业将自产或委托加工的货物用于非应税项目或用于集体福利、个人消费，应视同销售货物计算应交增值税，作为销项税额记入“应交税费——应交增值税（销项税额）”科目。

(2) 企业将自产或委托加工的货物作为投资，提供给其他企业或个体经营者，视同销售货物计算应交增值税，记入“长期股权投资”科目。

(3) 企业将自产或委托加工的货物无偿赠送他人，视同销售货物计算应交增值税，记入“营业外支出”科目。

此外，企业购进货物发生非正常损失以及购进货物改变用途等，其进项税额应相应转入有关账户。

3. 小规模纳税企业应纳税额的计算

国家对于小规模纳税企业销售货物或者提供应税劳务，实行简易办法计算应纳税额，即按照销售额和规定的征收率计算应纳税额，不得抵扣进项税额。计算公式如下：

应纳税额＝销售额×征收率(3%)

小规模纳税企业购入货物及接受应税劳务支付的增值税税额，应直接计入有关货物及劳务成本。

【例 7—28】 某零售企业为增值税小规模纳税人，销售一批商品取得销售额（含税）3 180 元，征收率为 3%，款项存入银行。该企业应交增值税计算如下：

不含税销售额＝3 180÷(1＋3%)＝3 087(元)

应交增值税税额＝3 000×3%＝90(元)

企业应编制会计分录如下：

借：银行存款　　3 180

　　贷：主营业务收入　　3 087

　　　　应交税费——应交增值税　　90

实际缴纳增值税时，借记“应交税费——应交增值税”科目，贷记“银行存款”科目。

（二）消费税

消费税（excise）是对特定的消费品，如烟、酒及酒精、化妆品、护肤护发品、贵重首饰及珠宝玉石、鞭炮和焰火、汽油、柴油、汽车轮胎、摩托车、小汽车等所征收的一种流转税。这些特定消费品在销售时除按规定缴纳增值税外，还要缴纳消费税。

在我国境内生产、委托加工和进口应税消费品的单位、企业和个人为消费税的纳税义务人。

商品流通企业于销售应税消费品时纳税；委托加工的应税消费品，由受托方在向委托方交货时代收代缴税款；进口的应税消费品，于报关进口时纳税。

消费税实行从价定率或者从量定额的办法计算应纳税额。应纳税额的计算公式如下：

从价定率下的应纳税额＝销售额×税率

从量定额下的应纳税额＝销售数量×单位税额

以上公式中的销售额是指纳税人销售应税消费品向购买方收取的全部价款和从属费用，但是不包括应向购货方收取的增值税税款及代垫费用。

商品流通企业应在“应交税费”科目下设置“应交消费税”明细科目核算消费税。该科目的借方登记应缴纳的消费税，贷方登记实际缴纳的消费税，期末贷方余额表示尚未缴纳的消费税。

【例 7—29】 品源商贸公司销售化妆品一批，价款 1 000 000 元（不含增值税），适用的消费税税率为 30%。应纳消费税税额计算如下：

应纳消费税税额＝1 000 000×30%＝300 000(元)

公司应编制会计分录如下：

借：营业税金及附加　　300 000

　　贷：应交税费——应交消费税　　300 000

商品流通企业将购入商品用于在建工程或发放职工福利等情况，按规定也应缴纳消费税，借记“在建工程”、“应付职工薪酬”等科目，贷记“应交税费——应交消费税”科目。

（三）营业税

营业税（sales tax）是对在我国境内提供应税劳务、转让无形资产、销售不动产的单位和个人征收的一种流转税。在我国境内提供交通运输、建筑、金融保险、邮电通信、文化体育、娱乐、服务等劳务以及出租、出售无形资产或销售不动产的单位和个人，为营业税的纳税义务人，税率从 3%～20%不等。

营业税也是一种价内税，其应纳税额的计算公式为：

应纳税额＝营业额×税率

营业额是指企业提供劳务和出租、出售无形资产等向对方收取的全部价款和价外费用，但不包括应向购货方收取的增值税税款及代垫费用。

商品流通企业应在“应交税费”科目下设置“应交营业税”明细科目核算营业税。该科目贷方登记应缴纳的营业税，借方登记已缴纳的营业税，期末贷方余额为尚未缴纳的营业税。

商品流通企业提供劳务和出租或出售无形资产、不动产取得收入时，按计算的营业税，借记“其他业务成本”、“固定资产清理”等科目，贷记“应交税费——应交营业税”科目；实际上缴时，借记“应交税费——应交营业税”科目，贷记“银行存款”科目。

【例 7—30】 兰奇商品批发公司对外提供运输劳务，取得运输收入 100 000 元，存入银行，营业税税率为 3%。该公司应根据有关资料编制会计分录如下：

（1）取得运输收入时：

借：银行存款　　100 000

　贷：其他业务收入　　100 000

（2）计算应交营业税：

借：其他业务成本　　3 000

　贷：应交税费——应交营业税　　3 000

【例 7—31】 兰奇商品批发公司出售房屋一套，实际收取价款 200 000 元，存入银行。该公司根据有关资料编制会计分录如下：

（1）取得收入时：

借：银行存款　　200 000

　贷：固定资产清理　　200 000

（2）按照税率 5%计算应交营业税：

借：固定资产清理　　10 000

　贷：应交税费——应交营业税　　10 000

（四）城市维护建设税与教育费附加

1. 城市维护建设税

城市维护建设税是以增值税、消费税、营业税为计税依据征收的一种税。其纳税人为缴纳增值税、消费税、营业税的单位和个人。税率因纳税人所在地区的不同从 1%～7%不等。城市维护建设税的计算公式为：

应纳税额＝(应交增值税＋应交消费税＋应交营业税)×适用税率

为了核算城市维护建设税的应交及实交情况，应设置“应交税费——应交城市维护建设税”科目。商品流通企业计算出应交城市维护建设税，借记“营业税金及附加”科目，贷记“应交税费——应交城市维护建设税”科目；实际缴纳时，借记“应交税费——应交城市维护建设税”科目，贷记“银行存款”科目。

【例 7—32】 品源商贸公司本期实际应上缴增值税 300 000 元、消费税150 000元，该企业适用的城市维护建设税税率为 7%。该公司应根据有关资料编制会计分录如下：

（1）计算应交城市维护建设税：

应纳税额＝(300 000＋150 000)×7%＝31 500(元)

借：营业税金及附加　　31 500

　　贷：应交税费——应交城市维护建设税　　31 500

（2）用银行存款缴纳城市维护建设税：

借：应交税费——应交城市维护建设税　　31 500

　　贷：银行存款　　31 500

2. 教育费附加

教育费附加是以增值税、消费税、营业税为计税依据征收的一种费用，其纳税人为缴纳增值税、消费税、营业税的单位和个人。应纳税额的计算公式为：

应交教育费附加=(应交增值税+应交消费税+应交营业税)×3%

商品流通企业为了核算应交教育费附加，应设置“应交税费——应交教育费附加”科目。计算出应交教育费附加后，借记“营业税金及附加”科目，贷记“应交税费——应交教育费附加”科目；实际缴纳教育费附加时，借记“应交税费——应交教育费附加”科目，贷记“银行存款”科目。

（五）企业所得税

所得税（income tax）是企业根据应纳税所得额的一定比例上缴的一种税金。商品流通企业应按期计算确定所得税费用。

企业应交所得税的计算公式为：

应交所得税税额=应纳税所得额×所得税税率

其中“应纳税所得额”是在企业会计利润（即利润总额）的基础上调整确定的，其计算公式为：

$$\text{应纳税所得额}=\text{税前会计利润}+\text{纳税调整增加额}-\text{纳税调整减少额}$$

“纳税调整增加额”主要包括税法规定允许扣除项目中，企业已计入当期费用但超过税法规定扣除标准的金额（如超过税法规定标准的工资支出、业务招待费支出），以及企业已计入当期损失但税法规定不允许扣除项目的金额（如税收滞纳金、罚款、罚金）。“纳税调整减少额”主要包括按税法规定允许弥补的亏损和准予免税的项目，如前5年内的未弥补亏损和国债利息收入等。

企业根据会计准则的规定，计算确定的当期所得税和递延所得税之和，即为应从当期利润总额中扣除的所得税费用。即：

所得税费用=当期所得税+递延所得税

商品流通企业为了核算所得税费用的计算和缴纳，应设置“所得税费用”、“应交税费——应交企业所得税”等科目。按计算出的所得税费用，借记“所得税费用”科目，贷记“应交税费——应交企业所得税”科目。期末，应将“所得税费用”科目的余额转入“本年利润”科目，借记“本年利润”科目，贷记“所得税费用”科目，结转后“所得税费用”科目应无余额。

【例7—33】 兰奇商品批发公司2011年度按企业会计准则计算的税前会计利润为20 000 000元，适用的所得税税率为33%。当年按税法核定的全年计税工资为1 800 000元，公司全年实发工资为2 200 000元；另外，公司当年营业外支出中有150 000元为税款滞纳罚金。假定公司全年无其他纳税调整事项。有关计算如下：

纳税调整数＝2 200 000－1 800 000＋150 000＝550 000(元)

应纳税所得额＝20 000 000＋550 000＝20 550 000(元)

当期应交所得税税额＝20 550 000×33%＝6 781 500(元)

该公司应编制会计分录如下：

借：所得税费用　　　　6 781 500

　贷：应交税费——应交企业所得税　　　　6 781 500

【例 7—34】 承例 7—33，兰奇公司递延所得税负债年初数为 5 000 000 元，年末数为 6 000 000 元，递延所得税资产年初数为 4 500 000 元，年末数为 4 000 000 元。兰奇公司应根据有关资料编制会计分录如下：

递延所得税＝(6 000 000－5 000 000)＋(4 500 000－4 000 000)＝1 500 000(元)

所得税费用＝当期所得税＋递延所得税＝6 781 500＋1 500 000＝8 281 500(元)

借：所得税费用　　　　8 281 500

　贷：应交税费——应交企业所得税　　　　6 781 500

　　　递延所得税负债　　　　1 000 000

　　　递延所得税资产　　　　500 000

(六) 其他应交税费

商品流通企业除缴纳以上税金外，还应按税法规定缴纳房产税、土地使用税、车船使用税、印花税等。企业应在“应交税费”科目下设置“应交房产税”、“应交土地使用税”、“应交车船使用税”等明细科目核算这些税金的应交与实际上缴情况。计算出应交房产税时，借记“管理费用”科目，贷记“应交税费——应交房产税”科目；实际上缴房产税时，借记“应交税费——应交房产税”科目，贷记“银行存款”科目。土地使用税与车船使用税的应交与实际上缴会计处理与房产税的会计处理相同。企业缴纳印花税不需要预计应缴纳的税金，不通过“应交税费”科目核算。

三、其他负债的核算

(一) 应付利息

应付利息是商品流通企业取得借入款项后按照合同规定应支付的利息，包括短期借款、分期付息到期还本的长期借款、企业债券等应支付的利息。

商品流通企业应设置“应付利息”科目核算相关业务，该科目属于负债类科目。资产负债表日，企业应按摊余成本和实际利率计算确定的利息费用，借记“在建工程”、“财务费用”、“研发支出”等科目，按合同利率计算确定的应付未付利息，贷记“应付利息”科目，按其差额，借记或贷记“长期借款——利息调整”、“应付债券——利息调整”等科目。具体内容详见本章第二节“借入款项的核算”。

(二) 其他应付款

其他应付款是指除应付账款、应付票据、应付职工薪酬、应付利息以外的其他应付、暂收款项，如应付租入包装物租金、存入保证金等。

商品流通企业应设置“其他应付款”科目核算相关业务，该科目贷方登记发生的各种应付、暂收款项，借方登记偿还或转销的各种应付、暂收款项，余额在贷方，表示应付未付的其他款项。该科目应按应付、暂收款项的类别和单位或个人设置明细科目。企业发生的其他各种应付、暂收款项，借记"银行存款"、"管理费用"等科目，贷记"其他应付款"科目；支付或退回有关款项时，借记"其他应付款"科目，贷记"银行存款"等科目。

【例7—35】 品源商贸公司于2011年3月1日起，以经营租赁方式租入管理用办公设备一台，每月租金6 000元，按季支付租金。公司应根据有关资料编制会计分录如下：

（1）3月末计提租金时：

	借方	贷方
借：管理费用	6 000	
贷：其他应付款		6 000

（2）4月末计提租金的会计处理同上。

（3）5月末，公司以银行存款支付应付固定资产租金时：

	借方	贷方
借：其他应付款	12 000	
管理费用	6 000	
贷：银行存款		18 000

（三）应付股利

应付股利是指商品流通企业经过董事会或股东大会，或类似机构决议确定应分配给投资者的现金股利或利润。

商品流通企业应设置"应付股利"科目核算应付股利的分配情况。该科目贷方登记应支付的现金股利或利润，借方登记实际支付的现金股利或利润，期末贷方余额反映企业尚未支付的现金股利或利润。企业根据通过的股利或利润分配方案确认应付给投资者的股利或利润时，借记"利润分配——应付股利"科目，贷记"应付股利"科目；向投资者支付现金股利或利润时，借记"应付股利"科目，贷记"银行存款"等科目。

【例7—36】 品福商贸公司由甲、乙两位股东出资设立，分别占注册资金的70%和30%。2011年度该企业实现净利润10 000 000元，经过董事会决议批准，决定2011年度分配现金股利5 000 000元，股利已通过银行支付。该公司应根据有关资料编制会计分录如下：

	借方	贷方
借：利润分配——应付股利	5 000 000	
贷：应付股利——甲股东		3 500 000
——乙股东		1 500 000
借：应付股利——甲股东	3 500 000	
——乙股东	1 500 000	
贷：银行存款		5 000 000

（四）预计负债

或有事项是指商品流通企业过去的交易或者事项形成的，其结果须由某些未来事项的发生或不发生才能决定的不确定事项，如对外提供债务担保、未决诉讼、产品质量保证以及固定资产和矿区权益弃置义务等。与或有事项相关的义务同时满足下列条件的，应当确认为预计负债（intending liabilities）：

（1）该义务是企业承担的现时义务。

(2) 履行该义务很可能导致经济利益流出企业。

(3) 该义务的金额能够可靠地计量。

预计负债应当按照履行相关现时义务所需支出的最佳估计数进行初始计量，同时商品流通企业应当在资产负债表日对预计负债的账面价值进行复核。有确凿证据表明该账面价值不能真实反映当前最佳估计数的，应当按照当前最佳估计数对该账面价值进行调整。

商品流通企业应设置“预计负债”科目核算根据或有事项等确认的各项预计负债。该科目应当按照预计负债项目进行明细核算，期末贷方余额反映企业已预计但尚未清偿的债务。

商品流通企业因对外提供担保、未决诉讼、重组义务产生的预计负债，应按确定的金额，借记“营业外支出”科目，贷记“预计负债（预计担保损失、预计未决诉讼损失）”科目；由产品质量保证产生的预计负债，应按确定的金额，借记“销售费用”科目，贷记“预计负债（预计产品质量保证损失）”科目；实际清偿预计负债时，借记“预计负债”科目，贷记“银行存款”等科目。

【例 7—37】 品福商贸公司销售一批商品 40 000 台，保修期为 1 年。根据以往经验判断，约 2%的商品可能返修，每台的返修费用估计为 30 元。该公司应根据有关资料编制会计分录如下：

预计保修费用＝40 000×2%×30＝24 000(元)

借：销售费用——预计产品质量保证损失	24 000	
贷：预计负债——预计产品质量保证损失		24 000

【例 7—38】 兰奇商品批发公司向 A 公司销售一批商品，因商品存在一定的质量问题，导致 A 公司发生经济损失。由于购销双方对问题的认识不一致，A 公司提起诉讼，要求兰奇商品批发公司赔偿 200 000 元。兰奇商品批发公司在应诉过程中发现所售商品确实存在较大的质量问题，但该质量问题是由于供货商 B 公司提供的商品存在质量问题所致。会计期末，兰奇商品批发公司败诉的可能性在 50%以上，最可能赔偿的金额为 200 000元，且基本确定可以获得 B 公司赔偿90 000元。假定兰奇商品批发公司预计支付诉讼费 10 000 元。兰奇商品批发公司应根据有关资料编制会计分录如下：

借：管理费用——诉讼费	10 000	
营业外支出	200 000	
贷：预计负债——预计未决诉讼损失		210 000
借：其他应收款——B 公司	90 000	
贷：营业外收入		90 000

第四节　留存收益的核算

一、留存收益概述

留存收益（retained earnings）又称保留盈余，是指商品流通企业从历年实现的利润中提取或留存于企业内部的积累，它来源于企业生产经营活动所实现的利润，包括企业的盈余公积和未分配利润。盈余公积是指企业按规定从净利润中提取的积累资金，包括法定盈余公积、任意盈余公积。留存收益是企业资金的一个重要来源。

商品流通企业根据有关规定，按照投资者的决议，对当年可供分配的利润进行分配。企业本年实现的净利润加上年初未分配利润和其他转入后的余额，为可供分配的利润。可供分配的利润减去提取的法定盈余公积等后，为可供投资者分配的利润。可供投资者分配的利润减去应付普通股股利后的余额为未分配利润。

二、留存收益的核算方法

按照我国《公司法》的有关规定，公司制企业应当按照当年净利润的10%提取法定盈余公积（earned surplus）。企业计提的法定盈余公积达到注册资本的50%时，可以不再提取。在计算提取法定盈余公积的基数时，不应包括企业年初未分配利润。任意盈余公积的计提比例由企业股东大会决议自行确定。任意盈余公积的用途与法定盈余公积相同，企业在用盈余公积弥补亏损或转增资本时，一般先使用任意盈余公积，在任意盈余公积用完以后，再按规定使用法定盈余公积。

商品流通企业提取的盈余公积主要用于弥补企业亏损、转增资本、发放现金股利或利润等。

商品流通企业应设置“利润分配”、“盈余公积”等科目进行业务核算。提取法定盈余公积时，应借记“利润分配——提取法定盈余公积”科目，贷记“盈余公积——法定盈余公积”科目。用法定盈余公积转增资本时，应借记“盈余公积——法定盈余公积”科目，贷记“实收资本”科目。用法定盈余公积弥补亏损时，应借记“盈余公积——法定盈余公积”科目，贷记“利润分配——盈余公积补亏”科目。

【例7—39】 品福商贸公司本年实现净利润10 000 000元，按规定从税后利润中按10%的比例提取法定盈余公积金。假定不考虑其他因素，该公司应根据有关资料编制会计分录如下：

借：利润分配——提取法定盈余公积　　1 000 000
　贷：盈余公积——法定盈余公积　　1 000 000

【例7—40】 经股东大会批准，某商场用以前年度提取的法定盈余公积弥补当年亏损，金额为300 000元。假定不考虑其他因素，该商场应根据有关资料编制会计分录如下：

借：盈余公积——法定盈余公积　　300 000
　贷：利润分配——盈余公积补亏　　300 000

【例7—41】 兰奇商品批发公司经股东大会一致同意，决定向投资者分派8 000 000元现金股利。该公司应根据有关资料编制会计分录如下：

（1）宣告分派股利时：

借：利润分配——应付现金股利　　8 000 000
　贷：应付股利　　8 000 000

（2）支付股利时：

借：应付股利　　8 000 000

　　贷：银行存款　　8 000 000

商品流通企业的未分配利润通过“利润分配——未分配利润”明细科目核算。年度终了，企业应将全年实现净利润或发生的净亏损，自“本年利润”科目转入“利润分配——未分配利润”科目，并将“利润分配”科目所属其他明细科目的余额，转入“未分配利润”明细科目。结转后，“利润分配——未分配利润”科目如为贷方余额，表示累积未分配的利润金额；如为借方余额，则表示累积未弥补的亏损金额。

【例 7—42】 某商品流通企业年初未分配利润为 800 000 元，本年实现净利润 1 000 000元，本年提取法定盈余公积 100 000 元，宣告发放现金股利 300 000 元。假定不考虑其他因素，该企业应根据有关资料编制会计分录如下：

（1）结转本年利润：

借：本年利润　　1 000 000

　　贷：利润分配——未分配利润　　1 000 000

（2）提取法定盈余公积、宣告发放现金股利：

借：利润分配——提取法定盈余公积　　100 000

　　　　　　——应付现金股利　　300 000

　　贷：盈余公积——法定盈余公积　　100 000

　　　　应付股利　　300 000

同时：

借：利润分配——未分配利润　　400 000

　　贷：利润分配——提取法定盈余公积　　100 000

　　　　　　　　——应付现金股利　　300 000

结转后，该商品流通企业本年末累积未分配利润为 1 400 000（800 000＋1 000 000－100 000－300 000）元。

本章小结

商品流通企业的长期资金可通过吸收直接投资、发行股票、发行债券、向银行借入长期借款等方式筹集。股票是股份有限公司为筹措股权资本而发行的有价证券，是持股人拥有公司股份的凭证；债券是债务人为筹集债权资本而发行的，约定在一定期限向债权人还本付息的有价证券；长期借款是指商品流通企业向银行等金融机构借入的偿还期在一年以上的各种款项。商品流通企业在经营过程中会形成一些应付项目，如应付职工薪酬、应交税费、应付账款等，构成企业的短期资金来源，这些短期资金不需要专门筹集，是在经营过程中伴随商品交易而自然形成的。长期资金和短期资金构成商品流通企业的资金总额，形成商品流通企业的负债和所有者权益。通过本章的学习，应掌握并理解商品流通企业筹集资金的内容及相关会计科目的核算。

关键术语

筹资（financing）
股票（stock）
实收资本（paid-up capital）
股本（capital stock）
股权资本（equity capital）
资本公积（capital surplus）
库存股（treasury stock）
短期借款（short-term loan）
长期借款（long-term loan）
债券（bond）
实际利率（real interest rates）
债券折价（bond discount）
债券溢价（bond premium）
增值税（value-added tax）
融资租赁（leveraged lease）
营业税（sales tax）
消费税（excise）
预计负债（intending liabilities）
所得税（income tax）
盈余公积（earned surplus）
留存收益（retained earnings）

复习思考题

1. 筹集长期资金主要会形成哪些会计科目？
2. 企业在经营过程中形成的应付项目主要有哪些？
3. 应付职工薪酬包括哪些内容？工资如何核算？
4. 增值税一般纳税企业和小规模纳税企业在应交增值税方面的核算有什么不同？
5. 法定盈余公积的提取依据是什么？有哪些用途？
6. 盈余公积的提取和使用应如何进行会计核算？

第八章

经营成果的形成及分配核算

【学习目标】

- 理解商品流通企业经营成果的构成
- 掌握商品流通企业其他业务的内容及收入、成本的核算
- 掌握商品流通企业销售费用包含的内容
- 理解商品流通企业营业外收入、营业外支出核算的内容
- 理解商品流通企业经营成果分配的基本条件及其分配顺序
- 掌握商品流通企业利润及利润分配的核算

第一节　经营成果的形成核算

一、经营成果概述

商品流通企业的经营成果（operating performance）是指企业在一定时期内从事商品流通等经营管理活动所取得的最终成果，是资金运动显著变动状态的主要体现。反映经营成果的会计要素包括收入、费用、利润三项，其中利润的高低直接体现了商品流通企业在一定时期内经营成果的大小，包括收入减去费用后的净额、直接计入当期利润的利得和损失等。

利润包括营业利润（operating profit）、利润总额（earning before tax）和净利润（earning after tax）三方面的内容，有关计算公式为：

营业利润＝营业收入－营业成本－营业税金及附加－销售费用－管理费用
　　　　　－财务费用－资产减值损失＋公允价值变动收益(－公允价值变动损失)
　　　　　＋投资收益(－投资损失)

利润总额＝营业利润＋营业外收入－营业外支出

净利润＝利润总额－所得税费用

从上述计算过程可以看出，商品流通企业某一时期的经营成果是该阶段内实现的收入、利得与发生的费用、损失相比较而形成的。下面就各损益项目的核算逐一进行介绍。

二、营业收入、营业成本、营业税金及附加的核算

营业收入是指商品流通企业经营业务所确认的收入总额，包括主营业务收入和其他业务收入。营业成本是指商品流通企业经营业务所发生的实际成本总额，包括主营业务成本和其他业务成本。

（一）主营业务收入、成本的核算

主营业务收入、成本是指商品流通企业为完成其经营目标所从事的商品流通活动实现的收入和发生的相关成本，主要是指商品销售收入和商品销售成本。有关主营业务收入、成本的核算详见本书第二章第四节。

（二）其他业务收入、成本的核算

其他业务收入、成本是指商品流通企业从事主营业务以外的其他业务活动实现的收入和发生的相关成本，主要包括企业从事库存周转材料的出租或出售、经营场地出租、代购代销、特许经营、促销等业务活动实现的收入和发生的成本。其他业务属于商品流通企业日常经营活动中次要的交易业务，其实现的收入和发生的成本一般占企业总收入、成本的比重较小。

商品流通企业为了核算和监督其他业务收入、成本的发生和结转情况，应设置“其他业务收入”科目和“其他业务成本”科目，还可以在这两个科目下按照其他业务的类别设置明细科目，进行明细核算。企业应于每个会计期末将当期实现的其他业务收入和发生的其他业务成本结转记入“本年利润”科目，结转后“其他业务收入”、“其他业务成本”科目期末应无余额。

【例 8—1】 品源商贸公司（零售企业）将其下设的一门市部的部分经营场地对外出租，按季度收取租金。2011 年 9 月 30 日，公司收到承租人交来的第四季度场地租金 63 000元，存入银行。该公司应编制会计分录如下：

（1）收到租金时：

借：银行存款	63 000	
贷：其他应付款		63 000

（2）分月确认当期实现收入时：

借：其他应付款	21 000	
贷：其他业务收入——场地租金		21 000

【例 8—2】 品源商贸公司向某商品供应商收取促销活动期间的场地管理费 15 000 元，已通过银行转账收讫。公司根据有关凭证编制会计分录如下：

借：银行存款	15 000	
贷：其他业务收入——场地管理费		15 000

【例 8—3】 承例 8—2，为配合上述商品的促销活动，品源商贸公司从保安公司聘请

了三名保安在现场维持秩序，以现金支付保安人员工资 1 800 元。该公司编制会计分录如下：

借：其他业务成本——场地管理费　　1 800

　贷：库存现金　　1 800

【例 8—4】 品源商贸公司接受某商品供应商提出的扩充商品销售种类的要求，一次性收取新商品的进店费 3 000 元，已通过银行转账收讫。该公司应根据有关凭证编制会计分录如下：

借：银行存款　　3 000

　贷：其他业务收入——进店费收入　　3 000

（三）营业税金及附加的核算

营业税金及附加是指商品流通企业从事经营活动时应负担的相关税费，主要涉及营业税和消费税。

有关营业税金及附加的核算详见本书第七章的相关内容。

三、销售费用、管理费用和财务费用的核算

（一）销售费用

销售费用（selling expense）是指商品流通企业在销售商品、提供劳务等经营活动过程中发生的各项费用，包括企业在销售商品过程中发生的包装费、保险费、广告费、商品维修费、预计产品质量保证损失、运输费、装卸费等费用，以及企业发生的为销售商品而专设销售机构的职工薪酬、固定资产折旧费、维修费等费用。

根据 2006 年《企业会计准则——应用指南》中的说明，商品流通企业在采购商品过程中发生的运输费、装卸费、保险费以及其他可归属于存货采购成本的进货费用，应当计入存货采购成本，也可以先在销售费用中进行归集，期末根据所购商品的存销情况进行分摊，对于未售商品的进货费用，应计入期末存货成本。如果采购商品的进货费用金额较小，可以在发生时直接计入销售费用。

商品流通企业收到的进口佣金应冲减采购商品的进货成本，佣金不易按商品认定时，可以冲减当期销售费用。

商品流通企业应设置“销售费用”科目核算和监督销售费用的发生和结转情况。该科目借方登记企业所发生的各项销售费用，贷方登记期末结转记入“本年利润”科目的销售费用，结转后该科目期末应无余额。该科目应按照销售费用的费用项目进行明细核算。

【例 8—5】 美联小商品批发公司从某针织厂购进一批针织产品。针织厂直接将产品送至公司仓库，公司以现金 600 元支付了临时雇用的装卸人员的工资。由于该笔采购商品的进货费用金额较小，公司可编制会计分录如下：

借：销售费用——装卸费　　600

　贷：库存现金　　600

【例 8—6】 品源商贸公司用银行存款支付《商品宣传册》的印刷费 7 000 元，根据有关凭证编制会计分录如下：

借：销售费用——广告费　　7 000

　贷：银行存款　　7 000

【例 8—7】 美联小商品批发公司用银行存款 3 000 元购入一批销售人员工作服。公司根据有关购货凭证编制会计分录如下：

借：销售费用——劳保用品　　3 000

　贷：银行存款　　3 000

【例 8—8】 兰奇商品批发公司摊销已预付的应由本月负担的租用经营场地房屋租金 40 000 元，应编制会计分录如下：

借：销售费用——业务费　　40 000

　贷：长期待摊费用　　40 000

（二）管理费用

管理费用（administrative expense）是指商品流通企业为组织和管理商品流通经营活动而发生的各种费用，包括企业在筹建期间发生的开办费、董事会和行政管理部门在企业的经营管理中发生的或者应由企业统一负担的公司经费（包括行政管理部门职工薪酬、物料消耗、低值易耗品摊销、办公费和差旅费等）、工会经费、董事会费（包括董事会成员津贴、会议费和差旅费等）、聘请中介机构费、咨询费（含顾问费）、诉讼费、业务招待费、房产税、车船使用税、土地使用税、印花税等。

商品流通企业应设置"管理费用"科目核算和监督管理费用的发生和结转情况。该科目借方登记企业所发生的各项管理费用，贷方登记期末结转记入"本年利润"科目的管理费用，结转后该科目期末应无余额。该科目应按照管理费用的费用项目进行明细核算。

对于管理费用不多的商品流通企业，可不设置"管理费用"科目，而将相关核算内容并入"销售费用"科目核算。

【例 8—9】 晨远商贸有限责任公司在筹建期间，共发生咨询费、注册登记费等相关费用 5 000 元。公司应根据有关凭证编制会计分录如下：

借：管理费用——开办费　　5 000

　贷：银行存款（或库存现金）　　5 000

【例 8—10】 美联小商品批发公司根据国家规定的计提标准计算本月应缴纳的行政管理部门职工的基本养老保险费等社会保险费共计 31 000 元。公司根据有关计算单编制会计分录如下：

借：管理费用——职工社会保险费　　31 000

　贷：应付职工薪酬——社会保险费　　31 000

【例 8—11】 品源商贸公司本月按规定计算确定的应交房产税为 4 000 元，应交车船使用税为 2 000 元，应交土地使用税为 5 100 元。公司根据有关计算单编制会计分录如下：

借：管理费用——税金　　11 100

　贷：应交税费——应交房产税　　4 000

　　　　　　——应交车船使用税　　2 000

　　　　　　——应交土地使用税　　5 100

【例 8—12】 兰奇商品批发公司用银行存款支付董事会会议费及差旅费 60 000 元。公司应根据有关凭证编制会计分录如下：

借：管理费用——董事会费　　60 000

　贷：银行存款　　60 000

【例 8—13】 美联小商品批发公司本月行政管理部门以现金支付了 500 元高速公路费，以支票支付了 1 500 元的汽车耗油费。公司应根据有关凭证编制会计分录如下：

借：管理费用——过路费　　500

　　　　　——燃油费　　1 500

　贷：库存现金　　500

　　　银行存款　　1 500

（三）财务费用

财务费用（financial expense）是指商品流通企业为筹集经营管理活动所需资金等而发生的筹资费用，包括利息支出（减利息收入）、汇兑损益以及相关的手续费、企业发生的现金折扣或收到的现金折扣等。商品流通企业发生的通过银行结算系统进行的商品交易转账业务手续费，也应计入财务费用。

商品流通企业应设置“财务费用”科目核算和监督财务费用的发生和结转情况。该科目借方登记企业所发生的各项财务费用，贷方登记期末结转记入“本年利润”科目的财务费用，结转后该科目期末应无余额。该科目应按照财务费用的费用项目进行明细核算。

【例 8—14】 兰奇商品批发公司接到银行付款通知单，银行已从本公司账户中收取了本月应支付的商品交易转账业务手续费共计 1 020 元。公司应根据有关凭证编制会计分录如下：

借：财务费用——手续费　　1 020

　贷：银行存款　　1 020

商品流通企业发生的借款利息费用核算详见本书第七章有关内容。

此外，商品流通企业在计算营业利润时，还应该包括资产减值损失、公允价值变动收益（或损失）以及投资收益（或损失）三个项目。其中，资产减值损失是指商品流通企业计提的各项资产减值准备所形成的损失；公允价值变动收益（或损失）是指商品流通企业持有的交易性金融资产等的公允价值变动形成的应计入当期损益的利得（或损失）；投资收益（或损失）是指商品流通企业在对外投资过程中所取得的收益（或发生的损失）。这三项内容的具体业务核算详见本书第五、六章的相关内容。

四、营业外收入、营业外支出及所得税费用的核算

（一）营业外收入

营业外收入是指商品流通企业发生的与其日常经营活动无直接关系的各项利得，主要包括非流动资产处置利得、盘盈利得、罚没利得、捐赠利得以及因确实无法支付而按规定程序经批准后转作营业外收入的应付款项等。

其中，非流动资产处置利得包括固定资产处置利得和无形资产出售利得。固定资产处置利得是指商品流通企业出售固定资产所取得价款或报废固定资产的回收残值，扣除处置固定资产的账面价值、清理费用、处置相关税费后的净收益；无形资产出售利得是指商品

流通企业出售无形资产所取得价款，扣除出售无形资产的账面价值、相关税费后的净收益。

盘盈利得是指对于现金等部分实物资产清查盘点中盘盈的资产，报经批准后计入营业外收入的金额。需注意的是，存货期末盘盈的价值经批准后应记入“管理费用”科目，而固定资产盘盈的价值应作为前期差错进行调整，记入“以前年度损益调整”科目。

商品流通企业应设置“营业外收入”科目核算和监督营业外收入的取得及结转情况。该科目贷方登记企业确认的各项营业外收入，借方登记期末结转记入“本年利润”科目的营业外收入，结转后该科目期末应无余额。该科目应按照营业外收入的项目进行明细核算。

【例 8—15】 晨远商贸有限责任公司当日在对收银部交来的现金进行核对盘点时，发现溢余现金 35.6 元，报经批准转作营业外收入。公司应根据有关凭证编制会计分录如下：

借：库存现金　　35.6

　贷：营业外收入——现金溢余　　35.6

【例 8—16】 晨远商贸有限责任公司收到某职工捐赠的一套旧办公家具，评估价值为 4 000 元。公司将其作为低值易耗品核算，应编制会计分录如下：

借：低值易耗品——办公家具　　4 000

　贷：营业外收入——捐赠利得　　4 000

【例 8—17】 品源商贸公司期末在对应付款项进行核对过程中发现，向某单位收取的包装物押金 2 000 元由于该企业已完成清算程序而无法返还，按规定程序批准转作营业外收入。公司应根据有关凭证编制会计分录如下：

借：其他应付款　　2 000

　贷：营业外收入——其他　　2 000

需说明的是，在我国，有部分商品流通企业可能会从政府取得货币性资产或非货币性资产的补助（不包括政府作为投资人投入企业的资本），如财政贴息、税收返还等。按照 2006 年《企业会计准则》规定，企业取得的政府补助应按照与资产相关的政府补助和与收益相关的政府补助分别核算。

与资产相关的政府补助是指企业取得的、用于购建或以其他方式形成长期资产的政府补助。取得时不能直接确认为当期损益，应当确认为递延收益，自相关资产达到预定可使用状态起，在该资产使用寿命内平均分摊计入各期营业外收入；如果相关资产在使用寿命结束之前被出售、转让、报废或发生毁损，应将尚未分摊的递延收益余额一次性转入营业外收入。

与收益相关的政府补助，如果是用于补偿企业以后期间的相关费用或损失，取得时确认为递延收益，在确认相关费用的期间计入营业外收入；如果是用于补偿已发生的相关费用或损失，应于取得时直接计入当期营业外收入。

（二）营业外支出

营业外支出是指商品流通企业发生的与其日常经营活动无直接关系的各项损失，主要包括非流动资产处置损失、盘亏损失、罚款支出、公益性捐赠支出、非常损失等。

其中，非流动资产处置损失包括固定资产处置损失和无形资产出售损失。固定资产处置损失是指商品流通企业出售固定资产所取得价款或报废固定资产的回收残值，不足以抵补处置固定资产的账面价值、清理费用、处置相关税费所发生的净损失；无形资产出售损失是指商品流通企业出售无形资产所取得价款，不足以抵补出售无形资产的账面价值、相关税费所发生的净损失。

盘亏损失是指商品流通企业对于固定资产清查盘点中发现的盘亏的固定资产，在查明原因处理时按确定的损失计入营业外支出的金额。

非常损失是指商品流通企业对于因客观因素（如自然灾害等）造成的损失，在扣除相关赔偿后应计入营业外支出的净损失。

商品流通企业应设置“营业外支出”科目核算和监督营业外支出的发生及结转情况。该科目借方登记企业发生的各项营业外支出，贷方登记期末结转记入“本年利润”科目的营业外支出，结转后该科目期末应无余额。该科目应按照营业外支出的项目进行明细核算。

【例 8—18】 品源商贸公司用银行存款支付税款滞纳金 20 000 元，应编制会计分录如下：

借：营业外支出——罚款支出	20 000	
贷：银行存款		20 000

【例 8—19】 兰奇商品批发公司向某所希望小学捐赠一批学习用品，商品进价 5 000 元，市场售价 8 000 元，增值税销项税额 1 360 元。公司应编制会计分录如下：

借：营业外支出——捐赠支出	6 360	
贷：库存商品		5 000
应交税费——应交增值税（销项税额）		1 360

需指出的是，营业外收入并不是企业经营资金耗费所产生的收益，而是经济利益的净流入；营业外支出也不是企业为了获取某种收益而发生的耗费，而是经济利益的净流出。因此，营业外收入与营业外支出之间并不存在配比关系。

（三）所得税费用

所得税费用是指商品流通企业经过一定时期经营后，按照国家有关规定确认的应从利润总额中扣除的所得税费用金额。商品流通企业在正确核算当期利润总额后，按照税务部门确定的所得税征缴比率计算应交所得税额，并按照一定的会计核算方法进行所得税费用核算。其具体业务核算详见本书第七章的相关内容。

五、利润形成的核算

随着经营活动的不断开展，商品流通企业会逐渐实现各项收入（或利得），同时也会发生各种费用（或损失）。企业应于每个会计期末将当期的全部收入和全部费用进行比较，计算本期实现的净利润或发生的净亏损。

为了反映和监督当期实现的净利润或发生的净亏损，商品流通企业应设置“本年利润”科目。该科目贷方登记本期发生的各种收入，借方登记本期发生的各种费用。将收入与费用相抵，如收入大于费用，即为贷方余额，表示本期实现的净利润；如费用大于收入，即为借方余额，表示本期发生的净亏损。在年度中间，该科目的余额保留在本账户，不予转账，表示截至本期本年度累计实现的净利润或发生的净亏损。年度终了，应将该科目余额转入“利润分配——未分配利润”科目，结转后该科目应无余额。

在会计实务中，会计期末结转本年利润的方法有账结法和表结法两种。

账结法是指商品流通企业应于每月末将本期各损益类科目的期末余额结转记入“本年利润”科目，通过“本年利润”科目的本月合计数反映当月实现的利润或发生的亏损，“本年利润”科目的本年累计数反映累计至当期实现的利润或发生的亏损。

表结法是指对各损益类科目每月末只需结出本月发生额和月末累计余额，而不用进行余额结转，但需要将损益类科目的本月发生额合计数填入利润表的本月数栏内，通过利润表计算反映本期的利润（或亏损），只有在年终时才将各损益类科目全年累计余额结转到“本年利润”科目。

目前，我国商品流通企业大多采用表结法进行当期利润计算。

【例 8—20】 品源商贸公司 2011 年有关损益类科目的年末余额如下（该企业采用表结法年末一次结转损益类科目余额）：

科目名称	结账前余额
主营业务收入	2 469 300 元（贷）
其他业务收入	87 500 元（贷）
投资收益	12 000 元（贷）
营业外收入	6 000 元（贷）
主营业务成本	1 975 440 元（借）
其他业务成本	11 500 元（借）
营业税金及附加	7 800 元（借）
销售费用	168 000 元（借）
管理费用	45 000 元（借）
财务费用	1 100 元（借）
公允价值变动损益	8 000 元（借）
资产减值损失	4 000 元（借）
营业外支出	2 000 元（借）
所得税费用	10 600 元（借）

该公司于 2011 年末结转本年利润的会计分录如下：

（1）结转各收入、利得类科目的年末余额：

借：主营业务收入	2 469 300	
其他业务收入	87 500	
投资收益	12 000	
营业外收入	6 000	
贷：本年利润		2 574 800

(2) 结转各费用、损失类科目的年末余额：

借：本年利润　　2 233 440

　贷：主营业务成本　　1 975 440

　　其他业务成本　　11 500

　　营业税金及附加　　7 800

　　销售费用　　168 000

　　管理费用　　45 000

　　财务费用　　1 100

　　公允价值变动损益　　8 000

　　资产减值损失　　4 000

　　营业外支出　　2 000

　　所得税费用　　10 600

(3) 将“本年利润”科目年末余额结转记入“利润分配”科目：

借：本年利润　　341 360

　贷：利润分配——未分配利润　　341 360

第二节　经营成果的分配核算

商品流通企业在本年度经营成果——税后净利润的基础上，加上年初未分配利润（或减去年初未弥补亏损）和其他转入后就形成了本年度的可供分配利润金额。企业应该根据国家的有关规定和企业章程、投资者协议等，对当年的可供分配利润进行分配。这一过程称为利润分配（profit distribution）。

一、利润分配的条件

商品流通企业进行利润分配应具备以下两个基本条件：

(1) 本年度必须实现净利润，而不能发生净亏损。

(2) 进行利润分配之前必须先弥补以前年度的亏损额，如果无法补足，则不能进行利润分配。

二、利润分配的顺序

企业的利润分配应遵循下述顺序。

(一) 提取法定盈余公积

按照我国《公司法》有关规定，公司制企业应当按照净利润（扣除弥补以前年度亏损）的10%提取法定盈余公积。非公司制企业法定盈余公积的提取比例可超过上述比例。法定盈余公积累计额已达注册资本的50%时可以不再提取。需强调的是，提取法定盈余公积的基数不应包括年初未分配利润。

（二）提取任意盈余公积

公司制企业可以根据股东大会的决议提取任意盈余公积。非公司制企业经过其权力机构批准也可提取任意盈余公积。

商品流通企业按照上述要求提取的盈余公积形成了企业累积资金额，经批准可用于弥补亏损、转增资本、发放现金股利或利润等。

（三）向投资者分配利润

经过前两步分配后可供分配利润的剩余额，应根据企业章程、投资者协议或股东大会的决议等向投资者分配利润。对于股份制企业而言，如果存在优先股，则优先股股利应在企业提取任意盈余公积之前发放。

需注意的是，外商投资企业按照法律、行政法规的规定按净利润一定比例提取的储备基金、生产发展基金、职工奖励及福利基金等，以及中外合作经营企业按规定在合作期内以利润归还投资者的投资，也应从可供分配利润中扣除。

三、利润分配的核算

商品流通企业应设置“利润分配”科目核算企业利润的分配过程和历年分配后的未分配利润金额。年度中间，该科目只在借方登记实际分配的利润数额，贷方一般不作登记，因而其期末余额在借方，表示截止到本期企业累计已分配利润数额。此时，将“本年利润”科目的贷方余额，即累计实现的净利润与“利润分配”科目的借方余额，即累计已分配的利润数额相减，可以求得未分配的利润余额。该科目应分别设置“盈余公积补亏”、“提取法定盈余公积”、“提取任意盈余公积”、“应付现金股利或利润”、“转作股本的股利”、“未分配利润”等科目进行明细核算。

企业年末未分配利润的核算应通过“利润分配——未分配利润”科目进行。年度终了，企业将全年实现的净利润或发生的净亏损，自“本年利润”科目结转记入“利润分配——未分配利润”科目，并将“利润分配”科目所属的其他明细科目的余额转入“未分配利润”明细科目。结转后，“利润分配——未分配利润”科目如为贷方余额，表示企业历年结存的未分配利润；如为借方余额，表示历年积存的未弥补亏损。

【例 8—21】 美联小商品批发公司 2011 年初未分配利润为－151 000 元，本年实现净利润 2 100 000 元。经股东大会讨论决定，用以前年度提取的任意盈余公积弥补亏损，然后按以下方案进行利润分配：提取法定盈余公积 210 000 元；宣告发放现金股利300 000 元；向现有股东发放股票股利 50 万股（每股面值 1 元）。假定不考虑其他因素，该企业应编制会计分录如下：

（1）用盈余公积弥补亏损：

借：盈余公积——任意盈余公积　　151 000

　贷：利润分配——盈余公积补亏　　151 000

（2）提取法定盈余公积：

借：利润分配——提取法定盈余公积　　210 000

　贷：盈余公积——法定盈余公积　　210 000

（3）宣告发放现金股利：

借：利润分配——应付现金股利　　300 000

　　贷：应付股利　　300 000

（4）办妥增资手续，发放股票股利：

借：利润分配——转作股本的股利　　500 000

　　贷：股本　　500 000

（5）年终结转：

借：本年利润　　2 100 000

　　贷：利润分配——未分配利润　　2 100 000

同时：

借：利润分配——未分配利润　　859 000

　　　　　　——盈余公积补亏　　151 000

　　贷：利润分配——提取法定盈余公积　　210 000

　　　　　　　　——应付现金股利　　300 000

　　　　　　　　——转作股本的股利　　500 000

本例中，“利润分配——未分配利润”明细科目有贷方余额109万元，表示该企业本年年末的累积未分配利润为109万元。

需说明的是，如果商品流通企业在年终决算后，发现有遗漏或会计处理不妥的事项，就需要对这些会计事项进行调整。对于不影响损益的事项的调整与正常会计处理相同；对于影响损益的事项的调整，则直接通过“以前年度损益调整”科目进行核算。调整增加的以前年度利润或调整减少的以前年度亏损，应借记有关科目，贷记“以前年度损益调整”、“应交税费——应交所得税”科目；企业调整减少的以前年度利润或调整增加的以前年度亏损，作相反会计分录。年度终了，应将“以前年度损益调整”科目的余额转入“利润分配——未分配利润”科目，该科目结转后无余额。

本章小结

本章主要介绍了商品流通企业经营成果的形成及分配的过程，以及相关的业务核算内容。商品流通企业的经营成果是指企业在一定时期内从事商品流通等经营管理活动所取得的最终成果，是资金运动显著变动状态的主要体现。利润的多少直接体现了商品流通企业在一定时期内经营成果的大小。利润包括营业利润、利润总额和净利润三方面的内容，是商品流通企业某一时期内实现的收入、利得与发生的费用、损失相比较而形成的。商品流通企业在本年度经营成果（税后利润）的基础上，加上年初未分配利润（或减去年初未弥补亏损）和其他转入后就形成了本年度的可供分配利润金额。企业应该根据国家的有关规定和企业章程、投资者协议等，对当年的可供分配利润进行分配，主要包括弥补以前年度亏损、提取盈余公积和向投资者分配利润等。

关键术语

经营成果（operating performance）　　营业利润（operating profit）
利润总额（earning before tax）　　净利润（earning after tax）
销售费用（selling expense）　　管理费用（administrative expense）
财务费用（financial expense）　　利润分配（profit distribution）

复习思考题

1. 什么是经营成果？商品流通企业在某一会计期间的经营成果由哪些内容构成？
2. 商品流通企业的其他业务活动包括哪些内容？
3. 商品流通企业销售费用核算的内容与一般企业相比有何区别？
4. 商品流通企业营业外收入、营业外支出分别核算哪些内容？
5. 非股份制商品流通企业如何进行利润分配？

第九章

会计报表的编制

【学习目标】

- 掌握商品流通企业会计报表的基本构成
- 了解商品流通企业会计报表的基本分类
- 理解编制会计报表的目的和编制要求
- 掌握资产负债表、利润表、现金流量表及所有者权益变动表的基本结构和编制方法
- 了解会计报表附注的作用和基本内容

第一节　会计报表概述

一、会计报表的含义

会计报表（accounting statement）是以日常核算资料为主要依据编制的，综合反映企业某一特定日期的资产、负债及所有者权益状况，以及某一特定时期的经营成果和现金流量情况的书面文件，是整个会计工作的最终成果。按照2006年《企业会计准则——财务报表列报》的规定，商品流通企业编制的会计报表一般应当包括下列组成部分：

（1）资产负债表（balance sheet）。

（2）利润表（income statement）。

（3）现金流量表（cash flow statement）。

（4）所有者权益变动表（proprietary equity changes）。

（5）附注（annotations）。

二、会计报表使用者

商品流通企业编制会计报表的目的，是为会计报表使用者进行经营决策提供会计信息。由于会计报表使用者千差万别，不同的报表使用者对会计报表所提供信息的要求各有侧重。

（一）投资者（股东）

商品流通企业的投资者可以是国家、法人、职工个人、其他经济单位和外商等。投资者主要关心投资报酬和投资风险。因而，商品流通企业编制的会计报表应当着重为其提供盈利能力、资本结构等方面的信息。

（二）债权人

商品流通企业的债权人主要包括银行和其他金融机构。债权人重点关注的是所提供的资金是否能按期如数收回。因而，商品流通企业编制的会计报表应当着重为其提供有关偿债能力的信息。

（三）政府相关机构

政府相关机构有财政、工商、税务等行政管理部门。这些部门依据有关的法律、制度监督和检查各单位的资金使用情况、成本计算情况、利润形成及分配情况、税金计算和解缴情况等。因而，商品流通企业编制的会计报表应当着重为其提供有关企业的资源及其运用、分配方面的情况，为国家的宏观决策提供必要的信息。

（四）企业经营管理者

企业经营管理者最关注的是企业财务状况、经营业绩的好坏，以及现金的流动情况。因而，商品流通企业编制的会计报表应当着重为其提供企业某一特定日期的资产、负债及所有者权益状况，以及某一特定时期的经营业绩和现金流量方面的信息，为以后进行生产经营决策、改善经营管理提供参考资料。

（五）企业职工

企业职工最关注的是企业为其提供的就业机会及其稳定性、劳动报酬高低和职工福利好坏等方面的资料。因而，商品流通企业编制的会计报表除了需要提供以上信息外，还需要提供与职工福利相关的资料。

（六）社会公众

社会公众包括企业潜在的投资者或债权人，其主要关注企业的现行发展情况和未来发展趋势。因而，商品流通企业编制的会计报表应当能够提供有关企业目前状况及其未来发展等方面的资料。

三、会计报表的分类

商品流通企业的会计报表可以按不同的标准进行分类。

（一）按会计报表所反映的经济内容分类

按照会计报表所反映的经济内容不同，可分为以下三类：反映企业财务状况及其变动情况的报表，如“资产负债表”、“现金流量表”等；反映企业一定期间内利润（亏损）实现和分配情况的报表，如“利润表”等；反映企业费用明细情况的报表，如“期间费用明细表”等。

（二）按会计报表报送对象分类

按照会计报表报送对象的不同，可分为对外会计报表和对内会计报表两类。

商品流通企业对外报送的会计报表，包括“资产负债表”、“利润表”、“现金流量表”以及有关的附表。对外报送会计报表的种类、具体格式和编制方法均由财政部统一制定，任何单位都不得随意更改。

对内的会计报表包括各种收入和费用明细表。对内会计报表的种类、格式、内容及编制方法由企业根据内部管理的需要自行规定、自行设计。

（三）按会计报表编制的时间不同分类

按照会计报表编制的时间不同，可分为年度会计报表、季度会计报表和月份会计报表三类。年度会计报表（亦称年报）是总括反映企业年度财务状况变动、利润分配和费用支出情况的报表，主要包括“现金流量表”、“利润分配表”等。月份会计报表（亦称月报）是用来反映企业月末财务状况、月份内经营成果以及成本费用等情况的报表，包括“资产负债表”、“利润表”等。根据 2006 年《企业会计准则——中期财务报告》的规定，股份有限公司还应编制中期会计报表。

四、编制会计报表的要求

为了保证会计报表的质量，商品流通企业编制会计报表必须符合下述要求。

（一）内容完整

会计报表必须按照统一规定的报表种类和内容填报，不得漏填、漏报。每份会计报表应填列的指标，无论是表内项目还是附注资料都要填列齐全。对于汇总会计报表，应按项目汇总，不得遗漏，以提供完整的数据资料。

（二）数字真实

会计报表所填列的数字必须真实可靠，能准确地反映编表单位的财务状况、经营成果和费用。不得以估计数字填列会计报表，更不得弄虚作假，篡改、伪造数字。

（三）计算正确

会计报表上的各项指标，都必须按国家统一的会计制度规定的口径填列，不得任意删减或增加；凡需经计算填列的指标，应按会计制度所规定的方法计算填列。

（四）编报及时

会计报表应按会计法规制度规定的期限对外报送，以便报表使用者及时、有效地利用会计报表资料。为此，企业应科学地组织好会计的日常核算工作，选择适合本企业具体情况的会计核算组织形式，认真做好记账、算账、对账和按期结账工作。

单位领导者对会计报表的合法性、真实性负法律责任。

第二节　资产负债表

一、资产负债表的作用

商品流通企业的资产负债表是反映企业某一特定日期（月末、季末或年末）财务状况的会计报表。它是根据资产、负债及所有者权益之间的相互关系，按照一定的分类标准和顺序，把商品流通企业一定日期的资产、负债及所有者权益项目予以适当排列，并对日常工作中形成的大量数据进行综合、总括整理后编制而成的，是月报表、主要报表之一。

商品流通企业的资产负债表是以“资产＝负债＋所有者权益”这一会计基本等式为基础进行编制的，是反映企业静态财务状况的主要报表。资产负债表既可以全面反映企业在某一特定日期所拥有或控制的经济资源，也能反映企业所承担的义务及所有者对企业净资产的要求权。

二、资产负债表的格式

资产负债表由表首、表身组成。表首部分列示报表的名称、编制单位、编制日期和货币计量单位等内容；表身部分以若干个报表项目反映编表日企业资产、负债及所有者权益的具体组成内容及总额。

资产负债表的格式有账户式和报告式两种。我国商品流通企业资产负债表采用账户式，即资产负债表分为左右两方，左方列示资产类项目，右方列示负债及所有者权益类项目，根据会计等式的基本原理，左方的资产总额等于右方的负债及所有者权益总额。同时，资产负债表还提供年初数和期末数比较资料。

资产负债表左、右两方各项目的前后顺序是按其流动性排列的，其基本结构见表 9—1。

表 9—1　　资产负债表

编制单位：　　年　月　日　　单位：元

资产	金额	负债及所有者权益	金额
流动资产 非流动资产		流动负债 非流动负债 所有者权益	
资产总计		负债及所有者权益总计	

（一）资产

资产满足下列条件之一的，应当归类为流动资产：预计在一个正常营业周期中变现、出售或耗用；主要为交易目的而持有；预计从资产负债表日起一年内变现；自资产负债表日起一年内，交换其他资产或清偿负债的能力不受限制的现金或现金等价物。资产负债表中的流动资产包括货币资金、应收及预付款项、交易性金融资产、存货等。

流动资产以外的资产应当归类为非流动资产，包括持有至到期投资、长期股权投资、固定资产、无形资产和递延所得税资产等。

(二) 负债

负债满足下列条件之一的，应当归类为流动负债：预计在一个正常营业周期中清偿；主要为交易目的而持有；自资产负债表日起一年内到期应予以清偿；企业无权自主地将清偿推迟至资产负债表日后一年以上。资产负债表中的流动负债包括短期借款、应付及预收款项、应交税费、应付职工薪酬、应付股利等。

流动负债以外的负债应当归类为非流动负债，主要包括长期借款、长期应付款、预计负债、递延所得税负债。

(三) 所有者权益

所有者权益包括所有者投资、企业在生产经营过程中形成的盈余公积和未分配利润。所有者权益在资产负债表上的排列顺序为：实收资本、资本公积、盈余公积和未分配利润。

三、资产负债表的编制方法

资产负债表各项目均应分别填列年初数和期末数。其中，年初数栏内各项数字应根据上年末（12 月 31 日）该表的期末数填列；期末数栏内各项数字大多根据相应的总账账户期末余额填列。由于报表项目与会计账户并不完全一致，商品流通企业的资产负债表的期末数各项目可按下述方法填列。

(一) 根据总账余额填列

如“交易性金融资产”、“短期借款”、“应付票据”、“应付职工薪酬”等项目，根据“交易性金融资产”、“短期借款”、“应付票据”、“应付职工薪酬”各总账科目的余额直接填列；有些项目则需要根据几个总账科目的期末余额计算填列，如“货币资金”项目，需根据“库存现金”、“银行存款”、“其他货币资金”三个总账科目的期末余额的合计数填列。

(二) 根据明细科目余额计算填列

如“应付账款”项目，需要根据“应付账款”和“预付账款”两个科目所属的相关明细科目的期末贷方余额计算填列；“应收账款”项目，需要根据“应收账款”和“预收账款”两个科目所属的相关明细科目的期末借方余额计算填列。

(三) 根据总账科目和明细科目余额分析计算填列

如“长期借款”项目，需要根据“长期借款”总账科目余额扣除“长期借款”科目所属的明细科目中将在一年内到期，且企业不能自主地将清偿义务展期的长期借款后的金额计算填列。

(四) 根据有关科目余额减去其备抵科目余额后的净额填列

如资产负债表中的“应收票据”、“长期股权投资”、“在建工程”等项目，应当根据“应收票据”、“长期股权投资”、“在建工程”等科目的期末余额减去“坏账准备”、“长期股权投资减值准备”、“在建工程减值准备”等科目余额后的净额填列；“固定资产”项目，应当根据“固定资产”科目的期末余额减去“累计折旧”、“固定资产减值准备”备抵科目余额后的净额填列；“无形资产”项目，应当根据“无形资产”科目的期末余额，减去

"累计摊销"、"无形资产减值准备"备抵科目余额后的净额填列。

(五)综合运用上述方法分析填列

如资产负债表中的"存货"项目，需要根据"库存商品"、"委托加工物资"、"周转材料"、"材料采购"、"在途物资"、"发出商品"、"材料成本差异"等总账科目期末余额的分析汇总数，减去"存货跌价准备"科目余额后的净额填列。

第三节　利润表

一、利润表的作用

利润表是反映商品流通企业一定期间经营成果的会计报表，它总括反映了企业在一定期间内利润(或亏损)实际形成情况，是月报表、主要报表之一。

利润表可以提供的信息有：

(1)企业在一定期间内取得的全部收入，包括营业收入、投资收益和营业外收入。

(2)企业在一定期间内发生的全部费用，包括从事经营业务发生的成本、销售费用、管理费用、财务费用、营业外支出和所得税。

(3)全部收入与费用相抵计算出的企业一定期间内实现的净利润(或净亏损)总额。

报表使用者通过利润表可以了解企业利润(或亏损)的形成情况，据以分析、考核企业利润计划的执行结果，分析企业利润增减变动的原因；通过利润表和其他报表的有关资料，可以分析、评价企业的获利能力，预测企业在未来期间的盈利趋势和企业内部融资的能力。

二、利润表的格式和编制方法

(一)利润表的基本格式

利润表由表首、表身组成。表首部分列示报表的名称、编制单位、货币计量单位和该表反映的年度、月份等内容；表身部分以若干个相互联系的报表项目反映编表期间企业收入、费用和利润的组成内容及其总额。

利润表的格式有单步式和多步式两种。我国商品流通企业的利润表采用多步式格式。按照这一要求，净利润的计算分以下三步进行：

(1)计算出营业利润：

营业利润＝营业收入－营业成本－营业税金及附加－销售费用
－管理费用－财务费用－资产减值损失
＋公允价值变动收益(－公允价值变动损失)
＋投资收益(－投资损失)

(2)计算出利润总额：

利润总额＝营业利润＋营业外收入－营业外支出

(3)计算出净利润：

净利润＝利润总额－所得税费用

利润表的格式见表 9—2。

表 9—2 **利润表** 会企 02 表

编报单位： 年 月 单位：

项 目	本月数	本年累计数
一、营业收入		
减：营业成本		
营业税金及附加		
销售费用		
管理费用		
财务费用		
资产减值损失		
加：公允价值变动收益（损失以“－”填列）		
投资收益（损失以“－”填列）		
其中：对联营企业和合营企业的投资收益		
二、营业利润（亏损以“－”填列）		
加：营业外收入		
减：营业外支出		
其中：非流动资产处置损失		
三、利润总额（亏损总额以“－”填列）		
减：所得税费用		
四、净利润（净亏损以“－”填列）		
五、每股收益		
（一）基本每股收益		
（二）稀释每股收益		

为了清楚地反映各项指标的报告期数及从年初截止到报告期的累计数，在利润表中分别设置“本月数”和“本年累计数”两栏。

（二）利润表的编制方法

利润表中的各个项目，都是根据有关损益类账户记录的本期实际发生数和累计发生数填列的。

年度利润表的“本月数”栏改为“上年实际数”栏，应根据上年末“利润表”的数字填列。如果上年末“利润表”与本年“利润表”的项目名称和内容不相一致，应对上年的报表项目名称和数字按本年度的规定进行调整，然后填入“上年实际数”栏。

第四节　现金流量表

一、现金流量表概述

现金流量表是反映商品流通企业在一定会计期间现金收入和支出情况的会计报表，是以现金为基础并按收付实现制原则编制的财务状况变动表，是年报表、主要报表之一。

前述资产负债表和利润表在提供会计信息方面都起了十分重要的作用，但是仍存在一定的局限性。利润表反映了商品流通企业在一定时期内实现的利润，但不能保证企业有足够的赖以生存的现金，因为利润并非现金。资产负债表说明了某一特定日期资产和权益变动的结果，并显示了企业的偿债能力，但并不能反映资产和权益变动的过程和变动的原因。而现金流量表的编制可以弥补这两种会计报表的不足。它不仅综合地反映了商品流通企业净利润与现金净流量的关系，而且通过对不同经营管理业务活动引发的现金流量的披露揭示了企业财务状况变动的原因。

此外，通过现金流量表能够分析企业未来获取现金的能力。企业的投资者和债权人最为关注的是企业经过一段时间经营后是否有足够的现金来支付未来期间的利润和利息，清偿各种到期债务以及扩大生产经营规模等。现金流量表恰好反映了这些信息。

二、现金流量表的编制基础

现金流量表是以现金为基础编制的，这里的现金是指商品流通企业的库存现金、可以随时用于支付的存款以及现金等价物等。具体包括：

（1）库存现金。库存现金是指商品流通企业持有的可随时用于支付的现金限额，即与会计核算中“库存现金”账户所包括的内容一致。

（2）银行存款。银行存款是指商品流通企业存在金融机构的随时可以用于支付的存款，即与会计核算中“银行存款”账户所包括的内容基本一致。需注意的是，存在金融机构的不能随时用于支付的款项，如不能随时支取的定期存款，不作为现金流量表中的现金。

（3）其他货币资金。其他货币资金是指商品流通企业存在金融机构的有特定用途的资金，如银行汇票存款、信用卡存款等。

（4）现金等价物。现金等价物是指商品流通企业持有的期限短、流动性强、易于转换为已知金额的现金，以及价值变动风险很小的投资。现金等价物虽然不是现金，但其支付能力与现金的差别不大，可视为现金。现金等价物通常是指在三个月或更短时间内即到期或即可转换为现金的短期债权性投资。

三、现金流量的分类

按照商品流通企业经营管理业务性质的不同，可以将现金流量分为以下三类：

（1）经营活动产生的现金流量。经营活动是指商品流通企业从事商品流通以及与之有关的活动，包括商品代销、库存物料用品的销售、出租场地等事项。

（2）投资活动产生的现金流量。投资活动是指商品流通企业长期资产的购建和不包括在现金等价物范围内的投资及其处置活动。长期资产是指固定资产、无形资产、在建工程、其他资产等持有期限在一年或一个营业周期以上和资产。这里所讲的投资活动，既包括实物资产投资，也包括金融资产投资。

（3）筹资活动产生的现金流量。筹资活动是指导致商品流通企业资本及债务规模和构成发生变化的活动，包括吸收投资、分配利润等事项。

对于商品流通企业日常活动之外的、不经常发生的特殊项目，如自然灾害损失、保险赔款、捐赠等，应当在现金流量表中归并到相关类别，并单独反映。比如，对于自然灾害损失和保险赔款，如果能够确指，属于流动资产损失，应当列入经营活动产生的现金流量；属于固定资产损失，应当列入投资活动产生的现金流量。

四、现金流量表的基本格式和编制方法

我国现金流量表的基本格式见表 9—3。

我国《企业会计准则——现金流量表》中规定，现金流量表以直接法编制，但在现金流量表的补充资料中，还应单独按照间接法反映经营活动产生的现金流量的情况。

直接法是通过现金收入和现金支出的主要类别反映来自各项经营管理业务活动的现金流量。采用直接法编制经营活动产生的现金流量时，一般以利润表中的营业收入为起算点，调整与经营管理活动有关的项目的增减变动，然后计算出经营活动产生的现金流量。

间接法是以本期净利润为起算点，调整不涉及现金的收入、费用、营业外收支等有关项目的增减变动，据此计算出各项经营管理业务活动的现金流量。采用间接法提供的信息有助于评价企业未来的现金流量。

在具体编制现金流量表时，可以利用工作底稿或 T 形账户进行编制，也可以直接根据有关账户记录分析填列。

表 9—3 **现金流量表** 会企 03 表

编报单位： 年度 单位：

项目	行次	金额
一、经营活动产生的现金流量		
销售商品、提供劳务收到的现金	1	
收到的税费返还	3	
收到其他与经营活动有关的现金	8	
经营活动现金流入小计	9	
购买商品、接受劳务支付的现金	10	
支付给职工以及为职工支付的现金	12	
支付的各项税费	13	
支付其他与经营活动有关的现金	18	
经营活动现金流出小计	20	

续前表

项　目	行次	金额
经营活动产生的现金流量净额	21	
二、投资活动产生的现金流量		
收回投资所收到的现金	22	
取得投资收益所收到的现金	23	
处置固定资产、无形资产和其他长期资产所收回的现金净额	25	
处置子公司及其他营业单位收到的现金净额	26	
收到其他与投资活动有关的现金	28	
投资活动现金流入小计	29	
购建固定资产、无形资产和其他长期资产支付的现金	30	
投资支付的现金	31	
取得子公司及其他营业单位支付的现金净额	32	
支付其他与投资活动有关的现金	35	
投资活动现金流出小计	36	
投资活动产生的现金流量净额	37	
三、筹资活动产生的现金流量		
吸收投资所收到的现金	39	
取得借款收到的现金	40	
收到其他与筹资活动有关的现金	43	
筹资活动现金流入小计	44	
偿还债务支付的现金	45	
分配股利、利润和偿付利息支付的现金	47	
支付其他与筹资活动有关的现金	52	
筹资活动现金流出小计	53	
筹资活动产生的现金流量净额	54	
四、汇率变动对现金及现金等价物的影响	55	
五、现金及现金等价物净增加额	56	
加：期初现金及现金等价物余额	57	
六、期末现金及现金等价物余额	58	

第五节　所有者权益变动表与附注

一、所有者权益变动表

（一）所有者权益变动表的作用

商品流通企业的所有者权益变动表是反映本单位在一定期间内构成所有者权益的各组

成部分当期增减变动情况的会计报表，是年报表、主要报表之一。它是一张动态报表，反映了企业通过一段期间经营后产生的对所有者权益价值的影响。

所有者权益变动表可以提供的信息有：

（1）企业在一定期间内产生的综合收益引起的所有者权益的变动，包括经营收益和直接计入所有者权益的利得和损失。

（2）企业在一定期间内发生的资本的变动业务，如所有者投入资本和向所有者分配利润等。

（3）企业在一定期间内进行的所有者权益内部结构的调整变动，如提取盈余公积。

（二）所有者权益变动表的编制

2006年颁布的《企业会计准则》规定，企业编制所有者权益变动表至少应当单独列示反映下列信息的项目：

（1）净利润。

（2）直接计入所有者权益的利得和损失项目及金额。

（3）会计政策变更和差错更正的累积影响金额。

（4）所有者投入资本和向所有者分配利润等。

（5）按照规定提取的盈余公积。

（6）实收资本（或股本）、资本公积、盈余公积、未分配利润的期初和期末余额及其调节情况。

商品流通企业编制的所有者权益变动表以上年所有者权益的期末余额为基础，根据本期引起所有者权益增减变动的情况进行调整，最终形成本年年末所有者权益余额，其具体格式如表9—4所示。该表各项目应当根据当期净利润、直接计入所有者权益的利得和损失项目、所有者投入资本和向所有者分配利润、提取盈余公积等情况分析填列。

表9—4 **所有者权益变动表** 会企04表

编制单位： 年度 单位：

项目	本年金额						上年金额					
	实收资本（或股本）	资本公积	减：库存股	盈余公积	未分配利润	所有者权益合计	实收资本（或股本）	资本公积	减：库存股	盈余公积	未分配利润	所有者权益合计
一、上年年末余额												
加：会计政策变更												
前期差错更正												
二、本年年初余额												
三、本年增减变动金额（减少以“一”号填列）												
（一）净利润												
（二）其他综合收益												
上述（一）和（二）小计												

续前表

项目	本年金额						上年金额					
	实收资本（或股本）	资本公积	减:库存股	盈余公积	未分配利润	所有者权益合计	实收资本（或股本）	资本公积	减:库存股	盈余公积	未分配利润	所有者权益合计
（三）所有者投入和减少资本												
1. 所有者投入资本												
2. 股份支付计入所有者权益的金额												
3. 其他												
（四）利润分配												
1. 提取盈余公积												
2. 对所有者（或股东）的分配												
3. 其他												
（五）所有者权益内部结转												
1. 资本公积转增资本（或股本）												
2. 盈余公积转增资本（或股本）												
3. 盈余公积弥补亏损												
4. 其他												
四、本年年末余额												

二、附注概述

附注是会计报表中不可缺少的组成部分，是关于在资产负债表、利润表、现金流量表和所有者权益变动表等报表中列示项目的文字描述或明细资料，以及对未能在这些报表中列示项目的说明等。

附注一般应当按照下列顺序披露：

（1）企业的基本情况。

（2）财务报表的编制基础。

（3）遵循《企业会计准则》的规定。

（4）重要会计政策的说明，包括财务报表项目的计量基础和会计政策的确定依据等。

（5）会计政策和会计估计变更以及差错更正的说明。

（6）对已在资产负债表、利润表、现金流量表和所有者权益变动表中列示的重要报表项目的进一步说明。

（7）或有和承诺事项、资产负债表日后非调整事项、关联方关系及其交易等其他需要说明的事项。

商品流通企业通过编制和报送会计报表，为信息使用者了解企业发展状况、实施经营管理和决策提供了丰富的会计信息。但是由于会计报表格式的固定性和编制方法的局限性，使得报表中所提供的会计信息并不能直接满足相关信息使用者的需求，因此企业应当根据信息使用者的需求，结合本行业的特点，选择适当的报表分析方法和财务指标对会计报表进行分析。

本章小结

本章重点介绍了商品流通企业应编制的主要会计报表，包括资产负债表、利润表、现金流量表和所有者权益变动表，以及这些主要会计报表的基本格式及编制方法。

关键术语

会计报表（accounting statement）　资产负债表（balance sheet）

利润表（income statement）　现金流量表（cash flow statement）

所有者权益变动表（proprietary equity changes）

附注（annotations）

复习思考题

1. 什么是会计报表？商品流通企业编制的会计报表主要包括哪些？
2. 商品流通企业为什么要编制会计报表？
3. 商品流通企业编制会计报表应遵循哪些要求？
4. 资产负债表能反映什么内容？如何编制资产负债表？
5. 利润表的作用是什么？我国商品流通企业编制的利润表由哪些内容构成？
6. 现金流量表的编制基础是什么？其具体包括哪些内容？
7. 所有者权益变动表能提供哪些信息？
8. 会计报表附注有何作用？其一般包括哪些内容？

第十章

连锁经营商品流通企业财务管理及核算

【学习目标】

- 了解我国商品流通企业连锁经营发展现状
- 掌握连锁经营商品流通企业的特点
- 掌握直营连锁、特许连锁、自愿连锁的不同特点及三者之间的区别
- 了解连锁经营体系的技术集成、体系建设和管理控制
- 理解连锁经营商品流通企业的财务管理
- 掌握连锁经营商品流通企业的核算方法

第一节 连锁经营商品流通企业概述

连锁经营是指在流通领域和服务行业中，某一商业集团把若干店铺以统一的店名、标志、经营方式、管理手段组织起来，在整体规划下进行专业化分工，并在分工基础上实施集中化管理，把独立的经营活动组合成整体的规模经营，从而实现规模效益的商业组织形式和经营制度。采取连锁经营方式的企业叫做连锁经营企业，简称连锁企业。

连锁经营目前主要应用于百货、超市、汽车、电器、医药、烟草、家居建材、餐饮、加油站、摄影冲印等，并加快向诸多其他行业渗透，显示出强大的生命力和发展潜力。本书介绍的连锁经营主要指商品流通企业的连锁经营。

一、我国连锁经营发展现况

我国连锁经营始于20世纪80年代末期。1993年，国家有关部门将发展连锁经营提升为带有方向性的流通体制改革措施，进一步促进了连锁企业的发展。经过多年的观察和研究，国家统计局于2002年建立了连锁零售企业统计（半年报）。从已有的统计资料看，连锁经营在商品流通中的地位不断提高，生命力强劲，发展潜力很大。

目前，连锁零售业的发展热点主要有：向多业态延伸，以生鲜为突破口提升核心竞争力，加强物流建设并提高上游能力，零售技术得到广泛重视和应用，人才激励制度得到空前关注，网络零售业务迅速发展。

大型超市是各个连锁经营业态中发展速度较快的一类。从区域看，一、二线城市大型超市迅速趋于饱和，正向三、四线城市延伸，其中外资在这一领域有突出优势。同时，超市在努力探索适合自身业态发展的策略，包括以创新实现差异化经营，追求区域优势，贴近社区、服务社区，进行精细化管理等。

百货店的收益来源更加多样，由此带来的利润增长创出新高，使得差异化水平进一步提高。

便利店保持着平稳发展速度，并且不断突破同质化、物流能力弱、即时品不突出等制约因素。

二、连锁经营商品流通企业的特点

连锁经营作为一种现代经营模式，具有下述鲜明的特点。

（一）管理标准化

为了优化资源配置，连锁经营商品流通企业大多实施“八个统一”，即统一店名、统一进货、统一配送、统一价格、统一服务、统一广告、统一管理和统一核算。这些方面的标准化与一致性使得连锁经营商品流通企业将经营管理方面的诸要素互相协调起来，实现资源共享，这样既节约了费用，避免了浪费，又提高了工作效率和效益。

（二）经营规模化

规模效益是发展连锁经营必须重视的关键问题，也是连锁经营最吸引人的优势。为实现规模效益，既要重数量，也要重质量，必须在分店的设置上多动脑筋，在适当的地方开设适当数量的分店，扩大企业的知名度，增大产品的销售量，从而提高产品的市场占有率。

（三）形象统一化

连锁经营商品流通企业通常选择统一的形象，顾客反复接受同一信息的刺激，久而久之，便会由陌生到熟悉，再到认可，进而产生兴趣，这对于树立与强化企业形象极其有利。统一形象还能给顾客一种整洁、规范的感觉，使顾客愿意光临；而且通过顾客无意识的宣传，提升了企业在公众心目中的形象，为企业赢得良好的社会效益奠定了坚实的基础。

（四）增强竞争实力

连锁经营的各分店在资产和利益等方面的一致性，使得连锁经营商品流通企业可以根据各分店的实际情况投入适当的人力、物力、财力来实施经营战略，对原先独有的销售措施、广告策划、硬件设施进行不断的改革与创新，使整个连锁经营商品流通企业的经营管理能力始终保持在一个很高的水准上。

（五）强调经营费用的控制

连锁经营商品流通企业以顾客自我选购、自我服务的经营方式为主，雇员相对较少，节约了场地费用，同时加快了顾客的流动速度，增加了客流量。总之，在相同情况下，连锁经营在总成本费用上明显低于非连锁经营。

（六）信息传递电子化

由于连锁经营具有规模化和分散经营的特点，为了提高经营效率，不同部门和人员之间进行的快速信息传递成为管理、核算必须解决的问题，电子信息技术的广泛应用为连锁经营信息传递电子化提供了强有力的技术支持。

（七）引导生产领域企业通过扩大规模增加收益

企业在各处设立分店，对较大区域内消费者的需求有了更为全面、客观的了解，可以根据顾客需求和市场供求情况大批量进货，引导生产领域企业通过扩大规模增加收益。

（八）保护消费者的利益

连锁经营商品流通企业在管理上已日益完善，趋向于专业化、标准化、现代化、科学化，服务人员的素质日益提高，购物环境更加舒适、宽敞，明码标价、商品质量得到保证等。连锁经营商品流通企业的种种经营措施和经营策略，都从不同角度、不同层面上保护了消费者的利益。

三、连锁经营的形式

连锁经营主要有直营连锁、特许连锁、自愿连锁三种形式。

（一）直营连锁

直营连锁（regular chain）是指各连锁店同属一个投资主体，经营同类商品，或提供同样服务，实行进货、价格、配送、管理、形象等方面的统一，总部对分店拥有全部的所有权和经营权，统一核算，统负盈亏。

在直营连锁形式下，总部采取纵深式的管理方式，直接下令掌管所有的零售点，零售点完全接受总部的指挥。直营连锁的主要任务是“渠道经营”，即通过经营渠道的拓展从消费者手中获取利润。

（二）特许连锁

特许连锁（franchise chain）是指总部同加盟店签订合同，授权加盟店在规定区域内使用自己的商标、服务标记、商号、经营技术和销售总店开发的产品，在同样形象下进行销售及劳务服务。总部对加盟店拥有经营权和管理权，加盟店拥有对分店的所有权和收益权。加盟店具备法人资格，实行独立核算。

在特许连锁形式下，特许加盟总部必须拥有一套完整有效的运作技术优势，通过专业指导，让加盟店能很快地运作，同时从中获取利益，这样加盟网络才能日益壮大。

（三）自愿连锁

自愿连锁（voluntary chain）是指各分店在保留单个资本所有权的基础上实行联合，总部和分店之间是协商、服务关系，总部统一订货和送货，统一制定销售战略，统一使用物流及信息设施；各分店独立核算，自负盈亏，人事自主，且有很大的经营自主权。

在自愿连锁经营方式下，企业是原已存在的，而并非由连锁总公司辅导创立的，所以在名称上应有别于加盟店。在自愿连锁体系中，商品所有权为各成员店所有，而运作技术及商店品牌则归总部持有。

为了更好地认识三种连锁形式的相互关系，下面对它们进行了比较，详见表10—1。

表 10—1　三种连锁经营形式的比较

项目＼连锁形式	直营连锁	特许连锁	自愿连锁
决策	总部做出	以总部为主，加盟店为辅	参考总部旨意，成员店有较大自主权
所有权	总部所有	加盟店所有	成员店所有
经营权	非独立	非独立	独立
分店经理	总部任命	加盟店主	成员店主
商品来源	总部统一进货	总部统一进货	大部分经由总公司，部分自己进货
价格管制	总部规定	原则上总部规定	自由
促销	总部统一实施	总部统一实施	自由加入
总部与分店的关系	完全一体	契约关系	任意共同体
分店对总部的影响	小	小	大
支付总部的特许权使用费	无	3%以上	3%以下
合同约束力	总部规定	强硬	松散
合同规定加盟时间	无	多为 5 年以上	多为 1 年
外观形象	完全一样	完全一样	基本一样

四、连锁经营是一整套商业运作技术的集成

连锁经营管理作为一种先进的商业组织形式，其先进性体现在它是一整套商业运作的集成。这一技术集成至少应包括下述五项核心技术。

（一）计算机管理技术

计算机管理技术是连锁经营的灵魂和先导。成熟的计算机管理技术至少应包括以下几方面：系统技术规范和数据标准、强大的网络链接功能、可靠的后台和前台处理系统、便捷的操作控制系统和操作界面、不断提高的系统智能化水平。

（二）中央采购技术

中央采购技术是连锁的基石，其核心在于以计算机为基础，以职、责、权、利相统一为标准，以量化考核、品种管理为手段，综合运用一整套成熟的采购作业技术，实行集中采购，达到降低成本、提高效率、增进销售的目标，而决非统进分销的概念。

（三）物流配送技术

物流配送是连锁经营顺利运转的关键环节。没有成功的物流配送技术，就没有成功的连锁经营。物流配送技术包括：数据导入、条码编制、配送体系、配送数量、品种控制、退货处理、仓储运输等。

（四）营销创新技术

随着市场竞争的加剧，营销创新技术日益重要。营销创新技术包括：卖场 CIS 设计、节假日组合营销、特色陈列、品种管理、销售方式、客户资源管理、服务礼仪等。

（五）人力资源管理技术

人力资源管理技术强调把人力资源加以开发、利用，讲求成本、效益，培育团队精神，建立考核体系和激励机制，增进人才对事业的忠诚度，变被动的人事管理为主动的人力资源管理。如沃尔玛通过其企业文化渗透和人力资源管理，一改德国店员的刻板严肃为热情洋溢，提高了员工的贡献率，增强了企业的凝聚力和亲和力。

五、连锁经营体系建设

连锁经营体系的建设包括运营系统建设、训练系统建设、督导系统建设三个部分。三者相互关联又各不相同。

连锁经营的运营系统需要形成标准化，包括总部和分部的一致性和标准化。具体而言，总部要做到规范、实用。而分部不仅需要具备这两个特点，还需具备“易复制”的特点。这样才可以确保标准化的实施。

训练系统，主要是针对连锁网络，利用训练的方式，进行营运模式、标准的输出，保持连锁企业分部与连锁企业总部的一致性，迅速实现连锁单位的复制。

督导系统则是依据营运模式、标准，利用专业方法进行监督、控制和评估。

这三大系统中，运营系统是基础，训练系统是输出系统，是桥梁，而督导系统起到规范和控制的作用，是运营系统得以顺利运行的保障。

六、连锁经营的管理控制

连锁经营管理是一种紧密的组织形式，内部形成了一系列严格完备的制度规范着各种行为和关系，以保障组织高效运转。连锁总部对连锁店的管理控制主要表现在两个方面：一是经营管理模式的贯彻；二是对信息流的把握。

（一）经营管理标准化、模式化

连锁经营管理的本质特征在于连锁总部与所有连锁店共享资源与能力。作为连锁经营总部管理哲学的具体化管理，连锁总部必须运用先进的经营管理理念对员工培训、员工工作安排、职责、服务标准、店面陈列、广告、市场营销、顾客关系、顾客抱怨处理程序、存货控制程序、会计程序、现金和信贷管理程序、安全生产、突发事件处理等连锁单店经营所有方面的问题进行深入的研究，对连锁店经营管理过程中的每一项工作予以规范化并形成连锁单店工作手册。它是连锁店员工最重要的培训教材，也是连锁店日常经营工作的速查手册。连锁店据此开展所有日常经营工作，共享总部的经营技术。这是总部确保连锁店按照统一标准模式进行所有经营活动的必要保障，同时也是复制连锁店的必要条件。

（二）充分把握并利用信息流

发展连锁经营决定了经营门店日趋分散的特性。面对分散于各地的连锁分店，总部必须使所有销售前台和后台支持机构实时地共享信息，总部管理机构必须对连锁店实施“零距离”管理，实现对所有业务环节的实时监控，并对这些方面所涉及信息予以实时记录和深度分析。否则就谈不上形成连锁网络，整体大于简单局部之和的连锁经营优势也就无法体现出来。

连锁经营管理是一种较新型的商业运作形式，它代表着一整套先进的管理思想，它是依靠科技信息和规范标准的管理，进行低成本的复制和扩张，进而实现规模效益，是企业发展到一定程度后的必然要求，也是企业成熟发展的一种表现。

随着行业的发展，目前大部分的连锁经销商已经实现了各个总部及远程连锁店店内仓储、物流、收银系统等的信息化，能够对各个连锁店的货物存量等具体数据进行详细的统计，但是，各个分店与总部的数据交换仍采用比较传统的方式，如拨号，每天定时传输数据，总部对各个连锁店的数据并不能够实时获取，电话费的成本也很高。

一种比较早的普及解决方案，是采用 DDN/FR 专线的方式将各个门店与总部互联起来，但这一方式的缺点也很明显，架设速度慢，增加分支机构时受到当地线路的限制，使用费用昂贵等，在连锁行业日趋微利的今天，该方式昂贵的使用费用是企业所无法接受的；而如果继续使用电话拨号的方式，又存在速度慢、容量小、安全性差的弱点。连锁行业迫切需要一种可靠、安全、性价比高的网络传输方案。

近年来，VPN 以其可以利用公网资源，建立安全、可靠、经济、高效的传输链路的特点引起了人们的广泛注意。在 VPN 技术的支持下，位于不同地区的连锁店只需分别接入当地的 Internet，就可以组成一个高效统一的 VPN 网络。

第二节　连锁经营商品流通企业的业务核算

为促进企业连锁经营的健康、有序发展，就需要规范和加强企业连锁经营财务管理，根据《企业财务通则》、《企业会计准则》和《商品流通企业财务制度》等有关分行业财务制度的规定，结合《连锁店经营管理规范意见》和连锁企业特点，财政部制定了《企业连锁经营有关财务管理问题的暂行规定》，要求企业应在实行连锁经营后的一个月内，将连锁经营的实施方案报同级财政部门备案，各级财政部门应加强对本地区企业连锁经营财务管理的规范工作。

一、连锁经营商品流通企业财务管理的要求

连锁经营商品流通企业财务管理的要求包括：

(1) 连锁经营商品流通企业应当按照《企业财务通则》、《企业会计准则》和《商品流通企业财务制度》等有关分行业财会制度的规定，全面系统地组织本企业的财务管理，及时向政府、投资者、债权人等有关各方提供其所需要的会计信息。

(2) 连锁经营商品流通企业应当根据内部经营管理的特点，按照不断提高经营管理水平的要求，建立适合连锁企业经营特点的内部财务管理制度。

(3) 连锁经营商品流通企业应当建立完整的财务监控体系。通过建立制度监控、会计监控、实物监控和指标监控等方式，使总部及时掌握销售、价格、存货、纳税、资金等方面的信息，了解各分店的外部或内部情况，并及时调整调控措施。

(4) 连锁经营商品流通企业应当逐步实行财务会计电算化。

二、连锁经营商品流通企业的会计核算

由于连锁经营商品流通企业的经营方式不同，其会计核算的方法也不相同。目前，依照连锁经营商品流通企业经营规模和经营范围的大小，可以分为统一核算和独立核算两种方式。

(一) 统一核算法下的财务管理和核算

同一地区或城市的连锁企业，实行“总部—分店”管理模式。跨地区的连锁商店，可在非总部所在地区或城市设置地区总部，实行“总部—地区总部—分店”的管理模式，地区总部在总部监督下严格按总部有关规定开展经营管理活动，并进行独立核算，从而形成总部和地区总部两级管理体制。分店的所有账目必须并入总部或地区总部账目，同时分店应根据管理的需要设置必要的辅助账目，并定期与总部或地区总部对账，分店所有的资产、负债和损益，都归总部或地区总部统一核算。

统一核算方式是指总部（含集团公司或总公司）实行独立的、统一的会计核算，分店（含子公司、分公司）不单独进行会计核算，经营中发生的各项经营费用，均向总部报账核销。在这种会计核算方式下，总部应单独设置会计机构，对各分店的经营过程实行内部会计核算，以考核其经营成果，确定劳动报酬，根据经营需要为各分店建立定额备用金；分店实行报账制，不设置会计机构，只设核算员，可以设置部分辅助会计账簿，核算员负责上缴经营收入、核算本部门的经营费用、发放人员工资、保管本部门使用的备用金等。总部拥有本企业（含分店）的全部经济资源（即人、财、物）或控制权。总部对经营所需商品实行集中统一采购；总部按需要为下属分店经营所需商品实行统一配送，库存商品进行实物转移时，只对转移的库存商品实物数量进行记录，不对转移的库存商品价值进行核算。分店开展经营活动取得的销售收入，应当全部上缴总部；月末统一结转商品销售成本，总部期末统一计算缴纳各项流转税、企业所得税，计提各项留存收益，全部享有企业未分配利润，编制个别会计报表。统一核算方式主要适用于直营连锁形式的连锁经营企业。

1. 货币资金的管理和核算

各分店经营和改造所需资金，由总部或地区总部统一筹措，统一安排。各分店存入银行的款项，要及时通过银行结算划转到总部或地区总部指定账户，由总部或地区总部统一计划调剂。总部和地区总部对分店可建立备用金制度，分店不得坐支销货款。

为加强总部、地区总部的资金融通和调度力度，总部或地区总部在内部资金管理上，应通过建立内部资金调剂中心，对分店实行统一开户、统一结算、统一管理、统一调度。

当总部或地区总部向各分店划拨资金作为备用金时，应借记“银行存款”科目，贷记“备用金”科目。

【例 10—1】 家乐福总店于 2011 年 1 月 5 日向中关村分店划拨 100 000 元作为分店的经营费用。假设该超市采用统一核算法，则总店编制会计分录如下：

借：备用金——中关村分店	100 000	
贷：银行存款		100 000

2. 存货的管理和核算

（1）存货的管理。连锁经营的商品流通企业从供应商（批发企业或生产企业）处购进商品，以进行直接销售。目前的连锁经营商品流通企业主要是连锁超市。小型连锁店的主要存货是居民日用百货、食品、蔬菜和水果等；较大型的连锁店，由于营业场所面积较大，经营范围更广，经营品种更多、更全，包括日用化妆品、服装、家用电器和小五金等。连锁经营的特点是集中统配商品，质量可靠，集中采购数量大，品种多，商品周转快。

连锁企业在总部设置业务采购部门，业务采购部门负责收集供货商的信息，对供货商提供的商品质量和价格进行比较，并选定多家供应商供应货物。连锁企业下属连锁店有两种进货方式，即统一配送和协调配送。连锁店的大宗货物一般由总部的业务采购部门统一进货、统一配送，而一些零碎的货物可以由连锁店自己选择决定供应商，但也必须是业务采购部门选定范围内的供应商，然后通过中心来进行协调配送。

连锁经营商品流通企业的存货是流动性较强的一种资产，它不断地处于购置、耗用、重置之中，其价值随着实物的耗用而转移，随着销售的实现及时得以补偿。确认企业存货的基本原则是，凡在盘存日期法定所有权属于企业的存货，无论其存放地点，均视为企业的货物。连锁经营商品流通企业的物流管理和相应的内部控制制度是保证存货安全的重要措施，也是正确进行存货核算的基础。

（2）进货流程。连锁店的进货流程一般如下：

1）订货。连锁店根据自己需要的货物填写订单，并将订单交给配送中心，由其组织进货。订单一般一式两联（其格式可以参照一般商业企业的订货单），一联交配送中心用作进货的依据，另一联用作进货时与货物进行核对。

2）验货入库。配送中心将货物运到连锁店。连锁店在货物运到时，由验收人员根据订单进行验货，验收人员包括商检人员和各个柜组的组长，验货后填制验收入库单，并由商检人员和组长签字。验收入库单（商品入库单）一般一式三份，验收人员一份，留作备查；供应商一份，凭此对账、结账；核算员一份，用作编制日报表的依据。

3）销售。在连锁店计算机核算系统中，为了防止不入账销售，规定只有入库的商品才可以销售。每个连锁店的相同货品的售价原则上应该统一，有时根据竞争情况的差异，允许个别商品价格有变动，但必须经过总部的同意。每个连锁店每天应向总部的财务部门报送销售日报和进销存报告。

4）连锁店之间的商品调拨。某连锁店如果暂时缺货，可从其他连锁店调拨商品。连锁店间的商品调拨，应该填制商品调拨单，通过库存商品明细账核算。

（3）存货的会计核算。在连锁企业实行统一核算方式下，总店对经营所需商品实行集中统一采购，采购时借记"物资采购"、"应交税费——应交增值税（进项税额）"科目，贷记"银行存款"等科目；总部按需要为下属分店经营所需商品实行统一配送，库存商品发生实物转移时，只对转移的库存商品实物数量进行记录，不对转移的库存商品价值进行核算。

3. 成本费用的管理和核算

（1）由总部统一进行成本费用核算，分店（含子公司、分公司）不单独进行会计核算，经营中发生的各项费用，均向总部报账核销。

(2) 总部统一计提资产折旧，统一支付贷款利息。

(3) 总部对各分店主要采用先进先出法核算存货，按商品（产品）品种计算毛利率。

(4) 总部要建立毛利率预算计划，对分店实行计划控制。总部对分店的综合毛利率定期考核，对骨干商品（产品）的毛利率进行重点考核。

(5) 总部规定各分店的费用项目范围及开支标准，原则上不允许随意扩大、超标。

(6) 总部对一些费用（如水电费、包装费）进行分解，尽量细分到各分店和商品种类。

(7) 总部及其他部门的费用由总部统一核定、支付，部门、分店的工资等日常费用由总部统一开支，分店店长有节约开支的责任，总部有审查费用使用情况的权力。

分店发生有关费用，应持有关单据向总部报销以补充备用金。分店报销时，总部根据用途借记“管理费用”、“销售费用”等科目，贷记“银行存款”科目。

【例 10—2】 2011 年 3 月 10 日，家乐福中关村分店持有关单据向总店报销购买办公用品 1 000 元，支付 2 月份管理人员工资 160 000 元、销售人员工资 450 000 元。根据以上资料，总店编制会计分录如下：

(1) 报销办公费：

借：管理费用——中关村分店——办公费　　1 000

　贷：银行存款　　1 000

(2) 报销支付有关人员工资：

借：管理费用——中关村分店——工资　　160 000

　　销售费用——中关村分店——工资　　450 000

　贷：银行存款　　610 000

4. 收入和利润的管理与核算

分店每日销售款必须存入总部或地区总部指定的银行，并直接向总部或地区总部报送销售日报表、销售流水收款单等。分店无权决定折扣、折让，总部或地区总部对折扣、折让的商品品种、范围、时限和幅度要严格规定，统一筹划。分店应根据库存商品的质量、时限等，及时向总部或地区总部提供实施商品折扣、折让的意见。

总部或地区总部应根据内部经济责任制的要求，对各分店的利润分别进行明细核算，并通过配货数量、销货数量、存货数量、售价金额和费用开支数额等对分店的利润进行监控。连锁企业按规定缴纳税款后，其总部或地区总部应严格按《商品流通企业财务制度》等规定，对税后利润进行分配。

分店开展经营活动取得的销售收入，应当全部上缴总部；总部收到销售日报表、销售流水收款单和银行票据等时，借记“银行存款”科目，贷记“主营业务收入”、“应交税费——应交增值税（销项税额）”等科目；月末结转商品销售成本时，借记“主营业务成本”科目，贷记“库存商品”科目。分店以银行存款票据和商品销售日报表登记辅助会计账簿。总部期末统一计算缴纳各项流转税、企业所得税，计提各项留存收益，全部享有企业未分配利润。

总部或地区总部应及时编制财务报告，实行“总部—地区总部—分店”管理模式的，连锁企业总部于年度终了后还应编报合并会计报表。

【例 10—3】 2011 年 4 月 11 日，家乐福中关村分店销售商品取得收入 50 万元，4 月 12 日，该分店将销售日报表、销售流水收款单等单据报送总部。总部收到银行票据后编制会计分录如下：

借：银行存款　　500 000

　贷：主营业务收入——中关村分店　　427 350.43

　　　应交税费——应交增值税（销项税额）　　72 649.57

（二）独立核算法下的财务管理和核算

独立核算法是指总部与分店是各自独立的会计核算主体，独立设置会计机构分别进行核算，并各自独立编制会计报表的核算方法。

在直营连锁方式下，独立核算方式是指总部（含集团公司或总公司）实行独立的、部分统一的会计核算；分店（含子公司、分公司）实行相对独立的会计核算。在这种会计核算方式下，总部和分店都应单独设置会计机构。总部拥有本企业的全部经济资源（即人、财、物）或控制权，通过投资活动与分店形成各自的经济关系。总部按需要为下属分店统一派发商品时，按内部商品价格进行结算。分店销售商品、发生各项经营费用、计算缴纳各种流转税金时，按独立企业之间的业务进行核算；月末，计算并结转当期经营成果，编制财务会计报告，将当期实现的利润总额上缴总部。总部收到各分店上报的财务会计报告和上缴的利润后，应当编制合并会计报表，计算确认当期总部实现利润总额，计算缴纳所得税；对税后净利润，按规定提取各项留存收益；按投资比例全部或部分享有未分配利润；如果是部分享有未分配利润，应当向其他投资者分配净利润。

在特许连锁和自愿连锁方式下，由于总部不向分店投资，所以各分店不需要向总部上缴利润，只需要向总部支付一定的特许权使用费；另外，总部也不需要编制合并会计报表。

1. 货币资金的管理和核算

在直营连锁方式下，各分店经营和改造所需资金，由总部或地区总部直接划拨，地区总部所需资金同样由总部直接划拨。总部划拨资金时，应借记“长期股权投资”科目，贷记“银行存款”等科目。地区分部或分店收到资金时，应借记“银行存款”科目，贷记“实收资本——总店划拨”科目。在特许连锁和自愿连锁方式下，由于资金是由分店主自己投入的，所以有关会计处理按照独立企业的会计处理进行。

【例 10—4】 家乐福总部于 2011 年 1 月 5 日向中关村分店划拨 100 000 元作为分店的经营费用。假设该超市采用独立核算法。

（1）总店账务处理如下：

借：长期股权投资——中关村分店　　100 000

　贷：银行存款　　100 000

（2）中关村分店账务处理如下：

借：银行存款　　100 000

　贷：实收资本——总店划拨　　100 000

2. 存货的管理和核算

在连锁企业独立核算方式下，存货在管理上与完全独立的企业有所不同，但在会计处理上是完全一样的，只是在直营连锁方式下，商品的计价采取成本加一定费用计价法、成本加一定比例的毛利计价法、市场售价计价法和协议计价法。具体采取哪种计价方式，主要应遵循便于管理、便于考核和调动各方面积极性的原则。

3. 成本费用与收入的管理和核算

在独立核算方式下，连锁企业成本费用与收入的会计处理与完全独立企业的会计处理一致，这里不再介绍。

4. 利润的管理与核算

在直营连锁方式下，月末分店应计算并结转当期经营成果，编制财务会计报告，将当期实现的利润总额上缴总部，借记“利润分配——上缴利润”科目，贷记“银行存款”等科目。总部收到各分店上报的财务会计报告和上缴的利润后，借记“银行存款”科目，贷记“投资收益”科目，同时应当编制合并会计报表（合并报表不应包括特许连锁和自愿连锁方式的分店），计算确认当期总部实现利润总额，计算缴纳所得税；对税后净利润，按规定提取各项留存收益；按投资比例全部或部分享有未分配利润；如果是部分享有未分配利润，应当向其他投资者分配净利润。

【例 10—5】 2011 年 1 月 20 日，家乐福中关村分店向总部上缴上年取得的利润 100 万元。

（1）总部取得银行票据和有关原始凭证，编制会计分录如下：

借：银行存款　　1 000 000

　贷：投资收益　　1 000 000

（2）分店上缴上年利润时，编制会计分录如下：

借：利润分配——上缴利润　　1 000 000

　贷：银行存款　　1 000 000

在特许连锁和自愿连锁方式下，分店所取得的利润不需要上缴总部，全部作为本分店的收益。月末，根据分店的经营情况和经营成果编制财务会计报告，不需要上报总部。在这两种方式下，分店应向总部支付一定的特许权使用费。分店在向总部支付特许权使用费时，借记“管理费用——特许权使用费”科目，贷记“银行存款”科目。

【例 10—6】 2011 年 1 月 5 日，贝特鞋业销售有限公司分店向总部支付本年度特许权使用费 20 000 元。该分店编制会计分录如下：

借：管理费用——特许权使用费　　20 000

　贷：银行存款　　20 000

如果特许权使用费金额较大，在年初支付全年特许权使用费时，应借记“无形资产”科目，贷记“银行存款”科目，在年内各月摊销时，借记“管理费用——特许权使用费”科目，贷记“累计摊销”科目。

本章小结

本章主要介绍了连锁经营商品流通企业的特点；连锁经营的三种形式，即直营连锁、特许连锁、自愿连锁，以及三者之间的区别；连锁经营的五项核心技术；连锁经营体系建设和管理控制；连锁经营商品流通企业财务管理的要求；连锁经营商品流通企业的独立核算和统一核算两种会计核算方式。

关键术语

直营连锁（regular chain）　　特许连锁（franchise chain）
自愿连锁（voluntary chain）

复习思考题

1. 简述连锁经营商品流通企业的特点。
2. 简述连锁经营商品流通企业的三种形式及三者之间的区别。
3. 连锁经营的五项核心技术是什么？
4. 简述连锁经营商品流通企业财务管理的要求。
5. 简述连锁经营商品流通企业会计核算方法的分类及其具体处理方法。

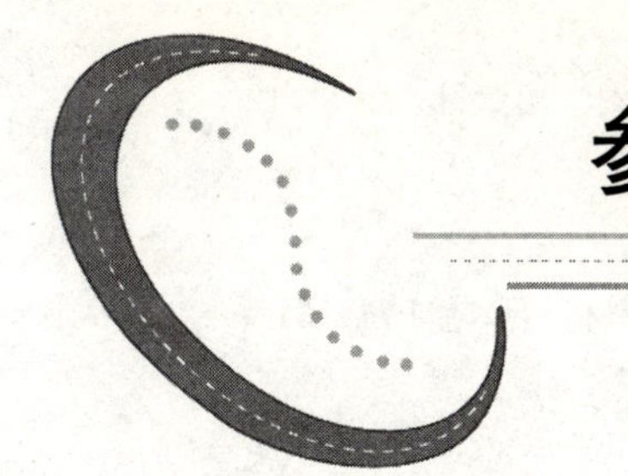

参考文献

［1］《中华人民共和国公司法》（中华人民共和国第十届全国人民代表大会常务委员会十八次会议于 2005 年 10 月 27 日修订，自 2006 年 1 月 1 日起施行）.

［2］《企业会计准则》（2006 年 2 月 15 日财政部发布，自 2007 年 1 月 1 日起施行）.

［3］《企业会计准则——应用指南》（2006 年 10 月 30 日财政部发布，自 2007 年 1 月 1 日起施行）.

［4］肖怡．企业连锁经营与管理．大连：东北财经大学出版社，2006.

图书在版编目（CIP）数据

商品流通企业会计/周涛主编．—2 版．—北京：中国人民大学出版社，2011.12
21 世纪高职高专精品教材．会计系列
ISBN 978-7-300-14745-1

Ⅰ.①商… Ⅱ.①周… Ⅲ.①商业会计-高等职业教育-教材 Ⅳ.① F715.51

中国版本图书馆 CIP 数据核字（2011）第 241984 号

21 世纪高职高专精品教材·会计系列
商品流通企业会计（第二版）
主编 周涛

出版发行	中国人民大学出版社		
社　址	北京中关村大街 31 号	**邮政编码**	100080
电　话	010－62511242（总编室）		010－62511398（质管部）
	010－82501766（邮购部）		010－62514148（门市部）
	010－62515195（发行公司）		010－62515275（盗版举报）
网　址	http://www.crup.com.cn		
	http://www.ttrnet.com(人大教研网)		
经　销	新华书店		
印　刷	北京密兴印刷有限公司	**版　次**	2007 年 10 月第 1 版
规　格	185 mm×260 mm　16 开本		2012 年 7 月第 2 版
印　张	13	**印　次**	2015 年 8 月第 2 次印刷
字　数	288 000	**定　价**	26.00 元

教师信息反馈表

为了更好地为您服务，提高教学质量，中国人民大学出版社愿意为您提供全面的教学支持，期望与您建立更广泛的合作关系。请您填好下表后以电子邮件或信件的形式反馈给我们。

<table>
<tr><td>您使用过或正在使用的我社教材名称</td><td></td><td>版次</td><td></td></tr>
<tr><td>您希望获得哪些相关教学资料</td><td colspan="3"></td></tr>
<tr><td>您对本书的建议（可附页）</td><td colspan="3"></td></tr>
<tr><td>您的姓名</td><td colspan="3"></td></tr>
<tr><td>您所在的学校、院系</td><td colspan="3"></td></tr>
<tr><td>您所讲授课程名称</td><td colspan="3"></td></tr>
<tr><td>学生人数</td><td colspan="3"></td></tr>
<tr><td>您的联系地址</td><td colspan="3"></td></tr>
<tr><td>邮政编码</td><td></td><td>联系电话</td><td></td></tr>
<tr><td>电子邮件（必填）</td><td colspan="3"></td></tr>
<tr><td>您是否为人大社教研网会员</td><td colspan="3">□ 是，会员卡号：____________
□ 不是，现在申请</td></tr>
<tr><td>您在相关专业是否有主编或参编教材意向</td><td colspan="3">□ 是　　　　□ 否
□ 不一定</td></tr>
<tr><td>您所希望参编或主编的教材的基本情况（包括内容、框架结构、特色等，可附页）</td><td colspan="3"></td></tr>
</table>

我们的联系方式：北京市海淀区中关村大街31号
中国人民大学出版社教育分社
邮政编码：100872
电话：010－62516312
网址：http：//www.crup.com.cn/jiaoyu/
E-mail：crupwhl@163.com

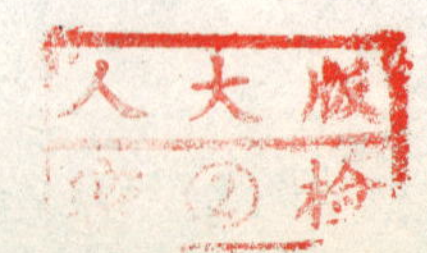